U0497952

国家社会科学基金项目（西部项目）(项目编号：15XJL014)

陆海经济一体化协同创新中心研究项目（项目编号：2020B17）

海上丝绸之路与自贸区升级版双重视阈下南海经济圈建设研究

龚三乐 著

西南财经大学出版社

Southwestern University of Finance & Economics Press

中国·成都

图书在版编目（CIP）数据

海上丝绸之路与自贸区升级版双重视阈下南海经济圈建设研究/龚三乐
著.—成都:西南财经大学出版社,2023.7
ISBN 978-7-5504-5653-2

Ⅰ.①海…　Ⅱ.①龚…　Ⅲ.①区域经济合作-区域经济发展—研究—
中国、东南亚国家联盟　Ⅳ.①F125.533

中国版本图书馆 CIP 数据核字（2022）第 232222 号

海上丝绸之路与自贸区升级版双重视阈下南海经济圈建设研究
HAISHANG SICHOUZHILU YU ZIMAOQU SHENGJI BAN SHUANGCHONG SHIYU XIA NANHAI JINGJIQUAN JIANSHE YANJIU

龚三乐　著

责任编辑:植　苗
责任校对:廖　韧
封面设计:何东琳设计工作室
责任印制:朱曼丽

出版发行	西南财经大学出版社（四川省成都市光华村街 55 号）
网　　址	http://cbs.swufe.edu.cn
电子邮件	bookcj@swufe.edu.cn
邮政编码	610074
电　　话	028-87353785
照　　排	四川胜翔数码印务设计有限公司
印　　刷	四川煤田地质制图印务有限责任公司
成品尺寸	170mm×240mm
印　　张	16.5
字　　数	358 千字
版　　次	2023 年 7 月第 1 版
印　　次	2023 年 7 月第 1 次印刷
书　　号	ISBN 978-7-5504-5653-2
定　　价	78.00 元

1. 版权所有,翻印必究。
2. 如有印刷、装订等差错,可向本社营销部调换。

前言

　　本书为国家社科基金项目"海上丝绸之路与自贸区升级版双重视阈下南海经济圈建设研究"（项目编号：15XJL014）的研究成果。全书分为五篇共九章，对研究主题进行了较为全面、深入的阐述。九章内容分别为：绪论、研究理论基础、南海经济圈海洋一体化开发、南海经济圈海陆经济联动、南海经济圈产业一体化、南海经济圈贸易一体化、南海经济圈金融一体化、大国博弈背景下的南海经济圈建设思路和南海经济圈建设的对策与保障研究。

　　上述内容中形成的重要观点及对策建议如下：

　　（1）南海经济圈是指以南海和南海沿岸的海陆经济一体化发展为内容主体，以产业一体化为实质，以基础设施一体化、贸易一体化、金融一体化等为基础条件，以产业一体化发展、海洋一体化开发、海陆经济联动为主要途径，实现各参与方合作共赢、协同发展的区域经济关联体。

　　（2）南海经济圈的合作机制主要包括价值链利益分配机制、错位竞争机制、自由贸易机制（以下简称"自贸机制"）、海上安全合作机制等。为推动合作机制建设，我国需要深耕现有合作机制，如中国—东盟自贸合作机制；积极主动开展经济圈国家的外交工作，逐步推动南海行为准则建设，构建海上安全合作机制；积极制订相关发展规划，合理进行发展布局，形成错位竞争格局；协调价值链领导企业，合理布局价值链各环节的地理空间，合理制定价值链各环节的产量与价格，实现价值链协作利益的合理分配。

　　（3）南海海洋一体化开发路径有四条：一是完善南海海洋一体化开发

的相关管理机构，即可以考虑设立南海联合管理局并完善其内部机构设置。二是选准海洋一体化开发的地理或领域范围，明确相应的开发模式、开发流程和收益分配机制。三是切实解决一体化开发的资金问题。例如，可以设立油气资源一体化开发有限公司，并由各国平均出资入股；可以设立南海航运开发基金，利用国际开发性金融机构的资金，吸收社会资金以解决开发资金不足的难题；还可以建立旅游合作发展基金和采取 BOT、TOT 等模式吸收社会资金。四是加强试点示范项目建设。

（4）南海经济圈的海陆经济联动发展具体包括海陆产业相关化、海陆产业布局集聚化、海陆运输畅通化三方面内容。为促进海陆经济联动，相关国家需要从三方面入手：①选准海陆产业相关化的产业领域。②采取有针对性的推进措施。其一是要促进海陆产业相关化，制订产业相关化实施方案，统筹、引导企业的相关化行动；找准海洋部分与陆地部分价值链的连接环节，合理布局该价值链环节，并建设该环节的产业要素载体或存在形式；制定相关激励政策或措施，激励陆地企业和海洋企业积极对接。其二是要促进海陆产业布局集聚化，即针对各海陆相关化产业的具体情况制定标准，选择相关化集聚布局地点；科学规划集聚地的空间布局；鼓励企业集聚；建设配套、辅助产业。其三是要促进海陆运输畅通化，尤其是要统筹推进海陆运输一体化干线体系（包含陆地运输系统、海上运输系统、海陆运输衔接系统）建设，即合理选取海陆一体化运输体系的主要节点；优先建设骨干运输路线，如环南海高速、环南海高铁以及印度尼西亚加里曼丹岛的"西部沿海高速"、菲律宾吕宋岛的"环岛高速"和"环岛铁路干线"等；围绕骨干运输路线，完善与之衔接的路线体系建设。③制订海陆经济联动的整体规划，统筹组织、全面引导市场主体的海陆经济联动。

（5）南海经济圈产业一体化的对策主要有四个：第一，统筹推进产业一体化工作，做好产业一体化规划，明确产业一体化的目标、产业种类、次序、布局等。第二，根据产业的实际情况选准一体化的途径，包括统筹配置、价值链重构、企业带动、产业转移、产业升级等。第三，构建动态产业一体化协调推进机制，加强对一体化状况的监测与问题处置。第四，做好一体化运行的保障工作。

（6）南海经济圈贸易一体化的对策主要有五个：第一，加强统筹协调，制订总体建设规划，提出建设"南海经济圈贸易一体化区"设想，选取示范试点，强化进程监测。第二，推进关涉南海经济圈的国际贸易组织建设，主要指中国—东盟自贸区和《区域全面经济伙伴关系协定》（regional comprehensive economic partnership，RCEP）。第三，夯实贸易一体化的内涵，即做到"三化"——"三零化""范围广化"和"便利化"。第四，推进产业合作，通过分工协作、错位发展，降低产业结构相似度。第五，增强政治互信。

（7）南海经济圈金融一体化的对策主要有五个：第一，设立南海经济圈金融一体化执行委员会，统筹推进金融一体化工作。第二，协调配置金融活动要素。其中，在金融机构体系配置方面，可以考虑新设南海银行、南海信托投资公司、环南海证券公司、环南海开发银行；在金融市场体系要素配置方面，可以考虑建立一体化债券市场体系和一体化股票市场体系。第三，合作开展金融活动，包括完善区域金融市场布局、促进金融制度一体化、开展一体化金融活动、推动实施机构一体化。第四，合作开展金融监管。第五，构建合作突破口平台，如设立南海开发基金、建设区域清算体系、设立南海产业引导基金、建设环南海供销金融合作社等。

（8）制定相关准则，确定南海经济圈的核心支点，明确其建设举措。

（9）在应对大国政治博弈带来的冲击时，南海经济圈建设过程中采取的主要对策措施是深化经济圈政治互信建设、遵循共同的南海行为规则以及加强安全合作。在应对大国经济博弈带来的冲击时，南海经济圈建设过程中采取的主要对策措施是筑牢经济圈本位意识、深化合作领域和坚持"天花板"原则。

（10）统筹推进南海经济圈建设的综合举措主要是加强顶层设计；以合作为熔化剂，淡化主权争端；增强政治互信，化解外部冲击；夯实产业发展基础，强化利益联结；陆海统筹，铸就双重动力；抓准突破口，以点带面；示范带动，凝智聚力；构建完善、有效的保障机制。

（11）南海经济圈的建设保障具体包括合作机制保障、基础设施保障、人力资源保障、资金保障、政策保障、安全合作保障、科技创新保障、组织保障等。

本书研究成果具有较高的学术价值，主要体现在三个方面：①在新时代、新形势下提出建设南海经济圈问题，厘清了南海经济圈的新内涵和新特征，拓展了圈层结构理论的研究范围与领域，深化、丰富了圈层结构理论；②实现多学科交叉、融合研究，运用区域经济学、经济地理学、产业经济学、国际政治学等理论和方法，丰富了圈层结构研究的方法；③深入探讨了南海经济圈的海洋一体化开发、海陆经济联动、产业一体化、金融一体化、贸易一体化等问题，是对这些领域理论的拓展与丰富。

同时，本书研究成果还具有重要的应用价值。南海及环南海国家是中国—东盟利益共同体的主要部分、"海上丝绸之路"建设的首要节点、自由贸易区（以下简称"自贸区"）升级版建设的题中之义。"海上丝绸之路"建设主要聚焦于海上互联互通、海洋经济与产业合作，自贸区升级版建设主要聚焦于贸易、陆地合作。建设南海经济圈，可以综合上述两大战略兼顾南海安全等问题，将之承载于一个平台、一个载体，凝聚资源、力量并优化配置，形成宏观统筹、整体推进、协同配套的工作格局。通过推动全方位合作，为"海上丝绸之路"建设提供抓手和平台，为自贸区升级版建设提供动力和产业基础，为海陆联动提供载体和机制，为产业同构等问题的解决提供条件，更好、更快地打造中国—东盟利益共同体。从更长远的视角来看，研究南海经济圈建设，能为中国与东盟经济一体化建设提供前瞻性、战略性的理论方向指引与措施借鉴。

因为时间和水平等各方面的限制，书中难免有不足之处，敬请各位专家、读者批评指正。

龚三乐

2023 年 5 月

目录

第一篇　绪论与基础理论

第二篇　海上丝绸之路视阈下的南海经济圈建设

第一篇

绪论与基础理论

第一章　绪论

　　近年来，我国积极在环南海地区推进"海上丝绸之路"和中国—东盟自贸区升级版建设。国家推进实施上述两大战略的目的，是希望将中国与东盟国家打造成为利益共同体、命运共同体，实现共繁荣同富裕。然而，由于若干南海沿岸国家之间的内在张力以及由此引起的外来抗力，使得上述目标难以实现。未来一段时期，面对全球政治经济治理秩序的快速演变，我国通过"海上丝绸之路"与中国—东盟自贸区升级版战略的实施，打造中国—东盟利益共同体、命运共同体的迫切性更加突出。这需要一个好的平台、好的载体、好的机制，在化解南海安全问题的同时，推进"海上丝绸之路"和自贸区升级版建设。对此，本书提出的"南海经济圈"就是这样的一个平台、载体和机制。

第一节　研究依据

　　本书已具有一定的前期理论研究基础。作为经典区域经济理论的经济圈层理论，一直被广泛应用于区域经济发展的实践中，并在实践中有所发展。对于与南海经济圈建设密切相关或者可称作基础和重要组成部分的南海开发合作的研究，理论界开展得不多，这里从"海上丝绸之路"建设、自贸区升级版建设、南海安全的角度出发进行梳理。

一、国内外相关研究的学术梳理及研究动态

（一）经济圈层研究梳理

1. 传统圈层结构理论

圈层结构理论最早由德国农业经济学家冯·杜能（Von Thunen）于1826年

提出，其主要观点是：城市在区域经济发展中起主导作用；城市对区域经济的促进作用与空间距离成反比；区域经济的发展应以城市为中心，并以圈层状的空间分布为特点，逐步向外发展。美国芝加哥大学城市地理学家、社会学教授伯吉斯（EwBurgess）于1925年以芝加哥为蓝本，在对城市用地功能布局研究后发现，城市自市中心由内向外呈同心圈有序分布五个功能区，分别是中心商业区、过渡性地区、工人阶层住宅区、中产阶层住宅区、高级或通勤人士住宅区，即圈层结构。Hoyt（1939）考虑到交通线的影响提出了扇形结构的圈层结构模式。狄更生（1947）将历史的发展与地带的构造加以综合，将伯吉斯的同心圆构造抽象为从市中心向外顺序性配置的三大地带，即中心地带、中间地带和外缘地带。Erickson（1954）综合同心圆结构模式、扇形结构模式和多核心结构模式提出"折衷论"（combined theory）。20世纪50年代后，狄更生和木内信藏在对欧洲和日本的城市分别进行研究后，认为大城市圈层由中心地域、城市周边区域和市郊外城的广阔腹地三大部分组成，它们从市中心向外有序排列。E. J. Taarre 等（1963）提出所谓的"理想模式"来描述现代西方城市的地域结构。20世纪90年代，保罗·克鲁格曼（P. Krugrnan）运用"核心—外围"模型，阐明了规模报酬、运输成本和要素流动的相互作用是如何导致空间经济结构的形成和演变的，他由此构造了一个基于产业聚集的圈层经济结构。经典圈层结构理论主要是针对先发工业化地区对周边地区的扩展现象进行了探索，圈层的地域空间局限于某一城市中心地及其周边地区。

在传统圈层结构理论的基础上，国内一些学者也对圈层结构理论进行了新的探索和发展。张亚斌等（2006）对线性经济的分析，提出中心城市对外围市场的辐射力是沿着直线向两端扩散的，将经济空间扩展到二维后，中心城市对外围地区的市场辐射力将以"圈"的形式向外均匀扩散，这样在中心城市外围形成的卫星城市将不止线性经济中的两个，而是多个，同时在卫星城市外围形成的乡镇也将是多个。这些由经济力量自发演变形成的卫星城市群、乡镇群将近似分布在半径不同的圆周上，在地理空间中以"圆圈"的形状紧紧围绕在中心城市的周围，这样一来，中心城市、卫星城市群和乡镇群共同构成了区域"圈层"经济结构。吴小波和曾铮（2007）提出了一个圈层经济结构的基本范式：以大中城市为枢纽，以卫星城市为节点，以市场为依托，以专业化分工为纽带，通过不同经济圈层的产业定位，实施产业的梯度升级，进而使区域产业发展和整体产业发展同步，同时利用产业发展带动地区发展，兼顾区域的协调发展。上述探索主要集中在对于圈层结构演化的内在机制分析上。

2. 经济圈层结构理论

基于圈层结构理论，国内学者们在更广泛的跨区域空间和范围内，根据我国跨区域经济发展的实际提出了若干个经济圈，如长三角经济圈、环渤海经济圈、环黄海经济圈、东北亚地区经济圈、沿边经济圈等，并对之开展了有针对性的研究。胡晨光等（2010、2011、2013）认为，集聚经济圈由集群产业、产业区和城市化、多样化的产业集聚推动形成，构成国家参与国际竞争的空间载体。没有集聚经济圈产业竞争力的支撑，就没有国家产业的竞争力。他们以长三角集聚经济圈为例，分析了政府对集聚经济圈演进的影响和作用，探讨了集聚经济圈内产业集聚的点轴增长与收敛。苏红键和赵坚（2011）利用长三角经济圈数据，分析了经济圈内制造业增长的空间结构效应。梁明和李光辉（2010）分析了环黄海经济圈区域经济合作的相关战略，包括建设的意义、可行性和设想等。崔乘喆（2002）以韩国的电子企业作为研究对象，分析了企业内和企业间的网络形成及其具体的演变过程，这种形成及演变推动了环渤海地区对外直接投资及其生产网络体系的形成，并最终推进东北亚（东亚东北部）地区经济圈的形成。王铁（2008）提出了打造中国沿边经济圈的战略举措和战略设想。

3. 南海经济圈研究梳理

对于南海经济圈的研究，目前为数甚少。从目前已有的公开资料来看，最早的相关概念是吕拉昌（1997）、沈超等（1997）提出的"环南海经济圈"。吕拉昌的"环南海经济圈"提法包括整个环南海的国家和地区及腹地，涵盖越南、泰国、马来西亚、新加坡、印度尼西亚、文莱、菲律宾等国家，以及中国的台湾、香港、澳门、海南、广东以及闽南、湖南、广西部分地区。吕拉昌分析了建立"环南海经济圈"的必要性、可能性以及建设构想和区域整合问题。沈超等的"环南海经济圈"提法主要包括新加坡、马来西亚、泰国、印度尼西亚、菲律宾、越南、柬埔寨以及中国内地（大陆）、中国香港、中国澳门、中国台湾11个国家和地区，他们分析了"环南海经济圈"的客观现实特点、发展趋势及发展对策建议。此后至今，这方面的研究便陷入沉寂，其间只有于文金等于2008年提出"南海经济圈"的概念并进行了初步探讨。于文金等（2008）认为，南海经济圈是指环南海区域的国家和地区以围绕南海海洋资源开发为中心，以港口、深水航线、沿海公路铁路、航空线为联系纽带，以沿海港口重镇、沿海工业带、重要海岛的开发以及海上交通线等发展轴线为依托，对内在市场、信息、劳务、金融和科技等方面紧密合作，对外开放的、多元化的多层次区域经济共同体，具体包括中国的华南沿海地区、香港地区、澳门地区和台湾地区，以及越南、柬埔寨、马来西亚、印度尼西亚、菲律宾、新加坡、文莱 7 个环南海国家。此外，蒋斌（2006）提出"环北部湾经济圈"的概念，并分析广西参与环北部湾经济圈建设的思路。不过，环北部湾经济圈的范畴只指环北部湾的中国广西、广东、海南 3 个地区和越南北方沿海地区，与南海经济圈的范畴相差甚远。总体而言，学术界对于南海经济圈的研究基本处于空白，在新时期、新形势下开展对南海经济圈的研究很有必要。

（二）21 世纪"海上丝绸之路"与南海开发合作研究梳理

21 世纪"海上丝绸之路"以海洋为基础和载体，串联、拓展和寻求中国与沿线国家之间的利益交汇点，与相关国家共同打造利益共同体和命运共同体。"海上丝绸之路"的首要节点就是南海，利益与命运共同体首要的组成部分就是中国和环南海诸国。因此，"海上丝绸之路"建设以东盟及其成员国为依托，辐射带动周边及南亚地区，并延伸至中东、东非和欧洲，立足联通太平洋和印度洋，以建设中国—东盟自贸区升级版为核心，构筑通畅、安全、高效的贸易运输、经济发展和文化传播海上大通道。因此，要用好中国—东盟海上合作基金，积极开展务实的海洋合作，优先推进海上互联互通、海洋经济、海洋环保与防灾减灾、海洋文化等领域合作（刘赐贵，2014）。建设 21 世纪"海上丝绸之路"，需要在七大区域构建七大战略支点并形成七大推进路径，其中第一个支点就是中国—东盟自贸区，应打造自贸区升级版，重点是促进港口建设和互联互通，发展海洋产业夯实合作（全毅 等，2014）。我国广西作为中国—东盟自贸区建设的桥头堡，可以充分发挥地缘优势，打造海上丝绸之路的新门户和新枢纽，发挥在推进南海开发与合作方面的特殊作用：第一，加大北部湾港建设力度，加大港口集疏运体系建设力度，加快推进港口公共信息共享平台建设，扩大港口开放合作，推动完善中国—东盟港口城市合作网络和机制，加强与东盟各国港口城市之间的互联互通，形成"海上丝绸之路"旅游圈；第二，加快构建临港产业带，以重大产业项目建设为支撑，在临港后方规划建设一批产业园区，加强新能源与可再生能源合作，加强石化及海上油气勘探开采合作，建设低敏感海域产业合作交流示范基地等，开展海产品养殖加工合作，建设海上渔业走廊，建立热带农业合作基地；第三，加快构建海洋经济合作试验区，推动与东盟国家在海洋环保、海上搜救、海洋资源勘查、海洋产业、滨海旅游等领域开展广泛合作（陈武，2014）。综上所述，"海上丝绸之路"建设近期筹划治理的重点是南海以及环南海各国，建设南海经济圈能有力地推动如上所述合作的开展，"海上丝绸之路"建设成功与否很大程度上取决于南海经济圈建设进度是否顺利。

（三）中国—东盟自贸区升级版研究梳理

对于中国—东盟自贸区升级版的研究，目前学术界尚处于起步阶段，缺少相关系统化且深入性研究，若干论述主要体现在国家领导人的相关讲话、著述中。例如，时任总理李克强在第十届中国—东盟博览会和第十届中国—东盟商务与投资峰会上的致辞中指出，双方可以考虑深入讨论进一步降低关税和削减非关税措施，积极开展新一批服务贸易承诺谈判，从准入条件、人员往来等方面推动投资领域的实质性开放，提升贸易和投资自由化便利化水平。但是，无论是自贸区还是自贸区升级版，主要还是聚焦于推进中国与东盟自由贸易水平的提升。由于中国与东盟国家间存在严重的产业同构现象，仅通过自由贸易谈判与协定的签订，难以实现全面无障碍的自由贸易（比如，可以依赖于非关税措施来隐性排斥自由贸易）。这需要扩充自由贸易的领域和范畴，扩大双方之间的合作领域和范畴来解决。张蕴岭（2014）表示，自贸区升级版应提升贸易水平，改变简单的互补性货物贸易结构，推动产业内分工，构建产业链，增加附加价值；要提升投资和服务领域的开放水平，按"负面清单"和"准入前国民待遇"原则谈判开放安排，推动投资和服务的发展；升级版还应深化经济合作，把重点转向互联互通建设的合作，并与东盟经济共同体建设和RCEP 构建接轨。梁颖（2014）认为，打造中国—东盟自贸区升级版，要以更新和扩充中国—东盟自贸区协定的内容与范围为新起点，不断加强互联互通、金融、海上和产业等重点领域合作，增强政治互信以巩固和深化同东盟的战略伙伴关系，保障中国—东盟自贸区升级版的实现。要想实现中国与东盟间合作的顺利实施，不仅需要推动中国与东盟实行真正完全的自由贸易，还需要构建新的合作平台、载体和机制。

（四）南海安全与南海开发合作研究梳理

南海安全问题是影响中国与东盟互信、破坏区域和平、妨碍区域合作的重大因素。目前对于南海安全问题的研究，主要是从国际政治、国际军事、国际关系和国际战略的角度进行的，鲜有从南海开发合作的角度进行的，且也缺乏深入的探讨。事实上，"搁置争议、共同开发"的原则是直至今日仍行之有效的有益于南海问题解决的路径，通过共同开发推动南海问题的和平解决已经成为争议各方的共同目标（于荣，2012）。少数学者对此进行了探索。韩凝（2011）提出，中国与南海周边有关国家的合作内容不能再局限于能源的共同开发，可以主动提倡与有关国家在渔业捕捞、海上执法、打击海盗等功能性领域进行协作治理，加强合作、增进互信。李庆功等（2014）认为，中国的南海安全战略应该建立在对海洋发展的持续经营之上，只解决安全问题并非中国经营南海的全部要义，在维护安全的同时还要在南海实行陆海统筹，利用陆地发展带动海洋发展也具有重要的意义。不过，仅通过海洋开发这种经济手段来解决南海安全问题是不够的。虽然中国与东盟建立了包括"10＋1"在内的多种对话合作机制，双方的自贸区已建成，但是政治与经济领域的地区合作化成效并没有外溢到安全领域，南海形势的特点仍旧是经济与安全保障相分离（Ikenberyym，2004）。这需要通过更深层次、更牢固的经济政治捆绑——通过打造南海经济圈推动利益与命运共同体形成来实现。

综上与本书相关的研究表明：第一，我们需要根据我国实际需要，提出南海经济圈这一新的跨区域圈层结构并进行研究；第二，对于具有新的内涵和特点的南海经济圈理论的研究，目前还不够深入，应成为今后一段时期多个学科领域研究的重点；第三，无论是"海上丝绸之路"建设成功与否，还是自贸区升级版能否真正推动全面自由贸易的实现，中国与东盟合作的深化、利益与命运共同体的打造，都需要南海经济圈这个平台、载体和机制；第四，南海安全问题的最终解决，同样需要南海经济圈这个新的平台、载体和机制来推动中国—东盟一体化实现。由此可见，提出南海经济圈并对之进行深入研究恰逢其时。

二、本书相对于已有研究的独到学术价值和应用价值

本书具有较高的学术价值，主要体现在：第一，在新时代、新形势下，从"海上丝绸之路"、自贸区升级版和南海安全的视阈出发提出南海经济圈建设的问题，并赋予南海经济圈新的内涵与意义，拓展了圈层结构理论的研究范围与领域；第二，探讨以海洋为核心区域、从陆地外围向海洋核心扩张的圈层结构，深化、丰富了圈层结构理论；第三，实现多学科交叉、融合，运用区域经济学、经济地理学、产业经济学、国际政治学和国际经济学等学科理论和方法进行研究，丰富了圈层结构研究的方法和范式。

本书具有重要的应用价值。南海及环南海国家是中国—东盟利益共同体的主要部分、"海上丝绸之路"建设的首要节点、自贸区升级版建设的题中之义，其中"海上丝绸之路"建设主要聚焦于海上互联互通、海洋经济与产业合作，自贸区升级版建设主要聚焦于贸易、陆地合作。建设南海经济圈，能统合上述两大战略兼顾南海安全等问题，将之承载于一个平台、一个载体，凝聚资源、力量并优化配置，形成宏观统筹、整体推进、协同配套的工作格局；通过推动全方位合作，为"海上丝绸之路"建设提供抓手和平台，为自贸区升级版建设提供动力和产业基础，为海陆联动提供载体和机制，为南海安全和产业同构等问题的解决提供条件，更好、更快地打造中国—东盟利益共同体。从更长远的视角来看，建设南海经济圈是推进中国与东盟经济一体化的前瞻性、战略性部署。

第二节　研究内容

一、研究对象

本书的研究对象是南海经济圈。南海经济圈的地理空间范畴具体包括"5（地）+6（国）"：中国的广东、广西、海南3个省份和香港、澳门2个特别行政区，以及越南、马来西亚、印度尼西亚、新加坡、菲律宾、文莱6个环南海东盟国家。

二、总体框架

本书围绕研究对象，基于"海上丝绸之路"、自贸区升级版双重视阈，主要研究内容如下：

（1）基础理论部分。本书一方面探讨了南海经济圈的基本理论概念与范畴，包括经济圈内涵、特征、建设内容、建设原则等；另一方面探索了南海经济圈的运行机制，包括价值链利益分享机制、错位竞争机制、自贸机制、海上安全合作机制等。

（2）"海上丝绸之路"视阈下的南海经济圈建设。本书一方面分析了南海经济圈的海洋一体化开发，以南海资源开发合作为核心，涵盖航运、旅游、环保、海洋产业等内容领域，探索一体化开发合作的途径与机制；另一方面分析了南海经济圈的海陆经济联动，基于以陆带海、以海养陆、协作配套的原则，探讨环南海经济圈海陆经济联动的内容和途径，具体的路径包括陆海产业相关化、海陆产业布局配套化、海陆运输一体化等。

（3）自贸区升级版视阈下的南海经济圈建设。本书一方面探讨了南海经济圈的产业一体化，主要侧重于陆上制造业全球价值链体系的构建，根据分工合作、错位竞争、适当让利的原则，在廓清经济圈内各国、各地产业现状的基础上，根据产业竞争力分析，提出产业一体化布局的总体构想，以及探索利用一体化组织产业转移、优化产业结构和推进产业升级的路径和措施；另一方面探讨了南海经济圈贸易一体化和金融一体化的内容与措施，主要探讨如何实现全面的自由贸易，拟提出建立"环南海经济圈发展基金"、建立区域性清算体系的建议。

（4）南海经济圈建设的保障与对策。南海经济圈建设的保障，一方面是指支撑经济圈海陆一体化开发、海陆经济联动、产业一体化的核心支点保障，另一方面还包括基础设施保障、组织保障、无差别化政策保障、海上安全合作保障、科技创新保障、人力资源保障等。其中，基础设施保障主要探讨基础设施的互联互通，拟提出"环南海高速路网""畅通南海""智慧南海"等计划。

按照上述内容的内在逻辑，本书的总体框架如图1-1所示。

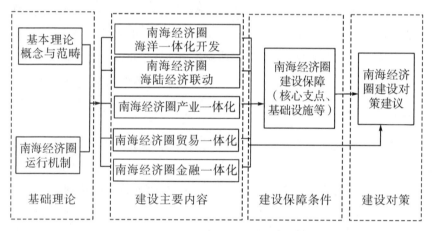

图1-1　本书的总体框架

三、重点与难点

本书的研究重点是"海上丝绸之路"视阈下的南海经济圈建设和自贸区升级版视阈下的南海经济圈建设两部分，具体包括南海经济圈海洋一体化开发、海陆经济联动、产业一体化、贸易一体化和金融一体化等内容。本书研究的难点主要包括：第一，南海经济圈运行机制的理论分析；第二，南海经济圈的交通布局；第三，南海国家产业的现状及竞争力分析；第四，南海经济圈的产业布局；第五，南海经济圈层由外围陆地向海洋中心产业扩散的经济地理学模型分析；第六，南海经济圈海陆一体化的途径；第七，涉及环南海国家相关研究资料、文献的搜集工作存在较大难度。

四、主要目标

本书开展相关内容的研究，期望达成如下目标：第一，厘清南海经济圈相关基本理论概念与范畴；第二，拟定南海经济圈基础设施一体化的总体布局规划；第三，确定区域制造业价值链体系的构成、布局；第四，确定海洋一体化开发的内容、途径以及合作机制；第五，明确南海经济圈海陆联动的内容、路径；第六，确定南海经济圈金融合作的内容、措施；第七，提出具有可操作性的政策建议。通过实现上述目标推进南海经济圈建设的实施，达到为"海上丝绸之路"建设提供抓手和载体、为自贸区升级版提供助力和产业基石、为两者融合实现互促互动提供平台和途径的目的，最终促进中国与东盟经济一体化远期目标的实现。

第三节　研究思路与方法

一、研究思路

本书遵循"基础理论阐释→建设内容分析→建设保障分析→建设对策建议"的研究思路，首先在对南海经济圈相关基础理论进行诠释的基础上，深入分析、明确南海经济圈建设的内容；其次厘清建设的条件保障；最后进行总结并提出相关对策建议。

二、具体研究方法

如图 1-2 所示，本书在基础理论概念与范畴研究中，主要采用归纳法、系统研究法、定性分析法、文献研究法；在运行机制分析中，主要采用抽象法、演绎法、定性分析法、数量研究法、博弈分析法；在研究产业一体化、贸易一体化时，主要采用个案研究法、产业竞争力评价法，并尝试引入 Weaver-Thomas 工业布局优化模型法；在研究海陆经济联动与海洋一体化开发时，主要采用系统分析法、实地调研法，并尝试运用海洋开发规划模型系统；在研究金融一体化时，着重采用计量经济学方法进行实证分析；在研究建设保障时，主要运用经济政策学与制度经济学理论进行规范研究；在研究基础设施保障、组织保障、海上安全合作保障等互联互通时，主要采用实地调查法、基于模糊熵和多目标规划的交通布局模型法。

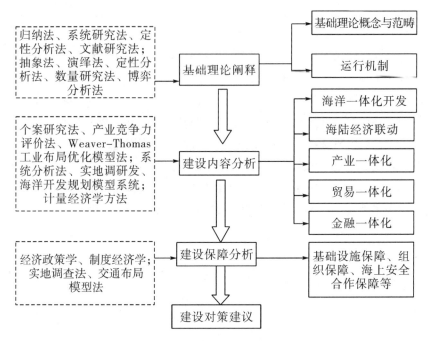

图 1-2　本书的研究思路与方法

第四节　创新之处

一、学术思想与学术观点

第一，本书提出新时代、新形势下南海经济圈的概念、内涵，并拓展其建设内容。"南海经济圈"的建设是以经济一体化为目标，以产业一体化为核心，以海陆联动、利益共享为特征，以海陆互联互通、全面自由贸易为条件，以基础设施、制造业、海洋产业为重点，涵盖基础设施、产业、海洋开发、金融体系、科技创新、生态保护等领域在内的全方位合作建设。

第二，本书提出"陆地—海洋"双核心圈层结构理论，并构建外围陆地向海洋中心产业扩散的地理经济学模型，探索南海经济圈成型的内在机理。本书认为，陆地核心与海洋核心应互促互动，形成相互支撑、协同发展的良性格局，实现海洋、环海地区的共同发展与繁荣。

第三，本书对既有海洋开发规划模型系统进行了改进，主要是完善规划决策维度，从区位条件、产业基础、资源丰裕度、基础设施条件、市场潜在需求等维度入手改良模型系统。

第四，本书基于传统产业布局理论，探索海陆联动条件下海洋产业布局理论，构建相关理论体系，并提出"蛙跳式""珍珠链"产业海域布局模式理论。

二、研究方法

在研究方法上，本书一是注重对定量分析、数理分析方法的运用；二是注重实地调研、学术交流的开展。

第二章　研究理论基础

本章主要探讨了南海经济圈的基本理论概念与范畴、南海经济圈的运行机制以及若干理论研究工具。

第一节　南海经济圈的基本理论概念与范畴

一、南海经济圈的内涵与特征

（一）南海经济圈的地理范畴

绪论中已经提及，南海经济圈具体包括"5（地）+6（国）"，即中国的广东、广西、海南3个省份和香港、澳门2个特别行政区，以及越南、马来西亚、印度尼西亚、新加坡、菲律宾、文莱6个环南海东盟国家。这与既有的吕拉昌（1997）、沈超等（1997）提出的"环南海经济圈"以及于文金等（2008）提出的"南海经济圈"的地域空间范围均有所区别。吕拉昌（1997）所阐明的"环南海经济圈"，是一个涵盖所有南海沿岸国家与中国华南地区（包括海南省、广东省、福建闽南地区、湖南省、广西壮族自治区和台湾地区、香港地区、澳门地区等）的地域空间范围，比本书设定的"南海经济圈"地域要广。沈超等（1997）认为，"环南海经济圈"主要包括中国内地（大陆）、中国香港、中国澳门、中国台湾以及新加坡、马来西亚、泰国、印度尼西亚、菲律宾、越南、柬埔寨，将中国全部疆域概括了进去。于文金等（2008）提出的"南海经济圈"的地域空间范围基本上与吕拉昌的看法类似。与之相较，本书界定的"南海经济圈"地域空间范围主要是按照南海沿岸、沿南海主航道的标准提出的，范围相对小一些。

（二）概念与内涵

1. 概念

于文金等（2008）认为，南海经济圈是东亚自贸区内的次经济圈，具体指环南海区域的国家和地区以围绕南海海洋资源开发为中心，以港口、深水航线、沿海公路铁路、航空线为联系纽带，以沿海港口重镇、沿海工业带、重要海岛的开发以及海上交通线等发展轴线为依托，与内在市场、信息、劳务、金融和科技等多方面紧密合作，对外形成开放的、多元化的多层次区域经济共同体。上述概念侧重于从南海海洋资源开发及其配套要素建设的角度提出。本书所提出的"南海经济圈"概念，其内容要更宽泛一些，是以经济（尤指海陆经济）建设为中心提出来的。具体而言，为适应本书研究目标的需要，"南海经济圈"是指以南海和南海沿岸"5（地）+6（国）"的海陆经济一体化发展为内容主体，以产业一体化为实质，以基础设施一体化、贸易一体化、金融一体化等为基础条件，以产业一体化发展、海洋一体化开发、海陆经济联动为主要途径，实现各参与方合作共赢、协同发展的区域经济关联体。

上述概念与传统意义上的经济圈层概念有所不同。传统意义上的经济圈层主要是指陆地上经济关联紧密且以辐射效应为主要联系内容纽带，以相对发达地区为中心、受其带动的欠发达地区为外围，彼此分工合作、共同发展的区域经济关联体。而本书所提议的南海经济圈概念，与之具有两方面的差异：第一，圈层所涵盖的地域不仅包括陆地还包括海洋，呈现出"内部海洋+外部陆地"的特征，而且地域非常广阔，包含海洋、陆地领域超过650万平方千米。第二，圈层是"陆地—海洋"双核心圈层结构，而不是陆地圈层的单核心结构，且两者没有明显的带动与被带动关系，而是外部陆地与内部海洋互促互动发展，形成相互支撑、协同配套的良性格局，实现海洋、环海地区的共同发展与繁荣。其中，内部海洋的发展主要是指海洋资源以及与海洋相关产业的开发，而外部陆地的发展则是指各类陆上产业的开发与发展。

2. 内涵

本书提议的南海经济圈概念的相关内涵主要包括如下五个方面：

第一，南海经济圈的内容主体是海陆经济一体化发展。南海经济圈的建设既需要发展海洋经济又需要发展陆地经济，准确来讲，这首先需要实现两者各自的一体化发展，其次是通过两个一体化的协调互动来实现海洋、陆地经济的一体化发展。海陆经济一体化内涵如图2-1所示。

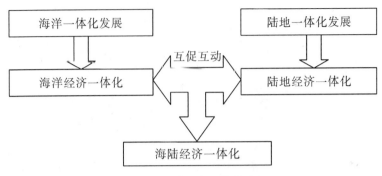

图 2-1 海陆经济一体化内涵

由图 2-1 可知，只有在海洋经济一体化、陆地经济一体化的基础上，通过两者的互促互动、协同发展，才能形成足够的内部张力和动力，推动形成海陆经济一体化。而只有实现海陆经济一体化发展，才能有足够的包含力、溶解力、支撑力来化解南海安全和产业同构等问题，以支撑经济圈"5（地）+6（国）"打造利益、命运共同体。

第二，南海经济圈以产业一体化为内容实质。无论是海洋经济还是陆地经济，最终的落脚点都是产业，海洋经济一体化、陆地经济一体化和海陆经济一体化实质上就是海洋产业一体化、陆地产业一体化和海陆产业一体化。因此，产业是南海圈层经济的天然和必然建构基础要素。由于环南海地区的高度差异性，南海和环南海地区经济圈的形成必须要以产业的一体化为联结纽带、基础和前提。经济是一切的前提和基础，只有如此，才具有足够强的纽带效应和捆绑效应，推动南海经济圈成形。因此，不同于有些经济圈，产业经济一体化是南海经济圈的首要内涵和内容实质。

第三，南海经济圈发展、运行的主要途径，是产业一体化发展、海洋一体化开发和海陆经济联动。要实现南海经济圈以产业一体化为内核的海陆经济一体化建设目标，需要实现经济圈全域空间内各类经济要素的开发、利用，形成整体、协同发展格局。就实际情况而言，南海经济圈不仅涵盖了广阔的陆域空间及其丰富的资源，还涵盖了浩渺的南海空间及其丰富的资源，因此南海经济圈要实现海陆经济一体化，就需要推动陆地产业的一体化发展，推动南海及其所属资源的一体化开发，还要实现陆地产业一体化发展与南海一体化开发的无缝对接、联动。这构成了建立在海陆经济一体化基础之上的南海经济圈发展、运行的途径依赖。

第四，南海经济圈发展的基础条件，是基础设施一体化、贸易一体化和金融一体化。无论是陆上经济活动还是海上经济活动，都离不开完善的基础设施，需要以此为要素的顺畅流动提供交通保障。南海经济圈所要求的经济活动一体化，同样需要实现基础设施的一体化，而且是海陆基础设施的一体化。南海经济圈涵盖了7个国家，要实现经济圈的经济一体化，就必须实现这7个国家之间的贸易一体化。这要求破除7个国家之间的贸易壁垒，需要通过推进中国—东盟自贸区升级版的打造来实现这一目标。南海经济圈的经济发展离不开金融的支持，而经济发展的一体化，要求更高水平、更高层次的金融支持与服务。只有实现经济圈"5（地）+6（国）"的金融一体化，才足以支撑起经济的一体化发展。总而言之，在南海经济圈形成的三大基础条件中，基础设施一体化是基本，金融一体化是核心，贸易一体化是保障。

第五，南海经济圈发展要达到的战略效果，是各参与方合作共赢、协同发展，即各参与方通过经济合作为各自带来良好的经济增长、社会发展效应，并形成分工协作、互促互动的协调协同发展格局，为未来环南海区域利益共同体、命运共同体建设构筑良好基石。

基于上述内容，南海经济圈的内涵示意如图2-2所示。

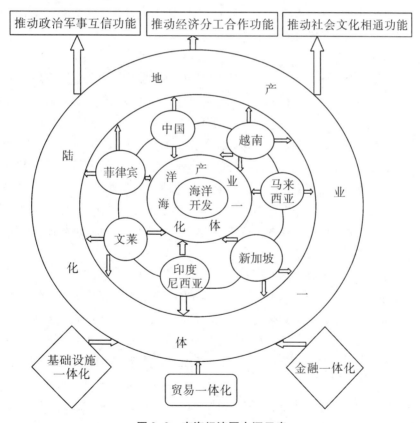

图2-2　南海经济圈内涵示意

（三）特征

总体而言，南海经济圈具有五个方面的特征：跨国涵海、功能多元、全方位合作、海陆联动、平等共享。

1. 跨国涵海

不同于传统意义上的经济圈层，南海经济圈是一个跨国涵海经济圈层，圈层内的经济活动分布在南海及环南海的陆地空间范围内。这使得经济圈层的经济活动空间更加复杂，从而导致经济合作的方式、机制更加复杂，合作的范围更加广阔，建设经济圈的任务也更加艰巨。

2. 功能多元

研究南海经济圈建设的目的，就是要通过在环南海国家之间推进经济融合，以此为基础、载体、平台，逐步促进各国融合，最终实现利益共同体、命运共同体的打造。因此，南海经济圈是一个功能多元的经济圈层组织，基本功能是促进各国经济的分工合作开发与发展，再通过经济一体化衍生出相关功能；推动各国政治军事互信，解决南海安全问题；推动各国社会文化互通，形成跨民族凝聚力，铸造命运共同体的根基。

3. 全方位合作

跨国涵海经济圈层的形成，虽然以跨国经济合作为主要内容，但是跨国经济分工协作的实现离不开相关外部条件的支撑，如法律条件、贸易条件和人力资源条件，否则经济分工协作无法顺利开展。因此，南海经济圈的形成必须以各参与国全方位的合作为基础。这里需要指出的是，如果说"海上丝绸之路"的重点是促进海上互联互通、海洋经济与产业合作，自贸区升级版的重点是促进贸易、陆地合作；那么，南海经济圈的建设重点则是通过实施全方位合作，为"海上丝绸之路"建设提供抓手和平台，为自贸区升级版建设提供动力和产业基础，为海陆联动实现两大战略的契合融汇、互促互动提供载体和机制。

4. 海陆联动

作为一个涵海、临海的经济圈层的建设，海洋和海洋经济的开发与发展是不可能绕开的内容。同时，海洋与海洋经济的开发，尚不足以支撑南海经济圈的构建成形和维持长期可持续运行，经济圈的经济主体内容还应该包括陆地经济。因此，同步推动海洋经济和陆地经济的发展，形成两者齐头并进、协同发展的格局，实现"两条腿走路"，应该是南海经济圈建设的题中之义。

5. 平等共享

南海经济圈层建设的指导思想，如同中国一贯以来坚持的政治、外交理念，追求的是平等、合作、繁荣和共享，即尽可能做到公平和正义，各国平等互惠。

二、南海经济圈建设的内容、目标与原则

作为一个设想中的跨国涵海区域经济组织,南海经济圈建设需要经历一个长期的实施过程,是在为"海上丝绸之路"与中国—东盟自贸区建设发挥支撑、促进作用,并反过来利用两者的正向外部效应,在形成三者互促互动、协同建设格局的过程中逐步建设成形的。也正是如此,为了保障这个长时期系统性工程建设的顺利推进,我们需要明确南海经济圈建设的内容或任务,科学确定其建设的目标,提出建设的基本原则。

（一）建设内容

通常意义上的经济圈是指一定区域范围内的经济组织实体,是生产布局的一种地域组合形式。南海经济圈作为一个有别于传统经济圈的经济圈层组织,其一方面需要完成与传统经济圈类似的圈层构成要素建设,另一方面还应完成与自己特征相适应的圈层构成要素的建设。作为跨国涵海的经济圈,南海经济圈需要实现产业一体化发展,需要有若干支撑整个生产协作体系的核心支点,需要有完善的经济协作体系运行保障条件,需要有顺畅的合作机制;同时,还应实现海洋的一体化开发,以及海陆经济的联动。

1. 产业一体化

经济圈层的实核就是要实现产业一体化发展,因此产业一体化是南海经济圈建设的核心内容。对于跨国的南海经济圈而言,这就更加重要。因为涉及不同国家、不同民族的经济圈建设,利益纠葛太大,只有以互利共赢的产业一体化为桥梁,以经济利益捆绑为纽带,才能有效克服利益鸿沟和国家、民族间的隔阂,使经济圈建设获得成功。鉴于跨国农业生产的差异性、地域性限制,南海经济圈建设主要是以第二产业即工业的一体化建设为主。经济圈在建设过程中,通过科学合理的规划,将一体化发展的产业价值链按照"效率优先、兼顾公平"的原则,在各成员之间进行合理布局、空间组合,形成协作配套、共同发展的"责任分担、利益共享"一体化格局,实现"1+1＞2"的发展效应。

产业一体化发展成功的关键,是要实现产业价值链协作利益在各成员之间的合理分配,即通过对价值链上的各个生产环节在各成员之间进行科学分配予以实现。各国应根据发挥优势、适当照顾的导向,努力协调各成员的立场,或牺牲、或妥协、或承蒙惠顾,找到各成员合作的最大公约数,以推动不同利润率的产业价值链环节在各成员之间的合理配置。

作为南海经济圈建设的核心,产业一体化是建设难度最大的一项内容,因

为其涉及的利益分割太复杂了。总体而言，这只能先易后难，一步一步向前推进实施。初期，各国应在达成共识的基础上，认真协调，精心选择一个或几个产业推进实施；然后随着分歧、担忧的逐渐消失以及合作机制的逐渐成熟，再逐步扩大至其他产业。

2. 核心支点建设

南海经济圈的形成是一个长期的过程，不会一蹴而就，需要一步步推进。为推动经济圈建设尽快见实效，也为了树立样本发挥示范、带动作用，以及构建经济圈的一体化雏形，可行路径是在建设初期在各国找到几个地点，作为产业一体化、保障条件建设、合作机制建设等的最初支点，以这些支点之间发展起来的一体化关系作为雏形，构建产业一体化的基本框架。

最初支点也是未来经济圈形成之后的核心支点和区域性中心支点。各国各有关区域将围绕核心支点，不断参与经济圈内的分工协作关系，不断融入经济圈，乃至最终全面融入一体化进程之中。如此以点带面、以点拓面，带动各成员整体融入，真正形成全面一体化发展格局。

3. 保障条件建设

经济圈一体化发展离不开各种保障条件建设。只有具备充分的保障，产业一体化、海洋开发一体化乃至海陆经济联动才能持续进行下去，才能真正形成圈层经济体。这种保障条件包括硬件和软件，其中硬件主要是指交通、通信、电力、网络等基础设施条件，软件主要是指贸易条件（跨国之特需）、金融条件（现代经济的核心支撑条件）。

跨国涵海的南海经济圈，其保障条件建设要比传统经济圈复杂得多，主要是跨国协调较为复杂。其有利的一个因素是可以借助东盟成员对于发展基础设施迫切需求的契机，同时充分发挥既有亚洲基础设施投资银行、丝路基金等国际性金融机构的作用，以一定程度的"搭便车"方式推进经济圈保障条件建设。相对于产业一体化，保障条件建设的复杂性要小得多、推进难度要低得多、成功可能性要大得多。我们可以把保障条件建设作为南海经济圈建设的优先推进内容。

4. 合作机制建设

作为跨国涵海的经济协作组织，其长远战略考量是为中国与环南海国家构筑利益共同体、命运共同体的前期平台、载体和支撑基石。南海经济圈建设是一个长期的战略系统工程，其最终建设成形需要具备内在的运转高效、功能强悍的合作机制，通过其发挥充分的协调、黏合、克难作用，才能达到预期目标。

相对于其他建设内容，合作机制类似于南海经济圈的"软件"建设，其他建设内容则近似于"硬件"建设。但是，不同于一般、一国内部的经济圈，跨国经济圈的建设需要软件先行，通过软件发挥作用并克服跨国合作的障碍后，才能推行硬件建设。因此，南海经济圈合作机制的构建一方面需要借助现有合作机制如中国—东盟自贸区合作机制，开展跨国协调、磋商以推进经济圈建设；另一方面还应同步开展专门性合作机制的建设，以保障经济圈建设的后续推进之需。此外，鉴于目前中国在南海经济圈各参与方中占据相对优势地位，可以由中国政府出面，发挥积极、主动的作用，做好各国工作，通过各种途径和手段，推动各国政府共同发力，推进经济圈的合作机制建设。

5. 海洋开发一体化

南海蕴藏着丰富的资源，能够为周边的人民提供庞大而宝贵的物质财富。作为跨国涵海经济圈，南海的开发是经济圈建设的题中之义。鉴于如下方面的理由，南海经济圈建设需要实现南海海洋一体化开发：第一，作为跨国涵海经济圈，陆地产业和海洋产业是经济圈的两大产业支撑，经济圈建设离不开基于海洋开发形成的海洋一体化产业内容的支撑，也依赖于其为经济圈建设提供主要动力来源。第二，实现海洋一体化开发，有利于宏观、整体统筹海洋资源的开发，避免分散、个别的开发，从而促进资源开发利用效益的最大化。第三，海洋资源特别是深海资源的开发需要较强的技术、资金支撑。目前环南海国家中除中国外，海洋资源开发的能力均较低，如请域外国家帮助开发则成本较高、付出的代价较大，因而基于互助互利、平等公平的原则，由中国牵头各经济圈参与国共同实施开发，则会显著降低开发成本，收获更多利益。第四，在一些存在主权争议的海域，客观上需要秉持"搁置争议、共同开发"的方针，由经济圈各参与国实施一体化开发。

当然，鉴于海洋开发的难度、利益协调的复杂性以及域外国家介入带来的领土争端问题，南海经济圈的海洋一体化开发不可能一蹴而就，可以有步骤、分国别来推进实施。总的原则是"先易后难、先近后疏"，即先共同开发难度较低的海洋资源与产业以及彼此良性关系发展较快的伙伴国之间的海洋资源与产业。

6. 海陆经济联动

作为跨陆涉海的环南海经济圈，海洋经济的发展离不开陆地的支持，陆地经济的发展也可以从海洋得到支撑并从海洋获得拓展空间，因此需要实现两者的联动发展，以充实、壮大经济圈的产业内涵，为经济圈建设提供充沛动力来源。海陆经济联动的主要方式包括：第一，陆地经济向海化。陆地经济可以逐渐向海洋发展，借助海洋和海洋资源拓展发展空间、发展潜力，获取新的增长点。例如，内陆钢铁企业、石油炼化企业向沿海地带扩张，旅游企业开拓海洋旅游，都属于典型的陆地经济向海化。陆地经济向海洋发展，最终使得其海洋属性日渐凸显，对海洋形成依赖性，甚至彻底蜕变为海洋经济。第二，海洋经济向陆化。海洋经济的发展离不开陆地的支持，而且海洋经济发展壮大到一定程度，可以向陆地拓展，带动陆地经济的发展。例如，随着海洋养殖业的壮大，可以延伸海洋养殖产业链条，在陆地上发展海产品加工业、海产品商贸物流业，乃至于海产品交易中心。又如，随着海洋矿业的发展，可以逐步发展沿海矿产品加工业，实现海洋矿业在陆地上的扩张，形成"采矿+加工"的海洋矿业海陆协同发展格局。第三，海陆经济融合化。海陆经济融合化意指相关海陆经济实现对接、融汇，形成一体化发展格局。例如，陆地生物医药业和海洋生物医药业相互对接，催化出新的医药产品，促进生物医药业的发展壮大；海洋产业的发展离不开金融的支持，海洋产业的资金需求对接金融业，催生出海洋金融业。上述海陆经济联动的三种方式中，陆地经济向海化的推动主体是陆地经济，海洋经济向陆化的推动主体是海洋经济，而海陆经济融合化的推动主体显然是陆地经济与海洋经济两种。

总而言之，海陆经济联动最后要形成陆地经济支撑海洋经济、海洋经济支撑陆地经济、海陆经济逐步融化的格局，以实现两者的一体化发展。

上述 6 个南海经济圈建设的内容中，产业一体化处于绝对核心地位，其他各个内容的建设都从属于支撑地位。鉴于各自的基础不同、发挥的作用不同、建设难度不同，上述南海经济圈 6 个方面内容的建设需要分阶段、有步骤地实施。其中，最先需要推进的是保障条件如基础设施、合作机制、核心支点建设，在此基础上再推进海洋开发一体化、产业一体化和海陆经济联动。

（二）建设目标

南海经济圈建设的总体目标，是经过 30 年左右的时间，形成分工科学、合作广博、机制高效、功能多元、协同发展的成熟圈层经济，构筑环南海"5（地）+6（国）"区域经济关联体。此总体目标的时间要求，力图与我国提出到 2050 年建设中等发达国家同步。设想的成熟环南海圈层经济，一是要分工科学，主要基于比较优势等基本经济原则进行经济内容的地域空间布局，必要时根据地区经济发展的差异予以适当倾斜照顾；二是要合作广博，不仅包括经济层面的合作，还包括安全、文化、教育等方面的合作；三是机制高效，意指合作机制得力、顺畅，能有效克服不适应性，维持长期可持续的合作；四是功能多元，以推动经济发展为基本功能，再以利益共同体、命运共同体打造为长远目标，拓展多方面功能，促进经济、社会、文化、政治、军事的全面融合；五是协同发展，效率优先、兼顾公平，富济穷、强携弱，通过协力合作，形成各参与国抱团发展、比翼齐飞的良性局面。

根据目前环南海国家经济发展、合作开展的现状，遵循圈层经济内在的发展规律，为完成上述总体目标，我们拟定的南海经济圈建设的阶段性目标如下：

第一阶段（2018—2030 年）是"强核""强基"阶段。各国分别选择若干个中心地区作为经济圈的核心支点强化合作建设，以此为基点搭建产业合作的核心骨架；构建比较成熟的合作机制；推进基础设施、金融、贸易基本条件建设，初步建成环南海陆地高等级路网、海空航线网，贸易条件进一步改善；产业（陆地产业和海洋产业）一体化、海洋开发一体化有所进展，形成至少三个一体化产业。

第二阶段（2031—2040 年）是"外溢""布网"阶段。各国围绕核心合作支点，以点带面，建设内部次级经济圈，并逐步带动本国经济全面融入环南海经济圈；区域基础设施、贸易一体化建设成熟，金融一体化取得重大突破；重要产业基本实现一体化，且分工明确、合理，海洋基本实现一体化开发。

第三阶段（2041—2050 年）是"整合""耦合"阶段。各国经济全面融入南海经济圈，区域经济关联体发展成熟；金融实现一体化；海陆经济实现一体化，海陆经济联动顺畅；政治、军事等各方面全面融合。

表 2-1 归纳、呈现了南海经济圈的建设目标，其中具体地列出了各项建设内容的阶段性目标。

表 2-1 南海经济圈建设目标

阶段	核心支点	合作机制	保障条件	产业一体化建设、海洋一体化开发与海陆经济联动
第一阶段（2018—2030 年）	建成核心基点体系	成熟	环南海高等级陆上通道、海上空中航线基本建成，贸易一体化改善	形成至少三个一体化产业，其中含陆地产业两个、海洋产业一个
第二阶段（2030—2040 年）	围绕核心基点,形成次级经济圈	—	贸易一体化成熟，金融一体化取得重大突破	重要产业一体化、海洋一体化开发，海陆经济联动
第三阶段（2041—2050 年）	—	—	实现金融一体化	海陆经济一体化；政治、军事、文化全面融合

（三）建设原则

（1）统筹推进原则。南海经济圈建设是一个复杂的综合性系统工程，需要用清晰的思路、合理的步骤、科学的次序、高效的协作去推动实施。要实现这一点，离不开高效的统筹与协调。各国可以考虑建设一个高效的跨国统筹机构或组织，以集中行使南海经济圈统筹建设职能。

（2）政府主导原则。作为一个跨国的经济圈，且在各国政治体制、发展基础、文化传统存在巨大差异的情况下，经济圈的建设需要各国政府主导去推动实施。这种主导，既是一种引导，也是一种基于行政手段的强制性行为，会违背市场化原则。比如，经济圈基础设施建设需要政府发挥主导作用去推动实施，即使有时某项设施的建设并不具有经济性。

（3）市场化原则。总体上讲，南海经济圈建设需要坚持市场机制的基础性原则，充分利用市场手段，以实现经济效用最大化。诸如海洋一体化开发、海陆经济联动、产业一体化、核心支点建设，都需要坚持市场机制的基础性原则。南海经济圈建设过程中政府作用与市场作用的发挥是辩证统一的，两者应该协同配套使用。该由政府发挥主要作用时，政府就发挥其主导作用；该由市场发挥主要作用时，就坚决放手任市场自由运行。

（4）综合运用各种手段原则。南海经济圈建设不仅是一个经济问题，还是一个政治问题、文化问题和社会问题，因此各国政府应综合运用经济、政治、文化、社会等各种手段和方法去推动实施。例如，如何克服各国人民的心理隔阂，减少对于经济圈建设的疑虑？这就需要各国政府运用文化的手段和社会的手段去沟通民心，实现民心相通。

（5）互利共惠原则。显然，互利共惠是南海经济圈建设最基本的原则。经济圈任何合作建设的开展都需要站在平等的立场上，寻求合作的最大公约数，实现互利共惠。当然，互利共惠并不意味着绝对的公平，而是在考量贡献、尊重效率的前提下实现互利互惠。

（6）协商一致原则。经济圈建设应参考各类既有跨国合作的决策方式，构建相应的决策机制，本着协商一致、民主决策的原则，去科学决策。任何参与国均不应试图强加本国意志于其他国家，搞"本国优先"那一套。

（7）依托现有基础原则。目前南海经济圈的 7 个参与国之间均存在一些合作。为了达到提高效率、提高成功可行性的目的，经济圈的建设应尽量利用或整合现有合作，以之为基础去推进。例如，目前中国和其他 6 国存在着中国—东盟自贸区、"海上丝绸之路"建设两大合作，那么南海经济圈建设就可以充分利用这两大合作，在其基础之上去推进，如此可以快速取得进展，收获实效。

第二节　南海经济圈的运行机制

作为一个跨区域、跨国经济圈，南海经济圈的形成和正常、有序运行面临着诸多问题和阻碍，需要构建和完善相关的运行机制。

一、形成与运行障碍

（一）南海领土问题

阻碍南海经济圈建设的首要障碍，是环南海国家围绕南海引发的一系列政治、军事、安全问题，具体表现为各国对于南海海域、岛礁和资源的声索。南海自古以来属于中国的传统渔场，也处于中国的有效管辖之下，但随着清朝晚期的逐渐衰落以及西方国家的兴起，中国对南海的有效管辖和影响逐渐被侵蚀、瓦解。一直到21世纪以后，随着中国国力的再次恢复、增强，有效管理南海的能力才得以恢复。在南海油气资源开发中，已有部分周边国家在南沙群岛海域钻井1 000多口，发现含油气构造200多个、油气田180个，参与采油的国际石油公司超过200家，年开采量超过5 000万吨，相当于大庆油田的年产量（何小超 等，2014）。而受政治、外交、技术等因素限制，目前我国在南海的油气开发仅限于南海北部陆坡。

南海资源、领土被侵占现状极大地损害了我国的利益，出于营造一个和平发展大环境的战略考虑，我国极大地进行了克制，建立了"主权属我，搁置争议，合作开发"的原则，淡化有关南海的相关问题。然而，中国的这一善意举动并没有得到南海沿岸各国的响应，沿岸各国对于南海资源、领土的侵占行为愈演愈烈。针对这一情况，近年来我国加大了对南海沿岸各国非法行为的反制力度，也加强了对南海的控制。众所周知，领土问题向来都是各国最敏感、最难解决的问题，没有哪个国家会轻易让步，南海领土问题也不可能轻易解决，必将在相当长的一段时期内存在。这将成为阻碍南海经济圈建设的最重要因素。

（二）经济竞争

现阶段中国和环南海国家之间的经济交往，是一种以合作为主要特征的竞合关系。中国与东南亚南海沿岸国家已经形成了一种基本的分工合作模式：南海国家提供原材料和零部件—中国生产—全球销售/返销南海国家。在这种模式的主导下，中国和环南海国家建立了紧密的贸易往来关系。表2-2反映出

2015 年中国与环南海国家的经贸往来情况，从中可以得知：第一，除马来西亚外，中国对其余环南海国家均为贸易顺差；第二，中国主要从其他环南海国家进口原材料、零部件，出口工业制成品；第三，中国和环南海国家产业内贸易占有相当大的比重，特别是电子行业、机械行业。由此可见，这种模式的主要特征是中国在其中占据中心地位。但是在未来，中国与环南海国家的这种分工合作关系面临着两个方面的挑战：一是各国均普遍面临着生产升级、产业结构优化问题，从而这些国家都会对中国目前在双方分工合作中的中心地位构成竞争关系；二是若干国家制定的发展战略（如越南的打造"世界工厂"战略、新加坡的维护"亚洲航运物流中心"战略等）都可能对目前中国在全球经济中的地位造成影响。上述两方面决定着南海相关国家对于中国推动南海经济圈建设会有自己的考虑，担心中国会借此进一步强化中心地位或取代其他国家的既有地位，从而影响其发展。因此，这些国家参与、推动南海经济圈建设的决心会大打折扣。

表 2-2　2015 年中国与环南海国家的经贸往来情况　单位：亿美元

贸易国家	进出口总额	出口总额	进口总额	主要进出口商品
新加坡	795.59	520.05	275.53	进口：电子、特殊交易品及未分类商品、机械、塑料及其制品和矿物燃料 出口：电子、机械、船舶、矿物燃料和家具
越南	959.76	661.34	298.45	进口：电子、棉花、机械、矿物燃料和鞋靴类似品 出口：电子、机械、钢铁、化学纤维短纤和铝及其制品
马来西亚	973.12	440.24	532.88	进口：电子、矿物燃料、机械、动植物油和橡胶 出口：电子、机械、家具、仪器设备、塑料及其制品
印度尼西亚	542.27	343.65	198.61	进口：矿物燃料、动植物油、木浆及其他纤维、电子、木制品 出口：机械、电子、钢铁、钢铁制品和塑料及其制品
菲律宾	456.79	266.77	190.02	进口：电子、机械、矿砂、矿渣及矿灰、矿物燃料、食用水果 出口：电子、机械、钢铁、车辆及其零件和玩具、游戏品、运动用品
文莱	15.09	14.97	0.97	—

资料来源：根据南博网官方数据整理。

（三）地缘、历史等隔阂

中国与南海经济圈所含各国在漫漫的历史长河中既彼此相互依存、牵涉，又存在诸多争议、隔阂，成为影响经济圈建设的深层次因素。由于涉及政治、历史、军事、文化、地域等诸多问题，这里不再赘述。

（四）意识形态差异

东南亚环南海国家全体参与的东南亚国家联盟（东盟）成立初期的主要任务之一，就是探讨经济、文化方面的合作。冷战结束后，东盟合作的领域开始转向，尤其是1997年亚洲金融危机发生之后，东盟开始吸取以往教训，逐渐转向和加强经济环保等领域的合作。但是，尽管冷战的阴云已经过去了数十载，但在美国等西方国家仍然用冷战思维来看待国际事务、处理国际关系的背景下，由于美国的干预与干涉，环南海国家仍然未完全摒弃冷战思维和意识形态偏见，如此的后果就是为中国通过建设南海经济圈推动与这些国家之间的一体化埋下了隐患。

二、相关运行机制探讨

要想化解上诉不利因素、顺利推进南海经济圈建设并最终实现其正常运行，就需要构建其运行相关的合作机制。在这里，我们运用抽象法、演绎法、定性分析法和数量研究法等探讨了南海经济圈亟须建设的合作机制。

（一）价值链利益分配机制

在南海经济圈的建设内容中，产业一体化、海洋开发一体化的内容核心是在经济圈地域空间内构建基于分工协作的产业价值链。按照全球价值链理论，如此的产业价值链被称为"区域价值链"。

不论何种价值链，其本质上是各国各企业就产品生产（或服务提供）进行相互协同配合的关系。根据1977年联邦德国理论物理学家哈肯创立的协同理论，协同是一门关于"合作的科学"。协同理论的核心思想是一个稳定的系统，它的子系统都是按照一定的方式相互作用、有次序的运行，最后整个系统形成一种整体的协同效应，而且整体的属性不能归结为部分之和。作为协同系统的南海经济圈内各类"区域价值链"，如需实现有序的运行，必须具备稳定的内部运行机制。这种内部运行机制就是价值链利益（经济租）分配机制。

1. 既有的价值链利益分配机制研究

由于价值链分配机制的高度复杂性，既有的深入全球价值链内部、探讨价值链利益有效分配的研究甚少，系统性研究更为短缺。

（1）价值链利益的内涵。

一些学者对全球价值链的利益概念与内涵进行了梳理。Timmer 等（2013）提出了"GVC 收入"概念，即一国直接或间接参与制造业最终产品生产所获得的增加值收入。Timmer 基于这个概念创建了一个 GVC 收入核算框架，涵盖具体的计算公式，用以研究世界各国各部门对制造最终需求产品所贡献的增加值。衡量全球价值链利益的另一个概念是"经济租"。"经济租"借用了传统西方经济学的"租"概念，认为全球价值链组织运行产生的利润也是"租"（主要由价值链领导者所控制），归根结底也是来自对价值链组织的垄断。全球价值链的参与者（国家或企业）都处在"全球价值链"的"治理"（governance）之下，"价值链"的治理目标就是索取各种各样的"经济租"。卡普林斯基（2008）[①] 将价值链下的"经济租"区分为内生的和外生的两大类，其中"内生经济租"清单包括"技术经济租"、"人力资源租"、"组织—机构经济租"（如新的生产组织形式、新的创新和设计带来的租）、"营销—品牌经济租"、"关系经济租"（以中小企业的聚集和企业之间正向的溢出为优势而获得的收入）以及以商业秘密和知识产权的形态存在的"进入壁垒租"；"外生经济租"清单包括"资源经济租"、"政策经济租"（有差别的进入机会、源于政府的政策）、"基础设施经济租"（如交通设施的便利）、"金融租"（融资机会）等。

（2）全球价值链利益分配。

有关全球价值链利益的分配，学者们主要探讨了价值链上的各个企业如何争夺价值链利益。王崇锋等（2012）[②] 认为，全球价值链组织与治理的目的是为了最大限度地获取各个环节上的"经济租"，位于价值链上的企业不仅面临着处于链上同一环节企业的竞争，还面临着来自价值链之外同类企业的威胁。价值链上企业的数量与价值链外企业的数量决定了竞争的激烈程度和经济租金水平。处于价值链同一环节的企业为了获取或提高"经济租"以确保自己的竞争力，会通过创新来创造垄断以获取短期的"准经济租"。同时，处于价值链之外的同类企业也在致力于通过创新挤进价值链从而获取"经济租"。林孝文

---

① 卡普林斯基. 夹缝中的全球化：贫困和不平等中的生存与发展 [M]. 顾秀林，译. 北京：知识产权出版社，2008.

② 王崇锋，徐强，陈楠. 全球价值链组织与治理中的经济租研究 [J]. 中国海洋大学学报（社会科学版），2012（5）：55-60.

（2010）①的研究显示，产品内国际垂直专业化分工提高了资源全球配置效率，降低了生产成本，创造了更大的国际分工利益。全球价值链上的领导企业，利用其市场势力，攫取了由新国际分工所创造的利益的大部分份额。而跟随企业为争取更大的分工利益，会有意识地积累向价值链高利润率环节突进的能力。为保证自身获得长期的、更稳定的、更大份额的价值链附加值，全球价值链领导企业通常会对跟随企业实施纵向压榨并设置战略隔绝机制，以阻挠其向高利润环节攀升。

此外，个别学者以参与全球价值链的国家为主体，探讨了价值链利益的分割问题。郭龙飞和赵家章（2016）② 运用国际投入产出模型，比较和测度了金砖国家制造业在全球贸易中的贸易利得。其研究结果表明，在制造业增加值总量和结构方面，金砖国家在高技术制造业上表现出明显的区分度，在其他的技术密集型制造业中表现类似，说明高技术制造业已经成为金砖国家以后发展的重心。在全球价值链收益方面，来自外部需求的贡献率呈现稳中上升的趋势，金砖国家均获得了大量的贸易利得，中国尤为显著。

总而言之，目前理论界对于价值链利益分配问题的研究尚处于起步阶段。在此，本书力图在对价值链利益分配进行量化分析的基础上，以南海经济圈为例，探讨经济圈各参与国进行区域价值链利益分配的一个标准。

2. 南海经济圈价值链利益分配机制

（1）价值链环节间利益分配。

价值链环节间利益分配是指价值链上下游各个价值环节的生产者之间的利益分配行为。在环南海经济圈内，未来在产业一体化过程中，在各合作国进行综合权衡的基础上，必然要实施合理的产业空间重组，以实现产业价值链在各国之间的合理分布。当然，这里要指明的是，产业价值链环节的空间分布必须要遵循效率第一原则。各国是否参与价值链、布置哪些价值链环节，均应考虑事关产业价值链总体运行效率的因素。其中，最关键的就是产业基础因素、产业发展要素完备情况因素、地理条件因素。

现假设某产业在环南海经济圈各国均有分布（当然，不是每种价值链均

① 林孝文. 国际垂直专业化分工中利益分配非对称性与领导厂商的纵向控制 [J]. 中国经济问题，2010（6）：42-47，10.
② 郭龙飞，赵家章. 金砖国家制造业在全球价值链中的收益与动态变化 [J]. 首都经济贸易大学学报（双月刊），2016，18（6）：16-24.

能有环节实现在各国的分布，不同价值链的技术经济关系是不一样的，环节的多少也不一样，可能某个产业价值链只适宜在一国中的某一个地方分布。另外，在各个国家分布的价值链环节，总体上均应是呈现集群发展的格局，这样才能保证价值链的总体效益），分布在各国的价值链环节按照什么样的比例来分享价值链利润，应由各国商议制定。当然，价值链领导者的意见权重最大。在没有建立紧密合作关系的参与方组成的价值链中，价值链环节之间的利益分配基本是由价值链领导者决定的。在诸如环南海经济圈这样的经济合作组织中的价值链，其价值链环节之间的利益分配决定，不再完全由价值链领导者来决定，而是被政府的意志所干扰，在各国政府的主导下，共同协商决定价值链利润的分配机制。下面，我们来构思一个价值链环节间的利益分配标准，按照领导企业是国有或私营来讨论。

①假设某企业属于国有（国家独资或控股）企业，该企业是该产业价值链的领导企业，按照国家的战略部署在南海经济圈内进行空间布局。该企业因拥有产品品牌和相应核心环节技术而具有领导力量。因为该价值链在各国的分布是执行国家战略，从而应在各国的参与下，共同商议确定出一个价值链环节之间的利益分配标准。

利益分配标准构建的一个总体原则，是按照各环节企业对于价值链"经济租"的贡献大小来进行确定的。根据卡普林斯基（2008）对于价值链中"经济租"类型的划分，各价值链环节企业贡献的"经济租"包括"技术经济租""人力资源租""组织—机构经济租""营销—品牌经济租""关系经济租""进入壁垒租"等内生经济租，以及"资源经济租""政策经济租""基础设施经济租""金融租"等外生经济租。对于分布于南海经济圈不同国家、不同地区的区域性全球价值链而言，"经济租"主要来自"技术经济租""人力资源租""组织—机构经济租""营销—品牌经济租""资源经济租"。这五种"经济租"的来源，就是确定南海经济圈内利益分配标准的五个指标。价值链利益分配标准如表2-3所示。

表 2-3　价值链利益分配标准

指标（"经济租"来源）	价值链利益主要分配方	主要的价值链环节活动	建议权重
"技术经济租"	掌握核心技术的参与方	技术研发、核心环节生产	25%
"人力资源租"	提供低成本人力资源的参与方	生产	25%
"组织—机构经济租"	价值链的组织者，一般为领导企业	生产组织活动	15%
"营销—品牌经济租"	掌握产品销售、拥有产品品牌的参与方	销售	25%
"资源经济租"	提供资源的参与方	资源的采集与加工	10%

注：最终权重由各参与国商议决定。

　　价值链各参与方根据上述指标体系可以计算出各自的价值链利益分配比例，随后由价值链领导企业通过对价值链中间产品的合理定价，最终落实价值链利益的分配，由此可以保障各个国家参与价值链的企业获得一定的利益。

　　②私营企业的生产与投资活动是一种企业自主行为，不过政府在实施特定战略时，可以采取一些鼓励、引导性措施，使私营企业的自发行为符合国家战略的需要。在南海经济圈建设过程中，政府可以采取的措施是做好特定产业的布局规划，有计划地在各参与国内建设产业园区，且每个园区均以集聚某个价值链环节的企业为主，以相关激励政策措施为辅，引导私营企业在南海经济圈相关国家围绕着一个又一个价值链环节进行布局，以此形成区域性国家产业价值链，促进企业发展。

　　私营企业在南海经济圈组织的产业价值链，其利益分配主要由企业自己决定。一般而言，产业价值链存在两种情况：松散型产业价值链和集中型产业价值链。对于松散型产业价值链而言，各个价值链上下游企业之间的中间产品交易价格由市场交易价格决定，从而价值链利益分配是一种纯市场化行为。如此的价值链是不稳定的，容易受到外界因素的影响而解体。对于集中型产业价值链而言，价值链主要受领导企业的控制，领导企业在其中发挥着主导作用，从而此时价值链利益的分配主要由领导企业来决定。领导企业往往寻求自身的利益最大化，但基本的前提是给予参与伙伴一定的利益分享，否则价值链也会趋向解体。领导企业划定价值链利益分配比例的标准也不外乎是基于各环节企业对于价值链"经济租"的贡献大小，可以参照国有企业价值链利益分配标准的指标体系来进行。

（2）价值链环节内利益分配。

价值链环节之间的利益分配格局确定以后，各环节内的参与企业还需要进行相应的环节内利益分配。此处，我们借助"寻租与市场竞争"研究模型①来分析价值链环节内的利益分配。我们假设南海经济圈内的某产业价值链的某一环节有 m 个企业，其中第 $i(i \in m)$ 个企业获得的"经济租"为 R_i，其支付的成本为 C_i，第 $j(j \in m)$ 个企业获得的"经济租"为 R_j，其支付的成本为 C_j。我们又假设该产业价值链环节外不存在竞争对手，或者说价值链领导企业设置了门槛，不允许其他企业进入，则环节内企业共同占有所有的市场份额。处于同一环节上的价值链内企业竞争稀缺的资源（有限的市场），对于价值链内企业来说是一种"零和博弈"。

对于企业 i 而言，其"经济租"显然受其自身支付的成本以及其他企业支付的成本影响，用函数 $R_i = f(\cdots, C_i, C_j, \cdots)$ 表示，显然 $\dfrac{\partial R_i}{\partial C_i} < 0$，同时，企业边际"经济租"回报随其寻租成本的增加而递减，即 $\dfrac{\partial^2 R_i}{\partial^2 C_i} < 0$，其他价值链环节内企业寻租成本对其他价值链环节内与之竞争的企业的影响为 $\dfrac{\partial R_i}{\partial C_j} > 0$，$i \neq j$。

该价值链环节内企业的总利润 π 与单个企业"经济租"水平 R_i 成正向变动，单位产量带来的总利润水平随着"经济租"水平 R_i 的增加而增加，即 $\dfrac{\partial \pi}{\partial R_i} > 0$，且 $\dfrac{\partial^2 \pi}{\partial q_i \partial R_i} \geqslant 0$。同时，价值链环节内企业的总利润 π 与其为获得该"经济租"支付的成本 C_i 成反向变动，单位产量带来的总利润随着为获得该"经济租"支付的成本 C_i 的增加而减少，即 $\dfrac{\partial \pi}{\partial C_i} \leqslant 0$。随着"经济租"总量的不断增加，其单位寻租成本获得的边际"经济租"递减，边际利润率也随之降低，为获取"经济租"而产生的成本会越来越高，其产量 q_i 也会随着价值链环节内竞争者的增加而不断减少，即 $\dfrac{\partial^2 \pi(R_i, C_i)}{\partial^2 R_i} \leqslant 0$，且 $\dfrac{\partial^2 \pi(R_i, C_i)}{\partial^2 C_i} \leqslant 0$。

我们假设该产业价值链环节内的总产出为 Q，则 $Q = \sum q_i$，除了企业 j 以外的产量为 Q_{-j}。因为产品的可替代性，则 $\dfrac{\partial \pi_j(q_j, Q_{-j})}{\partial Q_{-j}} < 0$，且 $\dfrac{\partial^2 \pi_j(q_j, Q_{-j})}{\partial q_j Q_{-j}} < 0$。

---

① HUI. Rent seeking and market competition [J]. Public choice, 1995 (6)：225-241.

企业的利润与产量息息相关，由上可得 $\dfrac{\partial \pi_j}{Q_{-j}} < 0$，$\dfrac{\partial^2 \pi_j}{\partial q_j \partial Q_{-j}} < 0$，且 $\dfrac{\partial^2 \pi_j}{\partial^2 q_j} < 0$，$j \in m$。

这时，在该价值链环节内的市场中会形成一种动态的纳什均衡，即产品单位产量变化的边际利润为 0，可得 $\dfrac{\partial \pi_j (q_j, \ Q_{-j})}{\partial q_j} = 0$。此时，各价值链环节内企业基于各自的技术、成本、管理水平形成一个相应的产量分布格局，由此得到相应的利润分配格局，各个企业的利润等于其"经济租"减去相应的寻租成本。

此时的纳什均衡是动态的。如果该价值链环节内某企业试图打破现状，采取一些相应措施如降低成本、提高生产效率等，则会带来一轮新的产量竞争，从而产生一个新的纳什均衡，利润分配格局将会发生变化。下面，我们考虑企业 i 采取寻租行为(可以理解为获得更多"经济租"的行为)所带来的纳什均衡变化情况。

设企业 i 的产量 q_i 是 $R_i(C)$(企业的"经济租"是其寻租成本的函数)和 C_i 的函数，由此可知，寻租成本对产量的影响为 $\dfrac{\partial q_i [R_i(C), \ C_i]}{\partial C_i} = \dfrac{\partial q_i}{\partial R_i} \cdot \dfrac{\partial R_i}{\partial C_i} + \dfrac{\partial q_i}{\partial C_i}$。同时，寻租企业产量的变化会引起其他企业产量的变动，从而导致其利润的变动。此变动用公式表示为 $\dfrac{\partial \pi_i (q_i, \ Q_{-i})}{\partial q_i} = \dfrac{\partial \pi_i}{\partial q_i} + \dfrac{\partial \pi_i}{\partial Q_{-j}} \cdot \dfrac{\partial Q_{-i}}{\partial q_i}$。其中，$Q_{-i}$ 表示除企业 i 外价值链环节内其他企业的产量，Q_{-i} 由 q_i 决定。因企业利润 π_i 由 q_i、Q_{-i}、$R_i(C)$ 和 C_i 决定，从而企业的利润为 $\pi_i = \pi_i \{q_i [a_i(C), \ C_i], \ Q_{-i}(q_i), \ R_i(C), \ C_i\}$。

此时，在该价值链环节内，当第 i 个企业开展的寻租行为所付出的边际寻租成本带来的边际"经济租"为 0 时(用公式表示为 $\dfrac{\partial R_i}{\partial C_i} = 0$)，企业 i 不再开始新的寻租行为。所有企业如此行为的结果，使得价值链环节内实现新的纳什均衡，此时企业 i 实现最优利润。

我们将 $\pi_i = \pi_i \{q_i [a_i(C), \ C_i], \ Q_{-i}(q_i), \ R_i(C), \ C_i\}$ 两边对 C_i 求导，有

$$\frac{\partial \pi_i}{\partial q_i} \cdot \frac{\partial q_i}{\partial C_i} + \frac{\partial \pi_i}{\partial Q_{-i}} \cdot \frac{\partial Q_{-i}}{\partial q_i} \cdot \frac{\partial q_i}{\partial C_i} + \frac{\partial \pi_i}{\partial R_i} \cdot \frac{\partial R_i}{\partial C_i} + \frac{\partial \pi_i}{\partial C_i} = 0 \, (i \in m)$$

将上式代入 $\dfrac{\partial R_i}{\partial C_i} = 0$，得到 $\dfrac{\partial \pi_i}{\partial C_i} = \dfrac{\partial \pi_i}{\partial q_i} \cdot \dfrac{\partial q_i}{\partial C_i} + \dfrac{\partial \pi_i}{\partial Q_{-i}} \cdot \dfrac{\partial Q_{-i}}{\partial q_i} \cdot \dfrac{\partial q_i}{\partial C_i} = 0$。

这就是新的纳什均衡条件。在上述新的均衡条件下，各企业根据各自的产品产量（由企业的生产、技术、管理等能力决定）获得相应的"经济租"，从而形成新的利润分配格局。

（二）错位竞争机制

在南海经济圈的建设中，由于各参与国的经济基础、产业存量、发展条件均不一样，则需要实现公平与效率的兼顾。所谓公平，是要尊重各参与国的发展权，不能恃强凌弱、强者通吃，从而使弱者丧失发展的机会。这意味着在南海经济圈建设中，各参与国需要牺牲局部效率，以较低的效率换取弱方一定的发展机会，尽量实现协同发展。所谓效率，就是遵循经济发展的不均衡规律，让一些地区按照市场经济规律实现快速、领跑式发展，形成经济高效率发展局面，而忽视一些欠发达地区的发展诉求和羁绊。实现效率与公平的兼顾，除各国政府通过采取协商一致的行政手段之外，还可以运用的市场化手段就是错位竞争。所谓错位竞争机制，通俗的理解，就是与竞争对手错身、错开进行竞争，避免针锋相对、正位对决。如此一来，落后者能够找到自己的生存空间，领先者也可以降低竞争成本。

南海经济圈建设主要包括产业一体化、核心支点、保障条件、合作机制、海洋一体化开发和海陆经济联动六方面，其中产业一体化建设尤其需要各参与国实施错位竞争。其含义是指南海经济圈的各参与国实现产业错位发展，形成自己具有优势的产业或产业环节，再以此为基础在经济圈内推进自己优势产业的一体化建设与发展。概括而言，产业一体化建设中各参与国的错位竞争包括横向错位竞争和纵向错位竞争两种。

1. 横向错位竞争

横向错位竞争是指南海经济圈各参与国在产业与产业之间进行错位发展，从而避免各参与国产业同构化，形成各参与国同类产业之间的直接竞争。如此一来，在使各参与国找到发展空间的同时，也能给经济圈带来整体利益的增加。下面，我们建立一个简化模型，对横向错位竞争机制进行一个阐述。

假设存在两个国家 X 国、Y 国，两国现有 A、B 两个产业，两个产业的市场竞争与横向错位竞争结果比较如表 2-4 所示。去除其他因素的影响，假设两国开展市场竞争时只考虑产品成本因素的影响，则两国对于市场需求量的分享由两国的产品成本决定。如果 A 产业在 X 国和 Y 国的市场占有量分别为 80[①]、

---

① 这里提及的数值单位没有具体所指，可直接理解为"单位"即可，如：X 国和 Y 国的市场占有量分别为 80 单位、40 单位，下同。

40，由此得到两国的利润分别为 240、40，可见 A 产业的整体利润为 280；如果 B 产业在 X 国和 Y 国的市场占有量分别为 50、100，由此得到两国的利润分别为 50、300，可见 B 产业的整体利润为 350。如果两国开展错位竞争且产品市场不允许存在卖方垄断行为，显然 X 国将基于成本比较优势选择 A 产业的生产，且获得利润 360，此即 A 产业整体利润；Y 国将选择 B 产业的生产，获得利润 450，此即 B 产业整体利润。

表 2-4　市场竞争与横向错位竞争结果比较

产业 / 国家		A		B		合计	
		市场竞争	错位竞争	市场竞争	错位竞争	市场竞争	错位竞争
市场需求量		120		150		—	
X	成本	2	2	4	—	—	—
	价格	5	5	5	—	—	—
	供给	80	120	50	—	—	—
	利润	240	360	50	—	290	360
Y	成本	4	—	2	2	—	—
	价格	5	—	5	5	—	—
	供给	40	—	100	150	—	—
	利润	40	—	300	450	340	450
利润合计		280	360	350	450	—	—

就正常市场竞争与横向错位竞争的市场结果进行比较，前者 X 国获得的产业总利润为 290、Y 国获得的产业总利润为 340，两国从事 A 产业生产获得的总利润为 280、从事 B 产业生产获得的总利润为 350；后者 X 国获得的产业总利润为 360、Y 国获得的产业总利润为 450，两国从事 A 产业生产（实际上只有 X 国从事生产）获得的总利润为 360、从事 B 产业生产（实际上只有 Y 国从事生产）获得的总利润为 450。由此可见，前者（正常市场竞争）无论是从参与国角度还是产业角度来看，竞争效果都较后者（横向错位竞争）要差。

2. 纵向错位竞争

纵向错位竞争是指南海经济圈各参与国在产业链条内进行错位发展，各自从事自己具有比较优势环节的生产活动，从而避免在同一环节内开展竞争。如此一来，在使各参与国保证能参与产业生产活动的同时，由于专业化生产而提升整个产业价值链的效率和利益。纵向错位竞争是全球价值链领导者的基本经营策略，但是在南海经济圈内，区域价值链大多是在各国协商共建产业一体化过程中形成的（还有一些是由市场自发形成的），因而应在推进产业一体化过程中构思各国嵌入的产业环节，实现错位发展。

总而言之，南海经济圈建设要求各参与国遵循错位竞争的运行机制。在南海经济圈各参与国中，中国、新加坡的产业发展水平相对较高，马来西亚、印度尼西亚次之，越南、文莱、菲律宾的产业发展水平最低。这要求南海经济圈各参与国要加大对经济圈内的其他参与国的协调力度，尽量实施产业的错位竞争，选准合适的产业或者产业环节来从事生产与贸易活动，以此获得更好的利益回报。

（三）自贸机制

南海经济圈的高效运行需要具有通畅、高水平的自贸机制，为产品或劳务的交换创造自由、低成本的环境，以此促进经济圈一体化建设水平的提高。目前，南海经济圈各参与国既有的、可加以利用的自贸机制是中国—东盟自贸区机制。自 2010 年 1 月 1 日正式建成开始，中国—东盟自贸区已进入深度运行阶段，有力地促进了各成员之间的贸易开展，但仍存在一些问题，需要做进一步的努力予以解决。

1. 中国—东盟自贸区建设的进展

中国—东盟自贸区涵盖约 18 亿人，是世界上由发展中国家组成的最大的自贸区。建设中国—东盟自贸区的构想，最早由中国在 2000 年 11 月召开的第四次中国—东盟领导会议上提出。这一构想的提出，得到了东盟各国的热烈响应。2002 年，双方签署了《中华人民共和国与东南亚国家联盟全面经济合作框架协议》，标志着中国—东盟建立自贸区的进程正式启动。到 2010 年 1 月 1 日，自贸区正式全面启动，也标志着自贸区的建成。按照预定设想，中国—东盟自贸区建设大致分为以下三个阶段：

第一阶段（2002—2010 年）为启动并大幅下调关税阶段，即 2002 年 11 月双方签署以中国—东盟自贸区为主要内容的《中华人民共和国与东南亚国家联盟全面经济合作框架协议》至 2010 年 1 月 1 日中国对东盟 93% 的产品的贸易关税降为 0 这一时段。

第二阶段（2011—2015 年）为全面建成自贸区阶段，主要是指越南、老挝、柬埔寨、缅甸四国与中国贸易的绝大多数产品也实现零关税，与此同时，双方实现更广泛深入的服务贸易市场和投资市场开放。

第三阶段（2016 年至今）为自贸区巩固完善阶段，主要在于实现全面的自由贸易、市场开放和投资自由。

迄今为止，自贸区建设的第一阶段和第二阶段均已顺利实施，已进入第三阶段——自贸区巩固完善阶段。下面，我们就以上三个阶段的标志性进展事件进行概括。

（1）第一阶段。

2002年11月，第六次中国—东盟领导人会议在柬埔寨首都金边举行，双方签署了《中华人民共和国与东南亚国家联盟全面经济合作框架协议》，决定到2010年建成中国—东盟自贸区。这标志着中国—东盟建立自贸区的进程正式启动。

2004年1月，中国—东盟自贸区早期收获计划实施，开始下调农产品的关税，到2006年约600项农产品的关税降为0。

2004年11月，双方共同签署了《中国—东盟全面经济合作框架协议货物贸易协议》（以下简称《货物贸易协议》）和《中国—东盟全面经济合作框架协议争端解决机制协议》（以下简称《解决机制协议》），标志着自贸区建设进入实质性执行阶段。《货物贸易协议》规定，自2005年7月起，除2004年已实施降税的早期收获产品和少量敏感产品外，双方对其他约7 000个税目的产品实施降税。

2005年7月，《货物贸易协议》降税计划开始实施，约7 000种产品降低关税。

2009年8月，《中国—东盟自贸区投资协议》的签署，标志着双方主要谈判结束。

自2010年1月1日起，中国—东盟（东盟6国）约93%的商品关税降为0，标志着中国—东盟自贸区初步建立。

（2）第二阶段。

在此阶段，中国与东盟各国关于《中华人民共和国与东南亚国家联盟全面经济合作框架协议》的内容已经基本实现，仅与部分东盟国家没有完全实现取消全部商品关税的目标。除前一阶段和6个国家达成关税减免之外，此阶段中国与越南、老挝、柬埔寨、缅甸4国约90%以上的产品贸易实现零关税，且双方实现了服务贸易市场和投资市场的更广泛深入的开放，标志着中国—东盟自贸区进入了相对成熟的阶段。

（3）第三阶段。

2015年11月23日，中国—东盟自贸区全面升级谈判正式达成，标志着自2016年起，中国—东盟自贸区进入升级后的巩固完善阶段。

2. 中国—东盟自贸区的现状及存在的问题

中国—东盟自贸区的成立，促进了双方贸易的增长。2009—2014年，中国与东盟的进出口贸易额从2 130.06亿美元增长到4 802.86亿美元，年均增长速度为17.66%。2015年，双方进出口贸易额有所回落，减少了82亿美元。2016年，双方贸易额为4 522亿美元。2017年，双方贸易额扭转下滑趋势，突破5 000亿美元。2018年，中国—东盟贸易额达到5 878.7亿美元。截至2019年年底，中国已连续10年成为东盟的第一大贸易伙伴，东盟也成功上升为中国的第二大贸易伙伴。

在有力地促进双方贸易的同时，随着世界经济、贸易格局的变迁，既有的自贸区建设逐渐呈现出不适应时势变化的一些问题。

第一，自贸区内产业分工合作水平有待进一步提升。总体上讲，中国—东盟自贸区内产业发展的协调程度较低，各国基本上按照自己的目标和需求发展产业，由此导致产业分工合作水平较低。一方面，水平差距较大的产业之间未秉持优势互补、分工合作的原则进行合理的分工与布局；另一方面，存在一定程度的产业同构，特别是低水平产业之间同业竞争比较激烈。这使得中国与东盟国家之间未能充分利用自贸条件，去实现产业发展的良好分工协作，以此获得专业性分工基础之上的规模经济效益、分工协作效益、自由贸易效益。

第二，自贸区组织运作水平有待进一步提高。郭晓合（2016）认为，中国—东盟自贸区的组织运作方式是以市场为动力的松散性、灵活性的运作方式，民族经济主权观念远高于世界其他区域经济一体化组织。由于自贸区内各成员国之间经济发展的极度不平衡，使得成员国之间的相互依赖程度远远不及以契约来维持的一体化组织，如欧洲联盟和北美自贸区。在中国与东盟许多国家中，"经济主权"仍然是一个极其吸引人的概念。在欧洲联盟，"经济主权"的概念已经很淡薄了，各国之间的海关关卡、道路通行收费站等边界壁垒几乎全部取消，多年来形成的以专业化分工合作为主的"竞合"观，使得国家之间的差异比较容易解决。而在中国与东盟之间，各种边界屏蔽障碍依然存在。究其原因，一是中国与东盟国家间的集体和平意识远低于其他地区，没有任何制度化机构来促进集体和平观念的形成；二是许多国家由于长期处于被外国侵略或面临侵略威胁的状态，维护国家安全的意识极高，特别是新东盟4国（越南、老挝、缅甸、柬埔寨），它们比老东盟6国（印度尼西亚、马来西亚、菲律宾、泰国、新加坡、文莱）晚了许多年才实现民族独立，长期以来倡导的民族独立精神根深蒂固，民族经济主权意识更为强烈；三是贸易的透明度一直是中国与东盟各国之间以及与自贸区以外其他国家之间的贸易障碍之一。即使政府提倡贸易自由化，国内既得利益者反对的呼声依然此起彼伏。虽然东盟成立以来，已成为东南亚地区以经济合作为基础的政治、经济、安全一体化合作组织，建立起了一系列合作机制，但其发挥的作用仍旧有限，而且在中国—东盟自贸区范围内，不存在制度化的机构来解决各成员国之间的贸易纠纷。

第三，贸易便利化条件需要进一步改善。尽管已经通过多年的建设，但是中国—东盟之间的贸易便利化条件还有所不足，集中表现在货物通关条件、运输条件、物流条件等方面。相关资料显示，目前中国—东盟之间的总体物流成本约比欧盟高出50%、比北美自贸区高出40%。贸易便利化程度较低，很大程度上影响了中国—东盟自贸区贸易额的进一步增长。

第四，自由贸易的内容应进一步拓展。过去的十几年，中国—东盟自贸区基本解决了贸易开放的问题，但是相对于世界其他一些成熟的自贸区，贸易的内容还远远不够。目前，中国—东盟自贸区已经签订并实施了《货物贸易协议》《解决机制协议》等，但仍然是一个自由化水平比较低的自贸区：只实现了约90%的产品零关税，约7 000种零关税产品占中国自东盟进口产品的93%，占东盟自中国进口产品的90%；协议包括的领域过窄，一方面如知识产权保护、政府采购等均未涉及，另一方面服务贸易开放的领域太少，尤其是投资的便利化程度还有待加强，投资环境还有待改善。这种状况不利于新形势下中国—东盟互利共赢的更好实现（黄耀东 等，2016）。

3. 自贸机制完善的方向

根据前述问题，针对未来世界经济政治形势的演变，中国—东盟自贸区需要努力构建自贸区升级版，并从以下4个方面来不断完善自贸机制：

（1）提升自贸区组织运作水平。

这就要求强化自贸区框架下的沟通协调机制构建，建立完善的贸易争端解决机制；构建区域共同大市场，形成自贸区内货物、服务、资本、资源等要素的统一市场；实现商品要素有序自由流动、资源高效配置、市场深度融合。

（2）推动产业协调发展。

这就要求在现有自贸区组织框架下，构建高效的产业合作推进机构；做好自贸区内产业发展的顶层规划，规划科学合理、互利互惠的自贸区产业分布；基于分工合作与经济高效原则，结合南海经济圈建设的需要，做好各成员间、成员内部产业价值链的分工合作布局。

（3）强化互联互通。

这就要求抓住"一带一路"倡议、自贸区升级版建设的契机，推进成员间的政治互信，着力推进中国—东盟之间的一体化基础设施建设；参照欧盟的便利化通关政策与举措，加强合作，尽力减少通关障碍，推进自贸区通关便利化建设。

（4）拓展自贸区开放内容。

这就要求不断完善双方自由贸易安排，降低敏感产品和服务的关税与非关税壁垒，扩大免税商品范围；加快进行新版本的双边投资协定谈判，以进一步降低或取消相互投资的准入门槛，促进投资的进行。

（四）海上安全合作机制

要想维持南海经济圈的正常运行，就需要确保南海"风平浪静"，成为和平之海，为经济圈建设提供必要的安定环境。这要求环南海国家构建海上安全合作机制，最终将南海建设成为"繁荣之海"。

1. 南海安全管控现状

各国基于对冲突的破坏性作用的担忧，尤其是在中国秉持"主权在我，搁置争议，共同开发"策略的克制性因应下，南海安全问题一直处于较为平和的状态。中国与东盟国家对南海和平与稳定的探索，从东盟在 20 世纪 90 年代初提出要与中国磋商南海问题开始，至今已经进行了数十载，总体上维护了南海局势的稳定。特别是 2002 年，中国与东盟 10 国就《南海各方行为宣言》（DOC）达成一致，为各国在南海采取行动提供了最基本的框架性行为指导，这在一定程度上抑制了南海问题的升级。

现阶段，中国维护南海安全稳定的机制主要是各种相关的海上安全国际合作机制：①区域性海上安全合作机制，如《亚洲地区反海盗及武装劫船合作协定》；②中外海上安全磋商机制，如中美海上军事安全磋商机制；③中国—东盟非传统安全合作机制，包括海上安全合作、反恐合作、禁毒合作、打击跨国犯罪合作、防灾减灾合作、重大疫情控制合作等合作机制。上述机制都不是直接针对南海安全稳定的机制，即使是《南海各方行为宣言》，实质上也并没有法律约束力，其政治意义实际上大于政策效力。因此，这使得中国与东盟国家对于南海安全问题的管控存在力有不逮之处。

概括起来讲，邹立刚（2013）认为，中国对于南海安全的管控存在两个层面的问题。从国内层面上看，中国还较为缺乏具有综合性、前瞻性的南海安全战略，缺乏相关立法甚至规范性文件。从国际层面上看，由于以美日同盟为核心的海上军事和安全合作机制在本质上是遏制中国的产物，因此对中国的相关国际合作具有结构性排斥作用；中国主要在非传统安全方面与东盟有较多合作关系，而缺乏网络型海上安全保障合作机制。

2. 努力构建海上安全合作机制

南海是大国利益的交织点，同时也关系到周边国家的重大切身利益，相关国家需要在双边、多边基础上建立国际合作机制，努力维护南海和平。对于中国而言，中国既是南海权益争夺的直接相关方，也是大国利益在南海争夺的直接相关方，对这一方面的需求更为迫切。从中国的角度出发，构筑有效的南海安全合作机制，可以从三个方面着手进行：一是应尽快制定具有综合性、前瞻性的南海战略，制定和完善国内相关海洋政策与法制，在此基础上完善南海安全保障实施体系。二是要拓展既有相关中外海上合作机制的领域与功能。中国应积极参与现有国际军事与安全合作机制，逐渐发挥影响作用，将南海安全问题纳入其中，并在公正、公平维护各国利益的前提下，实现南海的安全与稳定。三是要加强国际合作，构建新的直接对焦南海的安全合作机制。中国要积极解决与相邻国家之间的海域安全问题；在达成划界协定前，应致力于寻求临时安排以维持争议海域的和平稳定；在传统安全领域加强与相关国家进行海上军事安全磋商及对话，建立相应的危机预警与处理机制；推动建立南海全面合作机制，如在气象、减灾防灾、搜救、环保、资源调研和开发、航行安全保障等方面的合作机制。

在中国与东盟国家的共同努力下，南海安全合作机制建设取得了很大的进展。2018 年 8 月 2 日，在中国与东盟外长会议上，中国和东盟国家在南海行为准则磋商上取得重大进展，双方形成了"南海行为准则"单一磋商文本草案，就中国—东盟战略伙伴关系"2030 愿景"达成共识。

第三节 若干理论研究工具[①]

根据本书的设计，后续研究需要运用到产业转移理论、协同效应理论和耗散结构理论，在此进行一个阐述。除此之外，后续各章节的内容研究中还需要运用的相关理论工具也将在后续章节中再做介绍。

一、产业转移理论

产业转移是工业化进程中的自然现象、必然规律。产业转移的进行，推进

---

① 第三节为作者参与的研究报告《珠江—西江经济带产业梯度转移技术外溢及动力机制研究》（国家社科基金项目，项目主持人为席鸿建教授）相关内容的节录。

了世界工业化进程和世界工业的一体化进程，也深刻改变了传统的世界工业格局。对于产业转移的研究，可以说是汗牛充栋，一直是学术界的热点问题。近年来，学术界对于产业转移的研究继续深化，也拓展了一些新的领域和问题。

（一）研究现状

1. 传统产业转移问题研究

国内外对于传统产业转移问题的研究，主要集中在如下三个方面：

（1）关于产业转移概念、内涵、过程等一般性问题的研究。

产业转移是因区域间产业梯度差而引致产业空间移动的经济现象（Kojima Kiyoshi，1978），其实质是资本转移，关键是技术转移（王先庆，1998）。产业转移一般始于劳动密集型产业，再向资本、技术密集型产业演进；由发达国家（地区）向较发达国家（地区），再向欠发达国家（地区）渐次推进（裴长洪，2003）。中国经济具有显著的地区差异性，因而大规模雁阵式产业转移势成必然（蔡昉 等，2009）。但转移成本、制度环境、技术差距等形成的"经济梯度推移黏性"，导致当前东、中、西部产业转移滞缓，陷入梯度陷阱，产业转移理论"失灵"（陈建军，2002；覃成林 等，2012）。

（2）关于产业转移动力机制的研究。

产业转移动力机制是区域产业转移研究的核心内容。学者们普遍认为，区域产业竞争优势的消长转换是产业空间移动的内在根源和基本动机（张少军 等，2009）。戴宏伟（2006）、杜传忠等（2012）认为，要素禀赋差异是推动区域产业转移的主要动力；陈建军（2002）则认为，转移动力来源于市场需求和要素逐利性。魏后凯（2003）抽象地将产业转移动力机制概括为转出地转出推力、承接地转入拉力和企业迁移阻力的综合作用。在此基础上，周江洪等（2009）提出"区际产业转移力"概念，系统地解释了产业从现有区位转移到承接地的动力学原理。桑瑞聪等（2013）基于长三角地区和珠三角地区的 312 家上市公司 2000—2010 年的投资数据，分别使用 Logit 模型和 Tobit 模型，从本土企业微观层面揭示了我国产业转移的动力机制。其研究结果表明：要素成本、市场需求、集聚外部性、对外开放水平、市场发育程度、企业规模是影响我国产业转移的决定性因素，而企业利润率、资本结构则不是决定性因素；集聚外部性对产业转移的影响较小，尚未充分发挥产业聚集的引资效应；靠近国际市场的地理区位优势和发育完善的国内市场需求，是当前我国本土企业对内投资的主要动力；大规模企业比小规模企业具有更强的转移意愿。李颖（2012）则根据新经济地理学的产业转移理论，选择全要素生产率作为企业集聚力和分散力合力的替代变量，比较分析全要素生产率与要素的空间配置速度，认为全要素生产率的比较优势是产业转移的动力和空间区位选择决策的依据。

（3）关于推进产业转移的政策研究。

安增军（2009）提出通过实施财政补贴和技术支持等措施加快沿海地区衰退型产业向中、西部地区转移。刘满平（2004）认为，"泛珠江"区域产业转移应更加重视技术外溢，并提出以城镇化推动产业转移。关爱萍等（2013）提出，通过实施促进生产要素跨区域流动的政策，来提升中、西部省份技术创新的能力，进而强化各省份技术创新的空间外溢效应。李文溥（2007）针对泛珠三角地区低技能劳动密集型产业转移现状，提出通过加强技术创新来摆脱中、西部地区承接产业的低端锁定。

2. 产业转移理论研究新进展

近年来，国内对于产业转移的研究呈现出一些新的进展，主要体现在4个方面：①产业转移承接能力研究；②产业转移承接效应研究；③产业转移与环境协调研究；④产业转移新规律与特征研究。

（1）产业转移承接能力研究。

传统的产业转移研究更多是从如何吸引产业转移的角度来考虑问题，考虑的只是如何创造条件吸引更多的产业转入。但随着形势的发展，在不再片面追求 GDP 增长速度的发展战略转型背景下，产业转移对于转入地所带来的负面效应日益得到重视。于是，开展对转入地产业转移承接能力的研究也成为应时之需。既有研究针对不同特征的地区，构建了各类产业转移承接能力的评价方法。

罗哲等（2012）提出，区域产业承接能力是经济长期发展中不断积累沉淀而形成的一种能力，需要从多维度评价。为综合分析影响西部地区承接产业转移的主要因素，他们首先建立了承接产业转移能力的评价指标体系，如人均 GDP、第二产业 GDP 占比、规模以上工业总产值、固定资产投资 GDP 占比、规模以上工业企业总资产贡献率、私营企业工业总产值、规模以上工业企业流动资产周转次数、大中型工业企业研发经费 GDP 占比、城乡居民储蓄余额、社会消费品零售总额、研发人员占就业人员比重、大中型工业企业有效专利发明数、城镇就业人员平均工资、农民人均纯收入、铁路货运密度、公路货运密度等；其次运用主成分分析法，对西部地区承接产业转移能力进行定量测度。

陈湘满和刘海燕（2013）从经济发展水平、产业结构水平、对外开放程度、基础设施条件、科学技术水平和市场吸引力6个方面，选取39个二级指标，构建了湖南省产业转移承接能力评价指标体系（如表2-5所示），并运用因子分析法，对湖南省的产业转移承接能力进行了实证分析。

表 2-5 湖南省产业转移承接能力评价指标体系

一级指标	二级指标
经济发展水平	GDP、财政收入、固定资产投资、人均 GDP、人均财政收入、人均固定资产投资、GDP 增长率、城镇化率、金融机构存款余额
产业结构水平	工业总产值、第二产业产值、第二产业贡献度、第二产业结构比、第三产业产值、第三产业贡献度、第三产业结构比
对外开放程度	实际利用外资、实际利用内资、进出口总额、进出口占 GDP 比重
基础设施条件	货物周转量、邮电业务总量、电信业务总量、新增城镇就业、单位 GDP 能耗、单位规模工业增加值能耗、单位 GDP 电耗
科学技术水平	授权专利、高新技术产业增加值、普通高校在校学生
市场吸引力	常住人口数、城乡居民储蓄余额、人均社会消费品零售额、城镇居民人均可支配收入、城镇居民人均消费性支出、城镇居民恩格尔系数、农村居民人均纯收入、农村居民人均生活消费支出、农村居民恩格尔系数

黄桃（2013）从环境承载力的角度来阐述区域的产业转移承载能力。环境承载力包括自然环境承载力和社会环境承载力，此即环境承载力评价的两个一级指标。进一步讲，自然环境承载力又包括环境污染指标、环境治理指标、资源消耗指标 3 个二级指标；社会环境承载力又包括人口类指标、经济发展指标和生活质量指标 3 个二级指标。由此建立了环境承载力评价指标体系，如表 2-6 所示。以我国湖北省为例，其产业转移承载力很大程度上取决于环境承载力；反过来，湖北省承接国际产业转移是其环境承载力增长的增量因子。

表 2-6 环境承载力评价指标体系

一级指标	二级指标	三级指标
自然环境承载力	环境污染指标	年度废水排放量、年度废气排放量、年度固体废弃物产生量
	资源消耗指标	年度能源消耗总量
	环境治理指标	废气排放达标率、废水排放达标率、固体废弃物综合利用率

表2-6(续)

一级指标	二级指标	三级指标
社会环境承载力	经济发展指标	GDP 年均增长率、人均 GDP、第一产业总产值、第二产业总产值、第三产业总产值
	生活质量指标	农村居民人均纯收入、城镇居民人均可支配收入、农村居民恩格尔系数、城镇居民恩格尔系数、农村居民人均居住面积、城镇居民人均居住面积、总人口
	人口类指标	人口密度、人口自然增长率

肖雁飞（2014）等运用 PREE 复合系统，从人口、资源、环境、经济 4 个方面构建了中部地区承接沿海产业转移能力的综合评价指标体系，并采用主成分分析法，选用 2007—2011 年的面板数据对中部六省承接沿海产业转移的综合能力进行测度。测度结果表明，湖北、安徽等省份相对于其他省份具有更强的综合承接能力。

段小薇等（2016）从产业承接地角度出发，以中部六大城市群为研究对象，基于前人研究的基础，选取 7 个二级指标和 27 个三级指标建立评价指标体系，运用主成分分析法对中部六大城市群产业转移综合承接能力进行了评价，并进行了相应的比较分析。

（2）产业转移承接效应研究。

经过 21 世纪初期较大规模的沿海向内地产业转移，国内已经形成新的区域分工协作格局。这么多年过去了，产业转移到底给承接地带来何种效应？效应是如何产生的？对此进行研究，既可以视为总结之需，也可以视为未来产业转移工作之必须。

关爱萍和李娜（2013）、冯南平和杨善林（2012）探讨了产业转移对承接地技术进步的影响。关爱萍和李娜（2013）从金融深化、金融效率和金融结构 3 个层面实证研究了金融发展、区际产业转移与承接地技术进步的关系，他们认为地区金融深化水平和金融市场结构能够促进区际产业转移正向的技术溢出。这也意味着，产业转移对承接地技术进步存在基于金融深化、金融效率和金融结构的"门槛"效应，门槛以下的金融深化、金融效率和金融结构会限制产业转移的正向技术溢出。冯南平和杨善林（2012）通过对 1998—2008 年中国 31 个省份的面板数据进行计量检验，分析了产业转移对区域创新能力的影响。研究发现，产业转移不但未带来我国区域创新投入和创新产出的快速增长，反而阻碍了区域创新投入和创新产出的增加，但是具体到各个区域则差异较大。对东部地区而言，产业转移对创新投入的作用不明显，但却阻碍了创新产出的增长；对中部地区而言，产业转移能大大促进创新投入的增长，但对创新产出的作用不明显；对西部地区而言，产业转移对创新投入和创新产出的增长均有促进作用。

胡黎明等（2013）、程杰（2013）和唐辉亮（2013）分析了产业转移对承接地经济增长的效应。胡黎明等（2013）运用新古典增长理论在对索罗余值分解的基础上，探讨了产业转移驱动承接区域经济增长的作用机制，指出产业转移对承接地可以通过资本累积机制、生产率提升机制和就业创造机制产生资本效应、技术效应及就业效应，在这些效应的综合作用下，最终形成区域经济增长效应。正是在上述机制的作用下，江西新余市近年来通过承接光伏产业转移优化了产业结构，促使区域经济高速发展，成为中部地区承接产业转移的一个成功案例。程杰（2013）在对我国东部地区产业转出和中部地区产业转入进行现状分析的基础上，就河南省承接产业转移的绩效进行了多角度的综合比较，并结合六大优势产业承接产业转移的绩效提出结论：个别东部地区省份的产业并没有明显转移到中部地区，河南省承接产业转移的绩效还不尽如人意，六大优势产业需要继续夯实基础才能有效承担起承接产业转移的重任。唐辉亮（2013）的研究表明，国内研发活动促进了国际产业转移经济增长效应的提升，但各区域的研发活动对其国际产业转移经济增长效应的影响却呈现出明显的差异性。

综上所言，产业转移一般而言对转入地具有经济增长促进效应，但是这种效应受到诸多条件的限制，有时候促进效果并不明显。就技术进步而言，产业转移带来的外部性可能是正的也可能是负的。如果承接地能够构筑较好的技术进步条件，正向效应可能是显著的，反之则不显著。

（3）产业转移与环境协调研究。

产业转移对于东道国造成的环境破坏效应一直为人们所诟病，理论界大多数的研究证实了这一担忧。然而，经济发展差距的现实使得发展中国家很难抗拒产业转移的诱惑，并且难以实现转移产业与环境友好之间的协调。要实现这一协调，需要付出艰苦的努力。李真（2013）以马克思国际价值理论为基础，构建了一个以国际产业转移为载体的碳泄漏模型，用以分析碳泄漏机制及碳收益—成本估算框架。分析结果表明，碳泄漏是伴随国际产业转移同步产生的，产业承接国的资本投入、能源投入、人均工资水平、工资投入总量、间接和直接碳泄漏系数、产业承接国人均消费排放以及不变资本和可变资本的积累率都会对单位价值所隐含的碳泄漏产生影响。产业转出国和产业承接国之间的碳利益分配并不平衡，碳泄漏给产业转出国带来了资源价差收益和国内环境收益，但增加了产业承接国的资源价值期差成本和环境成本。因此从碳泄露的角度来看，李真（2013）的研究印证了产业转移对于转出国与转入国具有不同的影响效应，一般而言前者为正向效应，后者为负向效应。包群（2012）从一般意义上研究了外资进入对东道国环境质量与污染排放的影响，研究表明，外资进入对环境的影响取决于东道国的环境管理政策类型、外资企业的部门流向与产业分布，以及东道国本土企业的治污技术学习能力。例如，外资进入东道国污染密集型部门时，必然带来污染的增加；外资进入清洁部门时，东道国环境政策为外生时污染变化不确定，为内生时污染排放保持不变；外资正向的技术外溢效应和内资企业治污技术的学习效应都有利于抑制东道国的污染排放。由此可见，采取合理的环境保护政策并推进环境保护的技术进步（包括国家、产业、企业层面的技术进步），对于减少因产业转移造成的对东道国环境的破坏，具有积极的影响作用。张协奎等（2012）的研究也证实了这一积极的影响作用是存在的。张协奎等（2012）针对北部湾经济区环境规制强度和国际产业转移的实证研究表明，环境规制强度与国际产业转移不存在非线性Granger 因果关系，即在一定程度上加大环境管制力度，不会影响广西北部湾经济区对发达国家的产业承接，反而会促进区域经济的发展，使环境得到改善。

（4）产业转移新规律与特征研究。

在新的国际、国内经济新常态背景下，国际产业转移、国内产业转移都呈现出一些新的特点和趋势。刘友金和胡黎明（2011）认为，从 2011 年开始，我国正经历一次前所未有的国际产业向中国内地（大陆）与沿海产业向中西部地区的耦合转移，产品内分工是新一轮产业转移的主要动因，价值链重组是新一轮产业转移的主导方式，发挥大国优势是我国推进产业转移的战略基点。随后，刘友金（2012）进一步提出，尽管我国东部地区向中西部地区转移的产业数量和规模都在不断扩大，但大规模产业转移现象尚未发生。现有产业转移基本遵循了梯度转移规律，并且，由于我国区域经济格局和产业特点差异明显，在研究区域产业转移时，不能将"东、中、西部"一概而论。冯超（2013）研究总结了河南省洛阳市的产业转移情况，根据对洛阳洛宁"中扩赠品玩具"项目、洛阳"中硅高科"多晶硅项目、洛阳伊川"龙鼎铝业"铝板带箔项目的分析，提出在沿海地区和内地要素资源禀赋的条件发生很大变化的前提下，通过产业转移建立沿海和内地之间"营销—制造""研发—制造""高端—低端制造"等类型的区域分工模式，可以形成优势互补的双赢分工模式，以此降低企业迁移和运营的成本，为企业在承接地扩张创造积极条件，对促进区域合理分工模式的形成非常重要。孙久文和彭薇（2012）对中国制造业不同行业的劳动力成本在三大地带之间的优势比较和产业转移基本情况的分析发现，已经发生转移的主要是资源依赖型产业和资本密集型产业，典型的劳动密集型产业并未发生相对转移；同时，大部分行业的劳动报酬涨幅和产业规模变动在地区间的分布不具有空间相关性，也就是说，劳动报酬上涨尚未成为我国产业转移的主要原因。罗兵（2012）表明，产业转移作为地区间产业存量调节、增量发展的一种手段具有重要的地域意义，而资本结构的地域特征决定了资本的地域价值，因而资本结构因为地域关系而对产业转移构成影响。当地政府需要依托资本结构的本地化条件，吸引原籍为本地的企业家回乡创业，实现沿海产业的中西部转移；依托资本结构的区域化条件，吸引老乡共同创业，实现产业的区域抱团转移；顺应资本的地域结构特点，加强邻近区域的产业联系，深化产业分工转移；利用资本结构中的华裔或者侨民因素，吸引海外中华儿女加入本土创业，实现世界产业的中国转移。上述各位学者所提出的产业转移新规律、新特征，均是在特定前提下得出的研究结论，其是否准确反映了现期产业转移的规律，尚待我们进一步考察和验证。

（二）述评

得益于经济体制的转型，改革开放以来，我国实现了人类历史上前所未有的经济增长奇迹。随之而来的，是国家开始转变发展思路，勠力推动产业升级与结构调整优化，实施经济增长方式转型。这意味着我国不再坚持以往的GDP挂帅战略，从重量到重质，更注重经济增长的质量。反映到产业转移工作上，就是各地不再单方面、不计代价地强调引进转移产业，而是更加强调转移产业与本地经济社会发展的有机契合，即更强调转移产业对本地区发展所具有的综合效用。适应这一形势发展的变化，理论界对于产业转移的关注开始更多地转向对产业转移承接地、承接后果的研究，如上所总结的对于承接地承接能力、承接效应、环境影响等的研究，显示出理论界的与时俱进性。这是产业转移近期研究的特征之一。此外，目前研究大多以实证性经验研究为主，运用的工具和方法也较多，具有较强的学理性。与此同时，上述研究也存在一些不足：第一，对于产业转移承载地承载能力评价指标体系的构建，主要是从经济社会协调配套能力的维度出发，没有将环境、资源承载力作为主要的评价维度。或者，虽然考虑到环境、资源承载限度的因素，但所选取指标的合理性有待进一步改进，欠缺对于跨学科的资源环境以及地理等学科知识的了解。第二，对于产业转移经济效应的分析，欠缺定量研究，没有得出一个可以客观、量化评价经济效应的方法或工具。第三，对于产业转移与环境协调的研究，理论深度尚有所欠缺，研究流于表面，缺乏有力的数理和数据说明。第四，对于产业转移新规律、新特征的研究，主要集中于特定的点，缺少由点上升到面的普遍化、一般性认识，而且对于全球产业转移新规律、新特征的认识有所不足，把握程度存在改进余地。

二、协同效应理论

德国物理学家赫尔曼·哈肯于 1971 年提出"协同"的概念，并于 1976 年系统地论述了协同理论体系。协同理论认为，整个环境中的各个系统之间存在着相互影响又相互合作的关系。对于产业转移而言，同样存在着协同问题。

（一）研究现状

产业转移的进行，会对转出地、转入地产生关联带动影响，从而对转出地、转入地产生协同发展效应。然而迄今为止，对于产业转移协同效应的研究极少，只有个别学者对此进行了尝试性探索。

王建峰（2012）认为，对区域产业转移综合协同效应的研究应分析四个层面的问题：一是要充分考察影响区域产业转移的内外部各项因素，确定参与本区域产业转移的各项要素，研究各项要素之间的关系以及它们对产业转移的影响程度；二是要充分考察相应区域产业转移的动因，主要考察政策引导和干预的程度、区域间经济学发展的差异程度、区域的产业结构调整方向、企业主体的转移利益最大化等影响因素；三是要考察区域产业转移的内在机理，分析外部因素、区域内部竞争合作机制对区域产业转移的影响；四是要考察区域的基础条件和优劣势，以确定区域产业转移实施中的要素互动效应、技术溢出效应、关联带动效应、结构优化效应、竞争学习效应、协同发展效应、社会效应和环境效应等。随后，王建峰（2012）进一步提出，区域产业转移综合协同效应的实现应考虑五个方面：一是转出区和承接区的比较优势都能得到有效发挥，从而实现区域间产业的优势互补；二是生产要素能够在各地区之间比较顺畅地流动，形成统一、开放的区域间转移市场；三是区域内居民在可支配购买力及公共产品的享用水平上的差距能够限定在合理范围之内；四是各区域间基于市场经济导向的经济技术合作能够得到很好的实现，形成全面团结和互助合作的新型区域经济关系；五是区域内国土资源的开发、利用、整治和保护能够实现统筹规划和互动协调，各区域经济增长与人口资源环境之间实现协调、和谐发展。

（二）述评

显然，理论界对于产业转移相关的协同问题研究过少，少数学者的探索远远满足不了现实的需求。比如，本书所提出的产业转移技术外溢问题就存在着技术外溢主体与受体、技术外溢过程中各参与主体、技术和知识与人力资本外溢之间等方面的协同关系，需要我们着手去研究。因此，我们需要进一步推进对于产业转移、产业转移技术外溢协同相关问题的研究，以期更加透彻地认识产业转移的相关规律，以此充分发挥产业转移效应，服务于区域发展需要。

三、耗散结构理论

耗散结构（dissipative structure）理论的创始人是伊利亚·普里高津（Ilya Prigogine）。耗散结构理论可概括为：一个远离平衡态的非线性的开放系统（不管是物理的、化学的、生物的系统还是社会的、经济的系统），通过不断地与外界交换物质和能量，在系统内部某个参量的变化达到一定的阈值时，通过涨落，系统可能发生突变即非平衡相变，由原来的混沌无序状态转变为一种在时间上、空间上或功能上的有序状态。这种在远离平衡的非线性区形成的新的稳定的宏观有序结构，由于需要不断与外界交换物质或能量才能维持，因此被称为"耗散结构"。对于产业转移的技术外溢现象而言，也是一个由起初的自然无序状态，通过与东道地区各主体、各要素不断地交融、渗透、合作，最后形成一个稳定的区域技术进步系统。因此，耗散结构理论可以作为一种重要的方法来分析产业转移技术外溢问题。

（一）研究现状

在经济学领域中，运用耗散结构理论较多的是有关创新问题的研究。一些学者运用耗散结构理论分析了国家创新、区域创新和企业创新等相关问题。

曾德明和彭盾（2009）的研究提出，一个有效的国家创新体系能够支持企业在国际竞争中获胜，国家创新体系成为企业获取创新资源的有效组织形式。为使国家创新体系良好运作，形成耗散结构是其理想状态。国家创新体系的开放性、远离平衡态和系统内各要素的非线性作用表明，国家创新体系具备形成耗散结构的基本条件。在国家创新体系形成耗散结构的过程中，需要管理好表征系统有序的熵，减少熵产生和通过 R&D 国际化引进负熵流可以使国家创新体系向更加有序的方向发展。刘明广（2012）根据耗散结构理论的基本思想，通过对区域创新系统形成耗散结构的开放性、非平衡性、非线性以及涨落条件进行分析之后，运用资源熵探讨了区域创新系统的演化过程，并给出促进区域创新系统向更高级有序的结构状态演化的对策建议。程书雅（2013）认为，一个区域创新系统的结构特征有多种，耗散结构无疑是非常重要的一个特征。一个区域的经济整体发展、产业结构、劳动力的质量和分布、资源的丰富与贫乏、市场容量等诸多特征构成了一个典型的耗散结构系统。区域经济系统需要不断从外界获取物质和能量来保证系统的有序性耗散结构，具有开放性、不可逆熵、远离平衡态、非线性变化和具有涨落的特征。程书雅（2013）从区域创新系统的耗散性结构出发，研究如何将区域的耗散性结构特征转化成元素指标融入区域创新能力评价指标体系当中，并最终尝试性构建出相应的评价指标体系。苏屹（2013）应用耗散结构理论对大中型企业的技术创新问题进行了研究，其研究在指出布鲁塞尔模型转译中存在问题的基础上，对需要研究的具体问题进行布鲁塞尔模型的转译，同时对布鲁塞尔模型进行了推导和求解，结合我国 2008 年各地区大中型企业的相关统计数据进行实证研究。最终，苏屹通过对我国多个省份大中型企业的实证研究发现：一方面，目前仅有20%大中型企业技术创新系统形成了耗散结构；另一方面，部分经济十分发达的省份并没有形成耗散结构。之后，苏屹基于协同视角对大中型企业技术创新系统做了进一步分析，结果表明，模仿创新等后发"创新"可以使企业技术创新系统从无序走向有序。刘丽萍和刘玲玲（2009）依据现阶段企业创新能力的博弈分析，选择合作型自主创新模式作为企业"竞合"博弈的最优策略。他们基于耗散结构理论建构合作创新系统结构与功能模型，以企业为创新主体建构合作创新复杂系统模型和知识管理系统模型，探讨合作创新系统有序演化的基本条件和可行性对策，对合作创新系统知识管理熵与系统负熵进行量化，导出合作创新系统状态判别的基本标准。

少数学者尝试将耗散结构理论引入产业生态发展领域的研究中。张文龙和余锦龙（2009）分析了产业生态系统的耗散结构特征，构建了产业生态系统耗散结构模型，研究了产业生态系统耗散结构演化机理，并据此提出了促进产业生态系统耗散结构正向演化的建议。袁飚和陈雪梅（2010）认为，生态产业链与周围环境构成了一个复杂的开放系统，因此对于生态产业链形成机理的研究不能沿用过去单一的、线性的、因果作用的研究思路，必须寻找到新的理论和模式，才能认识到生态产业链形成的真正动力和内因。基于这一认识，他们运用耗散结构理论，从系统的角度揭示了生态产业链形成的内生机理。

此外，个别学者运用耗散结构理论来研究产业集群问题。曾德明等（2009）提出，一个健康的高新技术产业集群应该是一个耗散结构，而系统的开放性是形成耗散结构的必要条件。封闭的系统会产生正熵，熵是导致无序的根源，对高新技术产业集群而言，应该创造条件保持其开放性，从外界引进物质、信息和资金，增加负熵流，集群才能持续发展。为实现这一目标，曾德明等探讨了实现高新技术产业集群开放性的途径。

（二）述评

耗散结构理论提出以来，被许多学者探索性地应用于很多领域，包括经济科学领域。但是总体来说，经济科学领域对于耗散结构理论的应用还处于起步阶段，包括在产业经济学科领域。纵观现有研究，耗散结构理论在产业经济学领域的应用散见于产业（企业）创新、产业生态化发展、产业集群等若干领域，应用潜力远未得到充分挖掘。此外，现有对耗散结构理论的应用主要停留在对其基本原理、思想的普适性运用上，一些较深层次的技术性方法、工具或手段应用得不多。如上所述，产业转移技术外溢问题也可以运用耗散结构理论进行分析，这将成为对产业转移技术外溢问题研究的一种新的方法和工具。

第二篇
海上丝绸之路视阈下的南海经济圈建设

第三章　南海经济圈海洋一体化开发

在"海上丝绸之路"的建设中，南海段是"海上丝绸之路"的起点路段。因为其距离中国近，受中国的辐射强，是推动"海上丝绸之路"建设的最先着力之处和最易着力之处。作为"海上丝绸之路"南海段建设载体的南海经济圈，最先需要经略的和首要可以依赖的借力点，就是南海海洋资源。推动南海海洋资源的一体化开发，是推动环南海主航道国家利益捆绑和凝聚成命运共同体的重要途径。本章以南海资源开发合作为核心，涵盖航运、旅游、环保、海洋产业等多个领域，主要探索了一体化开发合作的途径与机制。从广义上讲，南海的自然海域面积约为350万平方千米，其中中国领海面积（传统的九段线以内面积）约为210万平方千米。由于历史的原因，从20世纪70年代开始，南海周边国家如越南、菲律宾、马来西亚等相继占领了中国南沙群岛的部分岛礁，由此将中国南海传统海疆线以内约80万平方千米的海域纳入其管辖范围之内。总体上讲，南海经济圈海洋一体化开发的空间范围，就是350万平方千米的南海海域面积。

第一节　海洋一体化开发研究综述与相关理论范畴

一、研究综述

随着近年来南海安全问题的升温，鉴于其复杂性、长期性和持久性，也是出于为相关矛盾"降温"的考虑，有关南海一体化开发的理论研究不断增多，在实际操作层面的合作开发呼声也越来越大。

一些学者基于维护我国利益的立场，探讨了南海资源的合作开发问题。冯颂斌（2007）探讨了如何在新的国际形势下，在维护南海稳定和搞好同南海周边国家友好关系的前提下，变我国在南海资源开发的被动地位为主动地位，同周边国家共同和平地开发南海资源。邹立刚（2011）根据历史经验，构建出一个适合我国与南海周边国家共同开发南海资源的法律机制。张尔升等（2015）论述了南海资源共同开发的组织模式，提出四种具体的模式：一是基于公共资源的政府组织模式，即鉴于南海资源开发由多个行业与多个部门分别进行、各自为政的局面，为加强南海资源开发的综合治理与协调，需要在国家海洋局南海分局之下成立南海资源开发委员会，行使南海的空间、资源、环境、权益等全面的统筹管理协调权，提供公共产品；二是基于空间资源的兵团组织模式，即借鉴新疆生产建设兵团的经验，组建南海资源开发兵团，驻守南海岛礁，一边开发岛礁、修建基础设施、整修航道等，另一边进行军事训练，采取兵民结合、平战结合的方式，创立南海资源开发的新模式；三是基于战略稀缺资源的国有公司模式和战略联盟模式，即对于一些战略性资源，在无争议的海域可采用国有公司的组织模式，在争议海域可采用战略联盟的组织模式，包括引进西方的大公司组成战略联盟，以此实现要素的共享，节约开发成本，分担开发风险，提高南海资源的开发和利用效率；四是基于竞争性的可再生资源的市场网络组织模式，即针对渔业等海洋的流动性资源，建立龙头企业领导的市场网络组织资源开发模式。邓妮雅（2018）提出，在通行的三种海上开发共同管理模式——代理制模式、联合经营模式、管理机构主导模式中，联合经营模式（国家各自保留资源勘探和开发的许可权或特许权，各国的许可权或特许权持有人负责在授权的区域内进行勘探和开发活动，并签订联合经营协议进行合作）比较适合南海资源的一体化开发采用。随后，邓妮雅又进一步分析了联合经营模式中联合管理机构的设置、资源开发区块的选择以及合作方利益分享机制的构建问题。

还有一些学者对于具体的资源类型共同开发进行了探索。黄少婉（2015）分析了南海油气资源开发的现状，并列举了英国与挪威在费里格气田共同开发以及英国与其他国家在北海油田共同开发的例子，说明南海油气资源也可以采用共同开发的模式。王亚歌和张玉强（2018）研究了南海渔业资源开发协同创新的路径：一是战略协同，即建立完善的沟通机制和利益共享、风险共担机制；二是主体协同，即鼓励多方主体的积极参与；三是制度协同，即营造良好的制度环境；四是组织协同，即建立战略联盟或网络化组织；五是技术协同，即改善渔业资源开发技术装备水平。王亚歌和张玉强还指出，有意参与南海渔业资源开发的国家，应按照上述五个方面的路径，齐头并进、协力合作来推进渔业合作开发。

南海资源共同开发最关键的是要建立合理的利益分享机制。陈秀莲和李紫艳（2018）在深入分析了南海资源共同开发过程中的利益协调分配机制问题后认为，利益协调分配机制主要应由参与国选派机构或人员来设计评价体系，联合审查、统计合作开发过程中的各项投入产出数据，以此对海洋利益协调分配进行评价，得出各当事方的实际开发贡献水平，以确定利益分配的比例。具体来讲，他们针对南海问题构建了资源合作开发的经济利益评价指标体系，运用数据包络（DEA）法，采用 MATLAB 软件进行编程分析，并设计了海洋资源合作上的经济利益分配机制。

上述研究为后续的分析提供了有益的借鉴与启示。

二、相关理论范畴

（一）概念与内涵

本书所指的海洋一体化开发，即针对海域主权分属于多国海洋的各类资源（经济性、社会性、政治性等）进行开发活动，实现从规划、设计、实施到成果分配的一体化，以此形成各参与方统一谋划、协调行动、合作共享的共同开发格局，实现海洋资源高效开发的最终目的。

其内涵包括以下三个方面：

第一，海洋一体化开发的内容属性包括经济性、社会性两类开发活动。其中，经济性开发活动是以开发海洋经济性资源为主、以获取经济收益为目的的开发活动，如渔业资源开发、油气资源开发等；社会性开发活动是海洋一体化开发中具有公共应用价值的资源，为社会提供公共服务，不以获取经济收益为目的的开发活动，如海洋环境保护、海洋航运公共服务、海洋天气预报等。

第二，海洋一体化开发的实施方式是指对于海洋开发的全过程，从规划、设计、实施到最后的成果分配，进行一揽子的宏观把握、统筹组织、协调推进。如此一来，就是将跨国的南海海洋开发置于一个统一的框架下组织实施。

第三，海洋一体化开发的目的是实现海洋资源开发的高效率、高效益和高稳定性。首先，要实现高效率，就要做到按时按质完成各项开发任务与目标，使海洋一体化如期发挥对南海经济圈建设的推进与支撑作用。其次，要实现高效益，就要多快好省地推进海洋一体化开发，使开发能实现较高的效益，获得较好的经济回报。这是南海一体化开发的题中之义，如此才能为海洋一体化开发提供充足、长久的动力。最后，海洋一体化开发有利于化解海域各国在资源开发上存在的矛盾，在建立公正合理的成果分配机制基础上，促进海洋资源开发的和平、安全与稳定进行。

对于南海经济圈而言，南海的部分海域主权归属问题尚存在争议，从而对于南海资源的一体化开发不仅是出于经济上的考虑，更是出于政治考量的需要。

（二）一体化开发的范畴

有关南海海洋一体化开发领域、范畴的探究，主要从三个维度进行考虑：一是开发内容的属性，是属于经济性开发活动还是属于社会性开发活动；二是海洋资源的归属；三是所开发的海域有无主权争议。属于社会性质的开发活动当然适宜推行一体化开发，而经济性开发活动则需要考虑资源的归属、一体化与非一体化开发的效益比较，以此来决定是否或者多大范围开展一体化开发。如果海洋资源的归属很清晰，只属于某个国家，则不适用于一体化开发的范畴；如果归属于几个国家，则可以推行一体化开发，以提升资源开发的效益（这一考量暗含的准则，是只从资源的高效利用角度来考虑开发问题，从而跨越资源的所有权局限）。如果某海域的主权归属无争议，且资源的所有权归属无争议、无交叉，则该海域的资源开发不适用于一体化开发范畴；如果某海域的主权无争议，但是资源的不可分割性导致资源归属界定不清晰（如石油由于海底地形构造而导致所有权归属界定不清），则该海域资源适宜开展一体化开发；如果某海域的主权存在争议，则无疑该海域的资源需要开展一体化开发。

根据现有分类，海洋资源的主要类型包括水资源（海水直接利用、海水化学资源综合利用等）、矿产资源（石油、煤炭、海滨砂矿、多金属结核和富钴锰结壳、热液矿藏、可燃冰等）、生物资源（鱼类、海藻等）、海洋能资源（潮汐能、温差能、盐差能等）、海上交通资源、海上旅游资源等。我们可以根据前述一体化开发范畴的考量维度，来大致明确南海经济圈上述海洋资源的一体化开发领域与范畴。

1. 全海域一体化开发的领域与范畴

在海洋各类资源中，海上交通资源的开发是具有明显社会性特征的开发活动，因此南海的航运开发适宜进行一体化开发与建设。这同时能为南海经济圈建设提供良好的海运条件。

海洋旅游资源的开发以追求经济效益为主要目的。一般而言，旅游资源的利用讲究规模效应、集中效应，特别是广袤的南海，需要实现旅游景点的组团式、一体化开发，才具有经济意义，才具备市场推广价值。因此，对于南海旅游资源的开发特别是对于深海区旅游资源的开发，应该由各国合作进行一体化开发。

2. 局部海域一体化开发的领域与范畴

（1）无争议海域。

无争议海域的一体化开发主要是指那些所有权无法清晰界定的资源，以及一体化开发有助于提升开发经济效益的资源。前者主要涉及某些海底矿产资源，如存在流动性的石油资源、矿藏跨国分布的资源；后者主要涉及一些开采难度高、开采成本高的稀有元素矿产资源，通过一体化开发，可以分散风险、分摊成本，获得更好的经济效益。

（2）有争议海域。

对于有争议海域的开发，显然，联合声索国一起对海洋资源实施一体化开发，是化解矛盾、推进南海经济圈建设目标实现的合理与可行途径。具体的一体化开发范围涵盖争议海域的各类资源，主要指矿产资源、生物资源等，如共同开发石油资源、开展渔业捕捞等。

综上所述，南海经济圈海洋一体化开发旨在实现南海资源的合作开发，或为获取社会效益，或为获得更好的经济收益，或为有效规避南海争端带来的对资源开发的阻滞作用，推动资源的有效利用。由此出发，我们明确了南海经济圈海洋一体化开发的主要领域与范畴，如表3-1所示。

表3-1　南海经济圈海洋一体化开发的主要领域与范畴

一体化开发范围	一体化开发的主要领域与范畴
南海全海域	航运、旅游资源（深海）
无争议局部海域	海底矿产资源（石油、稀有金属资源等）
有争议局部海域	海底矿产资源、生物资源（渔业等）

（3）具体目标与任务。

按照总体安排，南海经济圈海洋一体化开发的总体目标是到2030年有所进展、到2040年基本实现一体化开发。遵循此安排，可以明确南海经济圈海洋一体化开发的具体目标及相应的具体任务。

①具体目标。

2018—2030年：有主权争议的海域，海底矿产资源实现共同开发，渔业资源实现合作捕捞；实现全海域的航运开发、旅游资源开发。

2031—2040年：随着"海上丝绸之路"建设的深入，无争议海域的海底矿产资源实现一体化开发。

②具体任务。

综合考虑南海经济圈海洋一体化开发的主要领域与范畴，进一步明确海洋一体化开发的具体任务如下所示：

第一，海底矿产资源一体化勘探、开采、加工与销售。海底矿产资源开发的难度及风险较大，需要较多的前期投入和较高的技术储备。因此，其一体化开发是从勘探到终端销售的全过程实施，贯穿整个资源开发活动的各个环节，包括勘探、开采、加工、销售等主要环节。海底矿产资源一体化开发既针对有争议的海域，也针对无争议的海域。

第二，海洋生物资源主要是渔业资源的一体化开发。虽然对于有争议海域的渔业资源利用，可以采取对争议方共同开放的做法，但是从资源高效与可持续利用的角度出发，实施一体化开发更为有利。渔业资源的一体化开发主要包括合作管理、合作养殖两个方面。

第三，航运一体化开发。基于全面提升南海经济圈海域航运条件的考虑，对于南海海域的港口和航道资源（包括已开发和未开发的）实施统一的航线规划与开设、基础与公共设施建设、航运跨国运营的协调管理。

第四，旅游资源一体化开发。旅游资源一体化开发的重点，一方面是对于全海域、不存在争议的旅游资源（包括已开发和未开发的，未开发的由所属国进行开发）进行旅游产品的统一设计、开发，实现集中、高效利用；另一方面是对于有争议海域的旅游资源进行统一规划、建设，在此基础上，再融入南海全域旅游资源的一体化开发与利用之中。

上述四方面的任务，按照具体目标规划的安排，梯次或者同时进行实施。

第二节　海洋一体化开发相关措施及借鉴

本节主要探讨南海经济圈海洋一体化开发具体任务的实施，并针对各项具体任务的相关重要事宜进行深入分析。

一、共同开发成功案例借鉴——马来西亚和泰国的共同开发案

马来西亚和泰国在泰国湾西南部的一块海域存在主权争议，多年来两国屡屡为此发生争执。该海域油气资源存量十分丰富，1971 年勘探出巨量的天然气储量，可供两国使用 50 年。显然，双方都不可能放弃如此巨大的资源储量，但是两国也充分认识到，任何一方试图单独开发都必然引起对方的强力反弹，形成剧烈冲突的导火索，使和平、稳定的开发不能顺利进行。此外，在两国都面临能源需求增长、供给紧缺的情况下，这些资源需要得到及时、充分的开

发，任其搁置也是不合适的。基于此，两国决定搁置主权争议，实施共同开发。

自 20 世纪 70 年代开始，马来西亚和泰国围绕着上述海域的资源开发问题进行了一系列的谈判和磋商，一步一步地推动合作开发的深入实施。1979 年，两国通过谈判签订了《泰马谅解备忘录》，提出在争议区域进行共同开发的初步意向，该备忘录标志着马来西亚和泰国在泰国湾的共同开发拉开序幕。不过，《泰马谅解备忘录》的政治意义大于实际意义，备忘录签订后并未发挥其应有的作用。为了避免《泰马谅解备忘录》流于形式，1990 年 5 月 30 日，马来西亚和泰国又签订了旨在进一步落实共同开发的《联合管理署协定》，该协定为共同开发的正式启动提供了可行方案。《联合管理署协定》达成以来，两国的共同开发计划得以迅速落实，并实现了飞速的进展。迄今为止，两国在泰国湾共同开发区已建成油田和气田 50 多个，开采出大量的石油天然气资源，其中马来西亚的石油年产量就超过 3 000 万吨，为两国带来了巨大收益。

马来西亚和泰国对于南海有争议海域的资源共同开发的成功案例，具有一定的推广与经验借鉴的意义。

第一，共同开发是行之有效的在存在主权争议海域进行资源开发的方式。不仅是马来西亚和泰国的经验证实了这一点，其他国家成功的开发合作案例（如英国与挪威以及其他国家在北海的合作等）也充分证明了这一观点。

第二，共同开发的关键，是构建高效、具有充分权威性的管理模式。王小梅和周威（2015）在对马来西亚与泰国共同开发的案例研究中指出，国际上通用共同开发管理模式有超国家管理模式、联合经营模式和一国代理模式，而马来西亚和泰国共同开发案的管理模式属于超国家管理模式。马来西亚和泰国为保证共同开发得以成功，联手组建了联合管理局。联合管理局运作的费用由两国政府共同承担，获得的税收和利润也由两国平摊。由于这种模式中只有一个超国家管理机构，因此减少了开支、提高了工作效率。鉴于这三种管理模式各有利弊，很难权衡哪种模式更适合南海共同开发。为此，我们可以将其分为三种情况进行考量和设计：在已经有国家进行开发的争议海域，可考虑选择一国代理模式进行共同开发；对于两国存在争议而都还未进行开发的海域，可考虑选用超国家管理模式进行共同开发；对于合作方是经济技术水平较为落后、没有能力实施共同开发的海域，可考虑采取联合经营模式或一国代理模式进行共同开发。

第三，构建公平合理的利益分配机制①。马来西亚和泰国的油气资源共同开发采用产量分成制，联合管理局作为当事人与其他承包商签订协议，赋予其他商业机构在共同开发区进行勘探和开采的权利。承包商在共同开发过程中产生的收益与联合管理局平均分配。承包商从开采出的石油天然气中扣除开发费用，剩余收益由联合管理局和承包商均分。由此可知，两国共同开发采用的产量分成制不同于传统意义上的产量分成制，而是具有产量分成合同性质的合资经营协议，其糅合了产量分成制和合资经营制的精华，成功规避了租让制合同中政府监管力度不够的缺点，既激发了石油开发公司的积极性和创造力，又维护了两国政府的监管权，是"一箭双雕"的成功典范。

二、海洋一体化开发的管理机构设置

要实施南海经济圈海洋一体化开发，就需要先设立机构化、常设性的管理机构。该机构可以命名为"南海联合管理局"（以下简称"南管局"）。南海各类资源的共同开发，应在南管局的统一组织和领导下进行。当然，南管局的职能不应局限于对资源一体化开发的管理，南海经济圈建设的主要内容如海陆经济联动、产业一体化、金融一体化、贸易一体化等，也应归属于南管局的职责范围之内。南管局的构建应具体包括机构人员构成、内部机构设置和机构职权职能三个方面。

（一）机构人员构成

在机构人员的构成上，南管局成员可由各方政府高层、相关行业代表（如石油产业、渔业部门、航运部门、旅游部门、金融部门、贸易部门的代表）等共同组成，还可以包括具有一定影响力的民间组织的成员代表。

（二）内部机构设置

在内部机构设置上可以采取复合型的治理结构。

从纵向来看，可以设立三个层次的管理机构：①上层机构（类似于领导小组），即南海经济圈建设的领导机构，由各方政府委派同样层级、相同数量的政府官员组成，由各方按照一定的时间轮流担任主席和副主席，对共同开发区内的重要问题进行协商。②中层机构（类似于领导小组办公室），即秘书处，是领导机构下属的执行机构，由各方按照对等原则指派相应成员组成，具体可包括产业、金融、贸易、石油、渔业、航运、旅游、海上执法等部门成员，代表上层机构行使南海经济圈包括南海资源开发管理的相关职能，具体制

---

① 王小梅，周威. 泰国和马来西亚共同开发案研究 [J]. 法制与社会，2015（9）：146-147.

定开发活动的政策和指导规范供国家及上层机构参考，负责区域内活动的监管。③中层机构下设若干个下层机构（类似于工作小组），如矿产资源开发部、渔业资源开发部、航运事业部、旅游资源开发部、产业一体化发展部、金融一体化发展部等，在中层机构的领导下，履行相应经济圈建设包括资源开发的管理事务等职责。

从横向来看，可以借鉴马来西亚和泰国共同开发案中建立法律委员会和技术委员会的做法，成立两个层次的专业委员会——中层机构专业委员会和下层机构专业委员会，专业委员会主要包括法律委员会、技术委员会。专业委员会的职能，是由其组成成员专家来讨论和设计具体的合作规则，提供管理决策参考、咨询建议，并送交相应的管理机构审批。

南管局主体机构设置如图 3-1 所示。南海经济圈海洋一体化开发的各项具体任务（各项具体的海洋资源一体化开发）都应在南管局的统一组织、领导下实施。

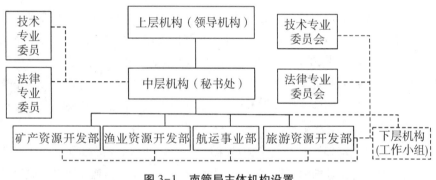

图 3-1　南管局主体机构设置

（三）机构职权职能

关于南管局的职权，各个参与国应授予其必要的职能。就海洋一体化开发而言，南海经济圈各成员方通过南管局就勘探和开发政策进行协商和协调，对共同开发的安排进行修改，协调解决开发活动中的相关矛盾。各参与国可以授予南管局日常事务的管理权、开发区内作业活动的监管权、完善政策和协议修改的建议权等。除此之外，随着南管局运行得越发成熟、南海经济圈建设的不断完善，远期也可授予其附加性的职权，如矛盾解决、海洋环境保护和安全维护、科学研究和数据交换等。

三、南海矿产资源一体化开发

在"一带一路"倡议实施的前期，南海争端仍然是敏感问题（2030 年以前），南海矿产资源的一体化开发主要是在有争议海域实行。对于有争议南海海域的矿产资源一体化开发（主要是指油气资源一体化开发），我们主要探讨4个相关事宜，即一体化开发区块确定、开发管理模式、一体化开发流程、收益分配。

（一）一体化开发区块确定

南海蕴藏着丰富的石油资源，目前已知的含油气构造区块就有200多个，油气田有180个，整个南海的油气地质储量据统计大致在230亿~300亿吨油当量。另据估算，在我国"九段线"内，油气资源量占整个盆地的73%以上。在油气资源分布上，南海北部富气，南部富油。据预测，南沙油气富集区主要集中在北部湾、万安盆地、礼乐滩盆地和曾母暗沙盆地。北部湾勘界已经完成；万安盆地位于中国"九段线"主张与越南"200海里大陆架"主张的重合区域；礼乐滩盆地位于南沙群岛的东北部，也位于中国"九段线"与菲律宾"卡拉延群岛"的主张重合区域内；曾母暗沙盆地位于中国的"九段线"内，拥有丰富的油气资源，也是南海区域国家希望得到的宝地。除此之外，中国与印度尼西亚在南海南部存在5万平方千米的海域重叠区，该区域的纳土纳气田开采储量约为1.31万亿立方米。从整体上说，鉴于南海海域政治环境紧张而敏感，南海矿产资源一体化开发首先拟选择的区块应为南海声索方主张重叠的区域，同时区块的选择宜小不宜大；其次，对拟选择的区块应提前做好科学评估，确保有可开发的商业油气资源（邓妮雅，2018）。

李金蓉等（2013）从油气资源的储量角度考虑，认为南海曾母暗沙盆地和万安盆地具有良好的油气勘探前景，北康盆地、中建南盆地和南薇西盆地具有良好的资源勘探前景。相关地理信息技术的研究人员如张荷霞和刘永学（2013）对南海中南部油气资源开发的战略价值进行了分析，得出的结果是：中建南盆地和北康盆地的战略价值最高，具有良好的前景；在万安盆地、南薇西盆地、曾母暗沙盆地和礼乐盆地中，万安盆地和曾母暗沙盆地的资源潜力较高，但招标和开采情况较为严重，南薇西盆地和礼乐盆地则相反。因此，南海共同开发可优先选择的区块是中建南盆地、万安盆地、北康盆地和曾母暗沙盆地。综上所述，南海海洋矿产资源一体化开发的优先区域是南海中南部的中建南盆地、万安盆地、北康盆地和曾母暗沙盆地，以及南海北部油气资源丰富的北部湾盆地。

1. 中建南盆地和万安盆地

中建南盆地和万安盆地位于中国和越南的主张重叠区，两国对此存在主权争议。在南海各油气资源储藏区块中，中建南盆地的战略价值最高，中国海洋石油集团有限公司于 2012 年开发招标的 9 个海上区块中，有 7 个就位于中建南盆地。越南政府认为，中国海洋石油集团有限公司招标区块位于越南的大陆架上，并与越南划分的海上区块重叠。对此，中国保持较为克制的态度，中国海洋石油集团有限公司招标后没有进一步的进展。此区块不涉及第三国主权主张，距离两国陆地的距离也较近，海上物资的运输、人员的轮换较为方便。若中越双方在中建南盆地进行共同开发，是一个优先的选择。

万安盆地已累计发现"大熊""蓝龙"和"兰多"等 26 个油气田及多个含油气圈闭。除大熊油田跨越我国"九段线"外，其他油气田及含油气圈闭均位于我国"九段线"内。越南在万安盆地开发和招标情况比较严重，而中国在该区域与美国克里斯同能源公司的合作流产之后，并没有进一步进展。如果中越能够在此盆地划定区块进行共同开发，就区块合作的潜力和双方参与的难度而言，也是一个很好的选择。

2. 北部湾盆地

2000 年中国和越南已经完成了北部湾湾口的划界，并且划定了共同渔区。中越海上共同开发"区块"，既可以选在已划定界限的北部湾中部的共同渔区，也可以划在两国尚未定界的北部湾外口。

3. 曾母暗沙盆地

曾母暗沙盆地面积为 12.99 万平方千米，可开采的石油总量为 12.06 亿吨，石油资源的远景资源量为 51.38 亿吨，是以产气为主、产油为辅的新生代沉积盆地，平面分布上具有"南油北气"的特征。曾母暗沙盆地钻井和已发现的油气田主要分布在中南部，位于西北部的康西凹陷中北部勘探程度较低，是下一步油气勘探的重点区域，具有广阔的勘探前景。曾母暗沙盆地虽然位于中国的"九段线"范围以内，但马来西亚却在此海域打了不少石油天然气井，通过海底管道，正源源不断地把海底石油天然气输送到沙捞越陆地进行提炼，然后卖到世界各地，为其赚取了大量外币。中国应在极大地维护自身领海领土主权的同时，推动与马来西亚等国家的协商计划有效实施，加快推进在此区域的一体化合作开发。

4. 北康盆地

北康盆地位于南海南沙群岛的中部，盆地面积为 4.32 万平方千米，可开采的石油总量为 3.59 亿吨，石油资源的远景资源量为 22.1 亿吨，天然气地质资源量占南海总资源量的 12%。北康盆地总体上位于我国的"九段线"内，与马来西亚、印度尼西亚存在一定的主权争议，目前资源尚未被开发。该盆地由于尚未实施大规模开采，比较适宜同相关争端方实施一体化开采合作。

（二）开发管理模式

在现行的国际上通行的三种跨国资源共同开发管理模式中，何种模式适用于南海矿产资源一体化开发，需要根据资源的一体化开发区块分布现状、一体化开发区块资源声索国的情况和资源的开采现状视具体情况进行选择。这就需要明确，南海资源的开发管理是在南管局矿产资源开发部的统一组织和领导下进行的。某一具体的资源一体化开发区块的开发管理，由矿产资源开发部代表合作国政府行使相关管理事宜，包括选择具体的开发管理模式、组建相应的开发管理机构。现以南海油气资源的一体化开发为例，阐释一体化开发的管理模式选择。

我们已经确定了南海争议海域油气资源一体化开发的 4 个优先、重点区块的油气资源分布，这 4 个一体化区块的共同开发均需要根据实际情况来选择具体的开发管理模式，并组建相应的开发管理机构。

1. 中建南盆地和万安盆地

中建南与万安两块盆地只在中国与越南之间存在领海主权争议。目前，越南在此区域（主要是万安盆地）的油气开采活动较多，而中国总体上采取了比较克制的态度，没有大规模实施开采活动。如此的局面，使得越南从中攫取了较多的利益，对中国而言这显然是不公平的。在南海经济圈建设与中国—东盟利益共同体打造的背景下，双方尤其是越南应秉持互利共赢的态度，与中国一起实施一体化开发。鉴于这一区域两国均已介入开发（中国前期举行了一些招标活动），同时考虑到两国存在的一些矛盾，今后对其油气资源开发活动宜采用联合经营模式，共同成立一体化开发有限公司（如"中万资源一体化开发有限公司"），派人共同开展公司的经营管理，在南管局矿产资源开发部的监管下，实现油气资源的一体化开发。

2. 北部湾盆地

北部湾盆地为中国与越南共同拥有，两国已于 2000 年完成北部湾的划界工作。北部湾开展的油气资源一体化开发主要是指跨国分布的油气资源的一体化开发。按照《中越北部湾划界协议》第七条的规定，如果任何石油、天然气单一地质构造或其他矿藏跨越本协定第二条所规定的分界线，缔约双方应通过友好协商就该构造或矿藏的最有效开发以及公平分享开发收益达成协议。由此可见，划界协议已经明确了双方对于北部湾盆地内部资源应实施共同开发。

鉴于此区域的界线非常明确，双方对此没有异议，可以在南管局矿产资源开发部下设"北部湾资源一体化开发有限公司"，采取双方联合经营的管理模式从事开发活动，并同时接受矿产资源部的监督。

3. 曾母暗沙盆地

位于南海最南端的曾母暗沙盆地，现阶段油气资源主要由马来西亚所开采。盆地存在的主权争议主要来自中国、马来西亚和印度尼西亚。鉴于中国和马来西亚以及马来西亚和印度尼西亚的互信程度较高，友好关系维系时间较长，三方可以推动设立"曾母暗沙资源一体化开发有限公司"，采取一国代理的管理模式对公司进行经营管理，同时接受矿产资源部的监督。

4. 北康盆地

北康盆地油气资源目前尚未开发，但是各国共计开展招标的面积为 1.18 万平方千米，招标的石油地质资源量为 3.77 亿吨。北康盆地的争议主要存在于中国和马来西亚。对于此类存在争议而争议方都未对其实施开发的争议海域，可考虑采用超国家管理模式进行开发，由南管局矿产资源开发部设立"北康资源一体化开发有限公司"，全权负责开展相关管理经营活动。

南海资源一体化开发区块的管理模式如表 3-2 所示。

表 3-2　南海资源一体化开发区块的管理模式

一体化开发区块	开发管理模式	开发机构名称
中建南盆地和万安盆地	联合经营管理模式	中万资源一体化开发有限公司
北部湾盆地	联合经营管理模式	北部湾资源一体化开发有限公司
曾母暗沙盆地	一国代理管理模式	曾母暗沙资源一体化开发有限公司
北康盆地	超国家管理模式	北康资源一体化开发有限公司

（三）一体化开发的流程

要实施油气资源一体化开发，一般需要经过以下四个步骤：

第一，依照法律程序设立一体化开发有限公司，履行出资协议，完善公司日常管理制度。这里有两点值得注意之处：一是出资比例。一般情况下，相关国家应采取平均出资的方式比较合理。二是公司注册地的选择。首先，南管局的驻地由南海经济圈七国共同协商确定。备选地址可以为中国的海南省、越南的胡志明市、马来西亚的吉隆坡市、新加坡的新加坡市和印度尼西亚的雅加达市等。南管局的驻地也是其下属的各一体化开发部的当然驻地。其次，各一体化开发公司的注册地可以按照毗邻原则、公平原则确定。具体针对四个优先和重点一体化开发的区块而言，中万资源一体化开发有限公司注册地可以选择在越南毗邻中建南盆地和万安盆地的某一地区；根据公平原则，北部湾资源一体化开发有限公司注册地可以选择在中国的海南省；曾母暗沙资源一体化开发有限公司的注册地可以选择在印度尼西亚的某一地区；北康资源一体化开发有限公司的注册地可以选择在马来西亚的某一个地区。最后，各公司设立所依据的法律法规应以注册地国家的法律法规为标准。

第二，组织开展油气资源开采活动。该活动应由各一体化开发有限公司全权负责组织实施，包括勘探、开采、运输、销售等环节。

第三，油气资源后续加工、销售活动。此流程与后文将论述的产业一体化发展存在一定的关系。各一体化开发有限公司按照南海经济圈的产业一体化发展整体规划，在合作国内有序组织开展资源的深加工活动，并在全球范围内进行销售。

第四，收益分配。这是资源一体化开发的最终环节，也是开发的最终目的。各一体化开发有限公司在矿产资源开发部的协调、监督下，按照公司发展的需要合理处置收益，并按预定的利益分配机制进行收益分配。

（四）收益分配

目前，马来西亚和泰国合作开发的收益分配是两国平均分配开采出来的油气资源。这种模式具有普适意义。一般而言，资源一体化开发合作有限公司的油气资源开发与加工，采取委托第三方承担的方式最有可行性。因为从理论上讲，一体化开发有限公司的油气资源开发与加工具有以下两种方式：

第一，一体化开发有限公司组织招标，选取第三方公司承担油气开采和加工等业务。

第二，由一体化开发有限公司的某成员方的企业承担油气开采和加工等业务。深海油气资源的开发需要的技术门槛、资金门槛都较高，很多国家不具备这方面的能力。南海经济圈所涵盖的国家中，也只有中国具备此方面的能力。如果中国与其他国家合作进行资源一体化开发业务，在这种方式下，只可能由中国公司来承担资源开采和加工业务。

显然，对于第二种方式，合作另一方会产生较多的顾虑，导致不容易达成合作协议，从而资源一体化开发采取委托第三方承担的方式最为可行。这种方式下，合作开发的收益分配比较容易处置。就如马来西亚和泰国合作开发的收益（主要指油气资源）平分一样，除去按照最初的协定给予第三方公司相应比例的收益分配后，南海资源合作开发的纯收益均可以采取由合作方均分的方式进行分配。

四、南海渔业资源一体化开发

相较于矿产资源，南海有争议海域的渔业资源争夺的全局性、战略性、重要性、复杂性相对较低，但也更敏感，因为其牵涉各国国民个体之间的直接利益。据相关统计，南海有鱼类 2 060 种，其中经济价值较高的优质鱼类有 30 多种，每年潜在的渔业捕获量为 650 万~700 万吨。近年来，南海沿岸各国对于南海渔业资源的依赖程度不断提高，其中菲律宾超过 50% 的渔业捕获量来自南海，马来西亚有 55% 的渔业捕获量来自南海，越南绝大部分渔业捕获量来自南海（越南从事海洋捕捞的 6.8 万艘渔船中，约有 5.4 万艘渔船在南海从事捕捞活动），印度尼西亚有 75% 的渔业捕获量来自南海。随着南海渔业资源被不断捕捞和资源存量的不断减少，不可避免地使得各国对于南海争议区域内渔业资源的争夺趋向激烈，导致各国因南海捕鱼引发的争端事件不绝于耳。这一现状也凸显了南海渔业资源一体化开发的重要性。

（一）一体化开发场地的选择

首先，不同于油气资源，渔业资源是流动的，各个海域都有可能是潜在的渔业资源保有地；其次，渔业资源保有量又是可再生、动态变化的，可以通过有计划的管理实现对资源存量的合理控制；最后，渔业资源的再生有其内在的生物学规律，如鱼类因繁衍后代需要进行洄游活动，从空间而言要求对南海全海域进行一体化开发。这些因素使得各国对于渔业资源一体化开发的场地选择不能只局限于某一海域，而是应考虑南海全海域。

（二）一体化开发模式的选择

南海渔业资源一体化开发的主要内容包括合作管理、合作捕捞以及少量合作养殖，其所牵涉的海域空间各有不同：合作管理需要在全海域内进行，合作捕捞、合作养殖则主要是在有争议海域进行。同时，捕鱼也是一种单个主体、随机的行为，不需要像有争议海域的油气资源开采一样，形成固定的合作伙伴共同实施，只需要向争议方开放开采权就行。因此，南海渔业资源的一体化开发可以采取超国家管理模式，由南管局渔业资源开发部负责组织实施，形成"全域一体化管理合作+局域开发合作+主权海域自主开发"的开发格局。具体而言，主要指以下三方面内容：

其一，"全域一体化管理合作"是在南海全海域内开展统一的渔业资源保护、渔业捕捞公共服务，其具体的管理工作业务由渔业资源开发部组织实施，包括制定具有超国家效力的相应规章制度、组建相关执行机构等。

其二，"局域开发合作"是在有争议的海域中，争议方达成一致协定，允许对方渔民自由进入海域捕捞，并在协定划分的海域内各自从事养殖活动。涉及南海争议海域的两方、三方甚至多方开发合作协定，要在南管局渔业资源开发部统一组织下，邀请争议国家相关部门一同商议制定。

其三，"主权海域自主开发"是在不存在主权争议且主权归属明确的海域，在服从、衔接南管局制定的渔业资源一体化开发规划以及管理规章制度的前提下，由各国自主进行渔业资源的开发。

"全域一体化管理合作+局域开发合作+主权海域自主开发"的开发格局，一是遵循了渔业资源的生成、繁衍、利用及再生规律，保证了南海渔业资源的可持续性，符合各国的整体利益；二是按照公平公正原则，有效避免了矛盾的进一步激化，能够实现合作共赢；三是保障了各国当然、应得的个体利益，为各国达成合作意愿奠定了坚实的基础。由此可见，从整体到局部、从宏观到微观、从长远到短期，形成系统性、一体化的南海渔业资源开发格局，能实现资源的高效、科学、和平开发与利用。

（三）一体化开发模式的运行

南海渔业资源一体化开发的超国家管理模式，其运行相对于合作经营模式要简单一些。南管局渔业资源开发部在制定相应的一体化开发规章制度后，应努力贯彻落实，一方面行使对全域渔业资源一体化管理的职责职权（通过设立相关执行机构，如渔业执法队）；另一方面行使对局域渔业开发合作的监督职责，此外还要行使对各国开发主权海域渔业权益的保障职责，防止出现侵权行为，或者在出现侵权行为时予以协调解决。

（四）收益分配

南海渔业资源的一体化开发主要是指开展南海渔业活动的各参与国就保障各自的渔业生产活动参与权而开展的合作，其中"全域一体化管理合作"是保障渔业资源的可持续性，从而相当于保障各国长期的渔业生产活动参与权；"局域开发合作"则是指存在海域主权争议的国家通过协商明确各自的渔业生产活动范围，以此保障其合法的渔业生产活动参与权。从本质上讲，南海渔业资源一体化开发并不涉及各国开展实质性的渔业生产活动合作，因而也就不涉及彼此之间共同生产活动收益的分配。这意味着，各国在上述南海资源一体化开发管理模式与格局下所开展的渔业生产活动所获收益的多少，完全取决于各自的渔业生产活动效率。生产效率越高的国家，所获得的收益就越多；反之，生产效率越低的国家，所获得的收益就越少。

五、南海航运资源一体化开发

广袤的南海在给环南海各国制造地理空间阻隔的同时，也为海上航运的发展提供了广阔的空间。南海海上航运的发展需要各国宏观把握和统一协调，以克服各自为政的情况，提升航运整体开发利益，实现资源开发效益最大化。同时，这也有利于提高南海经济圈成员国之间的物流运输便捷度，降低运输成本。因此，推进航运资源一体化开发是南海经济圈一体化开发的重要任务之一。

（一）南海航运开发现状

目前，南海航运的核心航线是远东—东南亚航线。该航线是东亚国家（包括中国、日本、韩国、朝鲜等）货船去东南亚，以及经马六甲海峡去印度洋、大西洋沿岸各港的主要航线。航线的存在使得南海成为世界第二大航海通道、海上大动脉，每年共航行 10 万多艘各国船舶。据中国航海学会和上海海事大学共同发布的《2017 年南海航行状况研究报告》数据，2017 年 3 月和 6 月南海水域的船舶总数分别为 7 909 艘次和 7 502 艘次，以大于 3 万吨级的船舶为主；过往南海船舶的船籍港遍布世界近 70 个主要航运国家或地区，航经南海的国家或地区的船舶总运力匹配全球 189 个国家或地区前 50 船队总吨位的 92%以上。

除南海域外的航运业务之外，南海沿海国家内部也存在着一定数量的航运业务，相互之间开拓了航信往来。现阶段，南海沿岸国家之间的主要航线包括中国和南海经济圈成员之间的主要航线，以及除中国外的南海经济圈成员国之间的主要航线。

1. 中国和南海经济圈成员国之间的主要航线

中国和南海经济圈成员国之间的主要航线包括：越南（海防）—中国（广州），570 海里；越南（胡志明）—中国（广州），约 1 100 海里；越南（海防、岘港）—中国（北部湾）；马来西亚（关丹）—中国（北部湾）；新加坡（新加坡）—中国（广州），1 370 海里；新加坡（新加坡）—中国（湛江），1 340 海里；新加坡（新加坡）—中国（北部湾）；菲律宾（马尼拉）—中国（香港），630 海里；印度尼西亚（泗水）—中国（北部湾）。

总体上讲，中国南海沿岸的主要港口如香港港、广州港、深圳港、湛江港、北部湾港均已基本开通连接环南海国家主要港口的航线，构建起连通中国与南海经济圈国家便利的物流运输海上通道。

2. 除中国外的南海经济圈成员国之间的主要航线

目前，除中国外的南海经济圈成员国之间的主要航线包括：越南（胡志明）—菲律宾（马尼拉），910 海里；新加坡（新加坡）—菲律宾（马尼拉），1 310 海里；越南（海防）—越南（胡志明）—新加坡（新加坡）；马来西亚（巴生港）—

新加坡(新加坡)—印度尼西亚(雅加达)—印度尼西亚(泗水)—新加坡(班让);印度尼西亚(比通港)—菲律宾(达沃);越南(岘港)—马来西亚(关丹)。

总体上讲,除中国之外的南海经济圈成员国之间的海上运输发展还存在较大空间,航线数量较少,主要局限于传统的航线运输,新拓展的航线有所不够。

需要指出的是,任何海上运输航线的开通与否,都由市场需求决定。中国经济的崛起,以中国为中心、涵盖南海经济圈成员国在内的产业分工体系的建立,推动了中国与南海经济圈国家之间货物运输量的快速增长,从而带动了中国与南海经济圈国家之间大量的海上运输新航线的建立。相较而言,除中国外的南海经济圈成员国之间经济贸易往来的相对缓慢增长,不足以推进这些国家之间海上新航线的大量拓展。

(二)一体化开发模式

南海航运资源一体化开发相对于资源一体化开发、渔业资源一体化开发要简单得多,各国都会有较高的参与热情。因为海上航运的开发不受海域主权归属的影响,各国的海域主权争议不会给航运开发带来阻力,航运开发能给各个国家都带来利益的增加。

具体而言,南海航运资源的开发也适宜采取超国家管理模式,由南管局航运事业部承担一体化开发职责职权,统一负责一体化开发事宜。此时,根据实际需要,航运事业部可以进一步拓展职能,设立管理处、经营处、规划处等内设机构,兼具行政管理机构与企业组织的双重属性,以便于筹集资金;组织制订航运一体化发展规划,作为业主单位组织招投标委托企业开展航线建设,从事港口、航线的经营管理活动,协调处理跨国航线的各种矛盾。

(三)一体化开发事项

南海航运资源一体化开发的主要工作事项包括融资、基础设施建设、航线规划与开设、运营管理等。需要明确的是,南海航运资源开发的主要目标对象应是各国有需要且是新建设的港口、航线、轮船等海洋交通运输要素,对于已经建设好的海洋交通运输要素则不在此列。之所以如此界定,一方面是因为已经建设好的海洋交通运输要素由于经济利益的存在,既有权属方愿意接受南管局航运事业部管辖的阻力比较大;另一方面,对于具有充足资金的国家而言,愿意接受航运资源一体化开发的可能性也不大。因此,航运一体化开发主要是针对资金匮乏国家的航运资源。

1. 项目融资

以南管局航运事业部作为融资主体,努力拓展融资渠道,采取市场化手段融通资金。首先，鉴于南管局的行政管理组织属性，可以考虑由南海经济圈各国政府按比例注资，设立南海航运开发基金，作为开发启动或撬动资金。具体的注资比例由各国商议确定，例如，可以按照各国与经济圈其他成员国的货物贸易总量的比例来明确注资比例。其次，充分利用已有的国际开发性金融机构，尤其是多边开发性金融机构，如世界银行、亚洲开发银行、亚洲基础设施投资银行等的资金。南海航运资源的开发，非常吻合这些多边开发性金融机构的经营宗旨和经营范围。最后，积极引入社会资金，在一些具体的项目建设如港口、航线建设中，航运事业部可以以项目制的方式引入社会资本，形成"共同建设+利益共享"的建设方式，帮助解决资金问题。

2. 航运开发规划

现阶段，南海经济圈成员国毗邻南海的主要港口及航线开通情况如表3-3所示。总体上看，南海经济圈成员国的主要港口之间已开通大部分航线往来。除表3-3中所示22个主要港口外，各国沿海也分布着众多的中小港口。南海航运一体化开发的目标主体，一是针对上述各主要港口之间尚未开通的航线；二是针对有市场需求、资金短缺的中小港口及其之间的航线。

表3-3　南海经济圈成员国毗邻南海的主要港口及航线开通情况

国家	主要港口	与其他国家主要港口航线开通情况
越南	海防、胡志明	胡志明已开通至马六甲、新加坡、雅加达、马尼拉航线
马来西亚	马六甲、柔佛、巴西古单、槟城巴生	马六甲已基本开通至各主要港口航线，其余港口多少不一
新加坡	新加坡	新加坡已开通至胡志明、马六甲、雅加达、泗水、马尼拉航线
印度尼西亚	勿拉湾、雅加达、泗水、三宝垄、丹戎不碌、巨港	雅加达和泗水已开通至新加坡、马尼拉、马六甲、胡志明航线，其余港口多少不一
菲律宾	马尼拉北港、马尼拉南港	两港已开通至胡志明、雅加达、新加坡、马六甲航线
中国	香港、广州、深圳、湛江、北部湾、海口	各港口均基本开通至上述其他南海经济圈国家的主要港口航线

在具体编制航线发展规划时，航运事业部首先要开展充分的调查和研究，特别是应要求各国政府将一体化航运建设的港口名单纳入申报计划；其次，航运事业部应明确相应的标准，尤其是根据市场需求情况，划分港口与航线建设

的先后次序，以做到有序和梯次推进建设；最后，要制定科学可行的目标，明确阶段性任务，以提高工作效率。

3. 基础设施建设

遵照规划，航运事业部应及时组织开展各个新建港口、航线的建设工作，港口建设可以采取目前国际通行的 BOT、TOT、BT、TBT 等模式进行。当然，航运事业部也可以组建专门的建筑公司来承担此类建设活动。只不过如此一来，事业部的业务量将大幅增长，弱化了其跨国协调与管理的行政机构属性。航线的经营一方面可以由航运事业部直接组建相应的公司来进行经营，另一方面也可以采取招投标经营特许权的方式，引入社会企业进行经营。具体采取哪种方式，可以基于成本原则决定。

4. 跨国运营管理协调

南海海上航线的运营往往需要跨国进行，而跨国经营一般会带来大量的跨国协调工作。航运事业部的一大职能，就是在各国相关跨国航运的部门之间开展有效的协调。例如，一个新港口的建设，可由航运事业部自己组建的公司或由招标的社会企业承担，而项目的开建则需要航运事业部协助企业与港口所在地进行沟通，协调土地使用、通电、通水、通路、人工雇佣、税收、环保等各类建设相关事宜，以保证建设的顺利实施。又如，一条航线的运营需要航运事业部协助企业与港口所在地进行沟通，协调通关、检验检疫等方面的事宜。航运事业部与相关国家有效的沟通，有赖于其成立之初与各参与国之间签订的相关协定与规章制度，这是有效协调的法律依据和保障所在。

（四）收益分配

无论是航运事业部自己经营还是委托社会企业经营，都会获得相应的收益。如何合理地进行收益分配，是攸关事业部存在与否乃至航运一体化开发是否可行的关键。南海航运资源一体化开发的收益分配应遵循两个原则：属地原则和俱乐部原则。属地原则是指航运收益分配时应考虑航运建设项目所在地的利益，优先给予一定比例的收益分配，这属于第一次分配。如××港口是属于印度尼西亚的，则在进行收益分配时应优先保障印度尼西亚获得一定比例的收益。俱乐部原则是指在优先给予航运建设项目所在地一定的利益保障之后，剩余收益应能给予航运一体化开发其他合作国一定的收益保障，这属于第二次分配。同上例，航运事业部经营××港口所获得的收益，在补偿完母国印度尼西亚后，剩余收益应在其他合作国家间进行合理的分配。如此一来，收益合理分配的关键，一是取决于属地与其他合作国的分配比例（第一次分配的比例），二是取决于其他合作国之间的分配比例（第二次分配的比例）。原则上讲，第一次分配比例可以考虑遵照平均分配比例，第二次分配比例可以考虑遵照启动基金的投入比例。

六、南海旅游资源一体化开发

南海旅游资源丰富，开发前景广阔。近年来，虽然南海旅游业方兴未艾，热度逐步高涨，但是南海旅游资源发展的潜力还远远没有被挖掘出来。各国都对南海旅游资源的开发抱有强烈的愿望和兴趣，如果一体化开发能显著提升各国旅游业现有发展水平、挖掘争议海域的旅游资源潜力，肯定会受到各国政府的大力支持。

（一）南海旅游资源开发现状

南海经济圈成员国中，中国、越南、马来西亚的南海旅游资源较为丰富，这三个国家对于南海旅游资源也实现了一定程度的开发，如越南对下龙湾、岘港旅游资源的开发，马来西亚对柔佛新山金海湾旅游资源的开发，中国对永兴岛旅游资源的开发等。但是，这些还远远没有实现对南海旅游资源的充分利用。总体上讲，南海旅游资源还存在如下三方面的问题：

1. 资源闲置，开发利用率低[①]

由于交通、电力、通信等基础条件的限制，南海海岛开发绝大部分集中在距离大陆较近的沿岸岛，离大陆相对较远的近岸岛和远岸岛开发数量极其稀少。此外，这些已经得到开发的岛屿大多都是有人岛，数量众多的南海无居民海岛至今大多处于闲置状态，造成资源的浪费，海岛开发利用率低。尽管中国这些南海无居民海岛地理位置独特，地跨热带和亚热带，具有气候宜人、生物资源丰富、自然生态环境优越等自然条件，且拥有充足的阳光、优质的海滩和海水以及丰富的历史文化遗迹和人文遗址，但受制于交通不便、开发建设成本高等因素，绝大部分近岸和远岸无居民海岛还停留在原生状态，未得到有效的开发和利用。

2. 缺乏深度，旅游特色不明显

南海目前已开发的海岛旅游中，大多只是简单地依靠区域优越的自然条件，对其丰富的热带旅游资源进行初级的加工利用，旅游开发起点低，缺乏对旅游资源的深度挖掘，整个海岛旅游发展停留在较低水平。

---

① 李石斌，陈扬乐. 南海无居民海岛旅游开发利用现状与对策研究［J］. 佳木斯教育学院学报，2014（5）：429-430.

3. 各自为政，缺乏联合机制

一方面，经济圈各国目前均局限于对本国南海旅游资源的开发，整体意识不足，没有意识到南海旅游资源可以作为一个整体进行开发，整体开发能形成整体发展效应，提升南海旅游吸引力，促进整体市场的扩大，从而最终带动和促进各国旅游市场的扩大。另一方面，各国对于有争议海域的旅游资源开发还有待提高，域外大国还应按照"搁置争议，共同开发"的原则，与中国合作开发，使彼此都能从中获益。

上述问题的解决以及推动南海旅游业开发的升级，还有赖于未来各国对南海旅游资源的一体化开发。

（二）一体化开发的范围

南海旅游资源一体化开发范围确定的问题之一，与航运资源开发所面临的问题一样，就是各国已开发资源与一体化开发的有机衔接问题。这些已开发的旅游资源一般都不存在领海主权争议，属于各国的合法权益。在南海旅游资源一体化开发过程中，如果这些已开发旅游资源不纳入一体化开发的范围，则会降低一体化开发的实效，且不能推动这些已开发旅游资源利用效益的提升；如果将这些已开发旅游资源纳入一体化开发的范围，则可能会影响这些国家的既得利益，从而降低这些国家参与的积极性。可行之道是让这些已开发的旅游资源在纳入一体化开发范畴之后，获得的收益分成比单独经营所得要多，或者至少不会导致收益的减少。

问题之二，就是各国主权海域范围内的旅游资源是否纳入一体化开发的范畴，如中国的中沙群岛和印度尼西亚的纳土纳群岛。该问题的关键与已开发资源一样，就是要使得一体化开发比单独开发能实现更高的收益。

由上可知，南海旅游资源一体化开发的范畴可以是各国海洋旅游资源已开发的海域，也可以是各国的其他主权海域，至于争议海域的旅游资源开发，则是一体化开发的当然范围。因此，南海旅游资源一体化开发的范围可以包括南海全海域。当然，问题之一和问题之二所讨论的两种情况，在南海经济圈建设的早期阶段还是应秉持各国自愿的原则，由各国自主决定是否加入一体化开发的行列；到南海经济圈建设的后期阶段，在各国已实现高度利益捆绑的情况下，则南海海洋一体化开发包括油气、渔业、航运和旅游资源的一体化开发，都应成为一种自觉、主动和制度化的行为。

（三）一体化开发模式

由于南海旅游资源可以实现全海域一体化开发，因而其开发模式可以相对简单些，采取超国家管理模式，由南管局下设的旅游开发部全权负责旅游一体化开发事宜。同时，鉴于旅游项目开发投资相对较少，社会企业参与热情较高，旅游一体化开发可以采取招投标的方式，主要由旅游开发部委托社会企业来实施，包括旅游项目建设和旅游线路经营等。

（四）一体化开发内容

南海旅游资源一体化开发的内容涉及规划、基建、产品开发、营销等各个方面，由旅游资源开发部具体组织实施。

第一，总体开发规划制定。这主要是指将已开发的旅游资源和未开发的旅游资源统筹起来，通盘考虑，已开发的旅游资源志在做大做强，未开发的旅游资源按照高标准、高起点原则进行规划建设，以此推动南海旅游资源形成整体开发效应，为其发展壮大提供附加助力。

遵循争议海域优先开发原则，意图通过共同开发，实现促进南海和平的目的；遵循未开发资源优先开发原则，先易后难，以尽快取得共同开发成果，形成和发挥示范效应；制定相关标准，将旅游资源划分等级，按等级确定开发建设的次序。由此可以明确，南沙海域南部的旅游资源可以率先进行开发。

制定旅游资源开发的阶段性目标，以期提供行动指南。该目标可以分为两个主要阶段：2019—2030 年，争议海域旅游资源、未开发旅游资源基本得以开发建设，并取得一定的经济成效；2031—2035 年，已开发旅游资源纳入一体化开发范畴，实现由旅游事业部的统一经营。

第二，旅游基础设施建设。海上旅游资源开发的基础设施主要是指海岛旅游基础设施建设。旅游开发部可以大量采取 BOT、TOT、BT、TBT 等模式，以解决建设资金问题。

第三，旅游产品开发与经营。南海旅游资源可开发的旅游种类包括游轮旅游、热带海岛旅游、潜水与海底观光旅游、休闲渔业旅游、科普探险以及军事教育旅游等。上述海洋旅游类型需要根据具体的旅游资源特色、市场需求状况、客源特点等进行开发。近年来，中国游客对游轮旅游的市场需求不断增加，现阶段，中国已经开设"北海—下龙—岘港"等数条中越游轮旅游路线，下一步可以考虑进一步拓展至南沙群岛，从而丰富游轮旅游目的地。南沙群岛一些岛屿的潜水条件优越，存在主权争议的类似弹丸礁（被马来西亚开发后，已成为全球负有盛名的潜水胜地）的岛屿（如美济礁）为数众多，可以考虑大量开发潜水与海底观光旅游。中国与菲律宾之间的礼乐滩诸多岛礁，渔业资源丰富，可以考虑开发休闲渔业旅游。基于这些海洋旅游类型的旅游产品（线路）设计，应以最大程度为游客提供旅游享受与体验为原则，尽量采取组合式线路，集多种旅游类型为一体，从而对消费者产生尽可能高的吸引力。

在旅游产品的经营上，除了通过 BOT、TOT、BT、TBT 等模式委托给社会企业经营的旅游景点和线路外，可以由南管局旅游开发部成立相应的法人企业，购置轮船等相关资产直接进行经营。这样一来，便于直接获取旅游资源开发的收益，更好地平衡各参与国之间的利益。

第四，旅游营销。一体化的旅游资源开发当然需要统一的市场营销。旅游开发部应对纳入一体化开发范畴的旅游景点、线路（产品）统一开展市场宣传、推介工作，努力开拓客源，做大市场。

第五，建立旅游合作发展基金。与航运一体化开发类似，南海经济圈各成员国政府按商议的比例注资，设立南海旅游合作发展基金作为旅游一体化开发启动或撬动的资金，具体的注资比例确定原则由各国统一协商。同时，旅游开发部履行对合作发展基金的管理与使用职责，科学、合理地应用现代金融机制与手段，充分发挥基金的杠杆作用，促进旅游一体化开发资金问题的解决。

（五）收益分配

南海旅游资源一体化开发的范围包括有争议海域、无争议海域未开发、无争议海域已开发三种资源，此三种资源的开发需要有针对性地构建三种利益分享机制，以保证合作开发的可行性。由于旅游开发收益获取的主要途径是参与旅游经营，因此确定合理的旅游开发收益分享机制的关键，是合理进行旅游经营权的划分。

机制之一：对于各国在主权海域已开发的旅游资源，需要坚持收益保底原则，即参与一体化开发至少不会带来收益的减少。在该旅游资源（景区）的经营权分配上，在维持原有企业的经营参与权（景区门票经营除外）不变的同时，允许南管局（旅游开发部）的企业（或其委托的企业）参与经营，主要指开展景区的经营和旅游线路的经营。为了实现收益保底，旅游开发部的企业从事景区经营获得的收益（主要指门票收入）可以考虑以入驻前一年的收益作为标准，分成给原企业；同时，在保障原经营企业获得保底收益的基础上，收益分成应逐年按照一定比例有所递增。至于线路的经营收益，则完全由企业的经营状况决定，不存在二次分配的要求。

机制之二：对于各国在主权海域未开发的旅游资源，因为其全部的开发建设都由旅游开发部组织实施，因而南管局（旅游开发部）对其经营权（收益）的分配具有更大的发言权或支配权。此类情况下，旅游景区的经营应由南管局（旅游开发部）的企业（或其委托的企业）负责，旅游线路的经营则不应具有排他性，南管局（旅游开发部）的企业、本地企业以及其他社会企业均可以参与经营（社会企业获得线路经营权与否，由南管局决定）。此外，为保障一体化开发的可行性，亦应根据属地原则，保障旅游资源所在国、所在地的利益。此方面，允许本地企业拥有当然的旅游线路经营权是保障途径之一，南管局（旅游开发部）经营景区的收益也应按照一定比例分配给东道地区，具体的比例应由南管局（旅游开发部）与东道国协商确定。

机制之三：对于各国在争议海域的旅游资源，由于是由南管局旅游开发部全权负责，旅游开发部对其经营权（收益）的分配具有支配权。此类情况下，景区的经营权由旅游开发部的企业（或其委托的企业）负责，各争议国家的企业具有当然的旅游线路经营权，社会企业的旅游线路经营权则需由旅游开发部审核。景区经营的收益分配应由旅游开发部与各海域主权声索国商议决定，可以考虑按照平均分配的原则进行。

通过开展南海的海洋矿产资源、渔业资源、航运资源和旅游资源的一体化开发，可以在海洋开发领域将南海经济圈各国紧密联系在一起，促进形成利益共同体。

七、海洋一体化开发促进"海上丝绸之路"建设

南海海洋资源一体化开发对"海上丝绸之路"的建设具有重要意义与价值，主要体现在三个方面：第一，促进了设施联通。南海航运资源一体化开发推动了南海经济圈海上运输网络体系的构建，从而有效克服南海的空间阻隔，将各国有机地联系起来。第二，促进了民心相通。旅游资源一体化开发能促进民众之间的交流，有利于民心相通。第三，促进政策沟通和资金融通。无论哪种南海资源的一体化开发都需要相关政策上的沟通，都需要开展相关的资金融通活动，这都对南海经济圈成员国之间的政策沟通和资金融通有所裨益。

第四章　南海经济圈海陆经济联动

通过南海经济圈建设，将环南海主航道国家建设成为"海上丝绸之路"的利益共同体南海段，除以海洋一体化开发为手段，推动这些国家的海洋经济一体化以促进利益共同体的打造外，还需要以海陆经济联动为手段，来推动这些国家的陆地经济一体化，进一步打造利益共同体。本章基于"以陆带海，以海养陆，协作配套"的原则，探讨南海经济圈海陆经济联动的内容及其途径，这些途径主要指海陆产业相关化、海陆产业布局配套化、海陆运输一体化等。

第一节　南海经济圈海陆经济联动的相关理论基础

目前无论是在理论界还是在实践界，海陆经济联动仍是一个新兴的发展课题与领域。虽然世界各沿海国家在内部经济自我张力的推动下，其陆地经济、海洋经济在不断融化，但这都是在市场力量的作用下自发进行的，而不是出自各国行政力量有意识地引导和推动。未来，有鉴于各国对于海陆经济联动发展必要性的认识越来越深入，对于实现海陆经济联动发展的需求越来越迫切，这会促进相关理论的大力发展，进而在理论上解决海陆经济联动问题的基础上，用理论来指导海陆经济联动的实践。

一、海陆经济联动研究综述

作为一个新兴的研究领域，学术界对于海陆经济联动（或一体化）的研究尚处于起步阶段，既有研究问题零散、方向分散，尚未形成系统性研究格局。总体上讲，现有研究主要聚焦于区域海陆经济的关联程度或一体化水平的测度。

刘伟光和盖美（2013）将我国沿海地区经济整体归纳为海陆经济巨系统，并进一步将其细分为海洋经济子系统和陆域经济子系统。他们基于耗散结构理论，应用系统熵模型和一体化发展度模型建立海陆经济巨系统评价指标体系，实证分析了我国沿海地区海陆经济一体化发展的程度。其结果表明，我国沿海地区海陆经济巨系统的系统熵值逐年降低，有序度增强，海陆经济一体化发展度逐年提高。同时，他们还比较分析了我国11个沿海地区的海陆经济一体化发展度，发掘其内在的演进规律，并得出其发展具有共性的结论。

王涛等（2014）建立海陆经济合作强度模型来测度我国海陆经济一体化水平。首先，他们分别运用经济潜力评价模型、引力模型和耦合度模型对影响海陆经济合作的资源共享度、相互依赖度和经济发展潜力3个要素进行对比，详细分析了海洋经济子系统和陆域经济子系统的比较优势。结果表明，虽然海洋经济在资源占用和使用效率上逐渐取得优势，但是从整体发展来看脆弱性较强。其次，他们建立海陆经济合作模型耦合出了2001—2011年我国的海陆经济合作强度值。结论表明，我国海陆经济合作比较稳定，大多数年份处于稳定阶段，只有2004年、2005年和2009年处于过渡阶段。最后，他们对目前海陆经济合作的困难做出了分析。

范雅静和陈宝珍（2016）研究了北部湾地区的海陆经济之间的关联。他们建立了灰色关联度模型，对2006—2013年北部湾经济区海陆经济三次产业的产值数据进行了关联度量化分析，以评价北部湾地区海陆经济一体化发展程度，分析其发展优势和机遇挑战，最后提出相关政策建议。

黄英明和支大林（2018）通过构建灰色综合关联模型和灰色近似关联模型分析了南海地区（广东、广西和海南）海陆产业的关联度，然后探讨了海陆经济一体化促进海洋产业高质量发展的路径与举措。

王冲和谢友才（2018）运用DEA窗口模型对中国沿海地区2006—2014年海洋经济与陆域经济的彼此支持效率进行测度和分析，并据此计算出11个沿海地区的海陆经济协调度水平，揭示其变化趋势和特征。最终的结论表明：第一，沿海地区的协调度水平总体上处于波动性上升趋势，并且长期属于中级协调状态；第二，各个地区之间的海陆经济发展相对不均衡，其中河北、江苏、福建、广西、海南的海洋支持效率和陆域支持效率的协调性较差，表明这5个地区的海陆经济发展相对不均衡；第三，各个地区之间的协调度水平差异也限制了中国沿海地区区域经济的协调发展。

马贝、高强和李华（2019）具体分析了山东省海陆经济的相关性。他们首先运用Granger检验法对2001—2015年山东省海陆经济之间的关系进行了分析，发现两者之间存在一定的因果关系；其次运用灰色关联分析法对山东省2001—2015 年海洋经济和陆域三大产业之间的关系进行分析，认为山东省海洋经济与陆域第二产业相关性最强，陆域第三产业次之，之后是陆域第一产业；最后总结了山东省沿海七市海洋经济发展状况和海陆经济关系，提出山东省沿海七市的海陆经济关系模式主要包括海陆并兴型和海陆偏移型两种，其中青岛、潍坊和威海属于海陆并兴型沿海城市，烟台、日照、东营和滨州属于海陆偏移型沿海城市。

一些学者在对区域海陆经济的关联性和一体化程度进行测算的基础上，分析其时间与空间差异。盖美和展亚荣（2017）针对辽宁的沿海地区采用Malmquist 生产率指数方法揭示其海陆经济全要素生产率的时空演化特征，建立 DEA 模型对海陆经济的相对效率和构成进行测度和分析，并以此为基础测算海陆经济协调度，揭示其时序变化与空间差异特征。于丽丽和孟德友（2017）选取海陆经济规模、产业结构、经济效率和发展潜力四个维度建立海陆经济一体化评价指标体系，利用耦合模型和耦合协调模型揭示出中国沿海地区海陆经济系统的耦合度和耦合协调度，并对之进行时空分异研究。其研究表明：第一，2006—2012 年，中国海陆经济一体化的耦合度和耦合协调度具有阶段性和波动性的变化特征，耦合度处于中度阶段，耦合协调度从低水平协调进入中度协调，两者均呈现一定的增长态势，但进程极为缓慢；第二，我国海陆经济一体化耦合度空间变化小，耦合协调度空间分异明显，45.5%的区域属于中度协调，尚未形成良性共振；第三，沿海地区大规模的海洋开发时间较短，存在因规模较小、产业同构化、产业结构低度化带来的恶性竞争、区域发展不平衡等问题，限制了海洋经济对于海陆经济一体化提升的带动作用。

此外，个别学者对海陆经济一体化的演化过程进行了创新性探索。滕欣和董月娥（2015）从海陆经济发展中的竞合行为出发，运用复制者动态方程对海洋经济和陆域经济的竞合协同关系进行表征，获得系统的动态均衡点，并结合相位图分析法对各均衡点的稳定性进行解释，得到不同的演化稳定策略，进而运用 Matlab 对海陆经济竞合策略进行系统模拟仿真，得到不同初始状态参数下海洋经济和陆域经济竞合发展的不同策略。

现有针对海陆经济一体化的理论研究还存在诸多不足之处，如对海陆经济一体化演化机理的分析以及对海陆经济一体化的路径与机制的分析等，本节则主要针对南海经济圈海陆经济联动的内容与机制进行一个探索。

二、海陆经济联动的内容

海陆经济联动需要通过一定的途径和方式实现，最终形成具有相应内容实核的海陆经济系统。第二章已经阐述过海陆经济联动的主要实现方式，包括陆地经济向海化、海洋经济向陆化和海陆经济融合化。随着"三化"的推进，海陆经济联系越来越紧密，产业链接越来越深入，产业协作水平越来越高，最终形成海洋经济与陆地经济齐头并进、互促互动和协调发展的格局。海陆经济的联动发展具体包括海陆产业相关化、海陆产业布局集聚化和海陆运输畅通化三方面内容。

（一）海陆产业相关化

海陆产业相关化意指海洋产业与陆地产业相互关联，形成紧密的内在联系，实现协调与协同发展。具体的相关性主要包括三种情况：第一，存在内在经济技术相关联的海洋产业价值链和陆地产业价值链，或后拉、或前延，打通两者之间的空缺环节而链接起来，组建成完整的、连接海洋产业与陆地产业的产业价值链系统，此价值链系统可称为海陆产业价值链。海陆产业价值链的上下游环节具有两种情况：一种是陆地产业为价值链上游环节，海洋产业为价值链下游环节，如船舶修造业与海洋捕鱼业；另一种则相反，如海洋油气资源开采业为价值链上游环节，陆地石化加工业则为价值链下游环节。第二，存在协作配套关系的海陆产业，经有关经济管理部门有意识的引导，进行实质性的协作与配套，形成统一的产业协作配套体系，如海洋捕捞业与捕捞技术培训业。第三，具有支撑、服务功能的陆地第三产业部门，如技术服务、物流等，围绕着海陆产业（主要是第二产业）集中，形成海陆第二产业发展的产业支撑服务体系。以产业价值链系统、产业协作配套体系和产业支撑服务体系为载体和平台，海陆产业实现了有机的联动。

（二）海陆产业布局集聚化

海陆产业相关化主要指海陆产业由于经济技术上的联系而实现联动，除此之外，通过有意识、有目的地进行海陆产业合理的空间布局，也可以促进海陆产业形成联动发展格局。这主要是通过对实现相关化的海陆产业进行系统性、集聚化布局实现的。以海洋捕捞业为例，海洋捕捞业的正常开展既需要船舶修造业、海产品加工、商贸业、物流业等上下游环节海陆产业的支持，又需要金融、信息、生活等陆地服务业的支撑，因而在进行海洋捕捞业的空间布局时，在合理选择布局地址的基础上讲，针对上述关联和协作配套产业，以完善其产业价值链系统、产业协作配套体系和产业支撑服务体系为目的，进行系统性、集聚化布局，以期为产业发展提供完备的地域空间外部环境与体系。本质上讲，这是在推动海洋捕捞业实现集聚化发展，以形成高效的集聚效应。如此一来，推动海洋捕捞业与相关陆地产业、海洋产业的集聚化发展，以之为平台、载体和增力器，能够促进海陆产业以及海陆经济的协调、协同发展。

（三）海陆运输畅通化

海陆经济的有效联动也有赖于海陆经济发展要素的顺畅和高效双向流动。由于资金问题，南海经济圈成员存在较为明显的基础设施建设滞后问题，包括海陆运输设施。较为普遍的情况是港口的集疏运体系不完善，特别是海铁联运设施。这严重地影响到海陆物资的高效运输，不利于海陆经济的有效联动。这要求打通海陆运输的通道，去除一切妨碍要素顺畅流动的因素，实现海陆运输的畅通化。海陆运输畅通化是海陆经济联动的内容之一。

在海陆经济联动的上述三方面内容中，海陆产业相关化是海陆经济联动的核心内容、主体内容和实质内容，海陆产业布局集聚化和海陆运输畅通化是辅助内容、次要内容和附属内容，后两者相当于海陆产业相关化的外部支撑与辅助条件，为其发挥催化剂、拔高器的作用。换言之，海陆产业相关化是海陆经济联动的内容实核，海陆产业布局集聚化为海陆经济联动提供地理与空间平台、载体，海陆运输畅通化为海陆产业相关化提供流通通道，如图4-1所示。同时也必须指出，海陆产业相关化、海陆产业布局集聚化和海陆运输畅通化作为海陆经济联动的内容，既可以理解为是一个动态的过程，也可以理解为是一个静态的、要去实现的目标，是两者的有机结合。

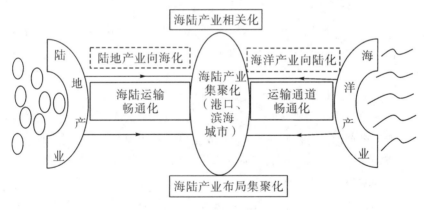

图 4-1　海陆经济联动内容

三、海陆经济联动机制

海陆产业联动中的海陆产业相关化、海陆产业布局集聚化和海陆运输畅通化，需要由相关的动力机制推动实施。综合起来，这种动力机制主要包括两个方面：一方面是海陆产业价值链的内在动力机制，另一方面是海陆产业价值链的外部动力机制。

（一）内在动力机制

海陆产业价值链的内在动力机制包括技术经济关联机制和关联带动机制。

1. 技术经济关联机制

技术经济关联机制是指由于内在的紧密技术和经济联系，海洋产业和陆地产业联系起来，实现海陆产业相关化。这种技术和经济上的联系，实质上就是企业之间的供给—需求关系，或者说投入—产出关系：一方面是技术上存在的供给—需求关系，使处于价值链上游的技术开发与创新企业（既可以是陆地技术开发与创新企业，也可以是海洋技术开发与创新企业）与下游的企业（既可以是海洋企业，也可以是陆地企业）联系起来；另一方面是由于经济上（生产要素）存在的供给—需求关系（投入—产出关系），处于价值链上游的企业（既可以是陆地企业如船舶修造业，也可以是海洋企业如石油开采企业）与下游企业联系起来（既可以是海洋企业如海洋捕捞企业，也可以是陆地企业如石油加工企业）。正是由于技术关联机制的存在，存在技术经济联系的海洋产业价值链和陆地产业价值链能够填平空缺的价值链环节，链接起来形成统一的海陆产业价值链，实现海陆产业相关化。

2. 关联带动机制

关联带动机制是指产业（陆地产业或海洋产业）的发展对其他相关产业（陆地产业或海洋产业）发展的关联带动作用，使得海洋产业与陆地产业联系起来，实现海陆产业相关化。这种产业发展的关联带动作用主要是指旁侧关联带动作用，而非直接的要素供给—需求或要素投入—产出带动作用。例如，海洋捕捞业发展对捕捞技术培训业的带动作用，两者不存在直接的要素投入—产出关系。正是关联带动机制的存在，使得海洋与陆地产业带动了相关协作配套、支撑服务的陆地与海洋产业的发展，推动了海陆产业的相关化。

（二）外部动力机制

海陆产业价值链外部的动力机制主要包括集聚效应机制、港口与腹地联动发展机制、海陆运输一体化调控机制、海岸带统筹管理机制。这些机制的存在，推动了南海经济圈成员的海陆产业布局集聚化和运输通道畅通化，从而促进了海陆产业联动。

1. 集聚效应机制

集聚效应机制是指海陆产业集聚将形成集聚效应，会引导、推动行政管理部门以及产业自身，或出于外力干预或出自产业生存本能的集聚，形成海陆产业互融共通的集聚格局。集聚效应机制对于海陆产业联动具有特别重要的作用，与技术经济关联机制、关联带动机制一起，是海陆产业联动最重要的三种动力机制。其中，技术经济关联机制和关联带动机制的主要作用是将具有直接分工、协作联系的海陆产业链接起来；而集聚效应机制的作用是通过集聚效应，发挥力量倍增器、助推器作用，推动已经实现关联的海陆产业形成发展的倍加效应与额外助力。事实上，无论是理论界还是现实经济管理部门，都对集聚效应对于产业发展的作用有了充分的认识，推动产业集聚已经成为制定产业政策、推动产业发展必须奉行的圭臬，在海陆经济联动的产业发展布局中，也适用此定律。

2. 港口与腹地联动发展机制

海洋产业以海域或沿海地带为发展空间，无论是以海域为活动空间的海洋产业的向陆化，还是以沿海地带为发展空间的海洋产业，现实中大都均以港口为支点或主要活动地。而陆地产业向海化，也大都以港口作为向海延展的陆地终端。上述两方面意味着，港口是海陆产业联动的主要地点，港口的发展好坏关系着海陆产业联动是否能顺利实施，南海经济圈各国的海陆经济联动，需要实现各国沿南海港口的发展与繁荣。从各国沿海港口发展的实际来看，港口的发展往往依赖于腹地经济的支撑，单纯依靠海洋产业、濒海产业以及实现链接的海陆产业的发展，是不足以支撑港口的高速、高水平发展的。腹地经济的发展，能给港口带来三个方面的动力：第一，提供产品市场。规模大的腹地，能为海洋产业、濒海产业提供直接的产品销售市场，满足这些产业发展的市场需求，为其发展提供至关重要的市场保障。第二，提供货运来源。港口经济中物流运输业占据较大的比例，腹地经济是港口物流业重要的物流来源地，能为物流运输业的发展提供货源保障。第三，提供第三产业发展的机会。较大规模的腹地经济在全球一体化时代无疑会与外界存在密切和复杂的联系，这种联系在很大程度上需要通过港口这个介质与外界发生，从而这为港口发展相应的第三产业带来了机会。如新加坡，截至 2017 年年底，其第三产业占 GDP 比重已经达到 64.3％。新加坡第三产业的发展就得益于其为中南半岛、印度尼西亚群岛这些经济腹地的发展提供的服务，其中最为典型的是金融业，广大的来自周边腹地的金融需求，推动新加坡成长为区域性的金融中心。

港口与腹地联动发展机制往往需要行政管理部门的宏观引导和主动推动才得以发挥作用。港口与腹地联动发展机制是通过政府的宏观调控，引导港口与腹地互促互动、协同发展，从而助力海陆产业集聚化发展，推动海陆产业联动。

3. 海陆运输一体化调控机制

海陆运输一体化调控机制是指对海洋运输系统与陆地运输系统进行统筹规划与一体化建设，以此实现两者的协调配套与无缝化对接，推动海陆运输畅通化，为海陆产业联动乃至海陆经济联动提供完善的要素流动通道。该机制的有效运行，也来自行政管理部门的推动与干预。

4. 海岸带统筹管理机制

海岸带统筹管理机制是指对海岸带的利用、开发和管理，实施统筹考虑、一体化建设，做到先后有序、开发高效、管理科学，以期实现对海岸带地域的高效利用，最大限度地推动海洋产业的发展和海陆产业的联动。

上述来自海陆产业价值链外部的动力机制，本质上都来自行政管理部门。对于南海经济圈而言，其施行者主要是南管局，由南管局相应机构的推动去凝聚成形，发挥对于海陆产业和海陆经济联动的相关推动作用（见图4-2）。

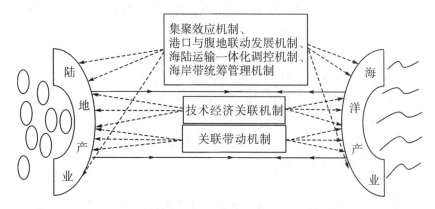

图 4-2　南海经济圈海陆经济联动动力机制作用示意

第二节　海陆产业相关化

本节主要选取相关国家和产业作为案例，分析南海经济圈的海陆产业相关化。需要说明的是，海陆产业相关化更多是一国内部的事情，首先是在各国内部实现，由各国出于推动海陆经济联动的目的去组织实施。其次，各国在大体实现海陆产业相关化的基础上，再实现南海经济圈海陆产业的联动发展。在南海经济圈"5（地）+6（国）"中，我国学术界对于中国沿海地区的海陆一体化研究较多，资料较为齐全，因此本处不再进行赘论；新加坡、文莱作为地域狭小的滨海国家，不存在较大的内陆腹地，产业以海洋和滨海产业为主，因而海陆产业相关化的余地和空间不大；印度尼西亚是群岛型国家，陆地产业与海洋产业基本融为一体，也不是海陆产业相关化的重点推进区域。因此，此处主要分析越南、马来西亚和菲律宾的海陆产业相关化问题。

一、越南

近年来，越南陆续制定和发布了未来一段时期的产业发展规划，明确了越南产业经济发展的重点方向。这些重点方向蕴含了越南推进海陆产业相关化的产业领域所在。

（一）重点规划发展产业

根据越南 2013 年公布的水产业发展总体规划，越南水产业发展的具体目标是：至 2020 年年底，水产品总量达 700 万吨，其中捕捞水产品占 35%，养殖占 65%；至 2030 年，水产品总量达 900 万吨，其中捕捞水产品占 30%，养殖占 70%，水产品出口达 200 亿美元；投资兴建海防、庆和、岘港、巴地—头顿、坚江和芹苴 6 个重点大型渔业中心，总投资额预计约 41.7 亿元人民币。

根据越南 2014 年公布的工业发展战略和工业产业发展总体规划，越南提出促进工业纵深发展，大力吸引社会投资和外国投资，鼓励大集团、外国企业参加国家重点项目投资，加强国内企业和国外企业之间的合作等措施，优先集中发展加工制造业和化工业，电子通信业，能源、新能源和再生能源。

1. 加工制造业和化工业

（1）机械和冶金业。

到 2025 年年初，越南将优先发展用于工业和农业生产的机器设备、汽车及零配件、钢铁；2025 年中旬开始，越南将优先发展造船业、有色金属和新材料。

①汽车工业。根据越南政府于 2014 年发布的相关汽车工业发展战略，越南提出未来汽车工业发展的具体目标是：2020 年汽车产量达 22.75 万辆，其中国内组装生产车辆占 67%；2025 年汽车产量达 46.64 万辆，其中国内组装生产车辆占 70%；2035 年汽车产量达 153.14 万辆，其中国内组装生产车辆占 78%。

②钢铁工业。根据越南工贸部于 2016 年 12 月公布的钢铁生产系统规划调整草案，越南钢铁工业的总体目标是：2020 年生产生铁和海绵铁达 2 100 万吨，2025 年生产生铁和海绵铁达 4 600 万吨，2035 年生产生铁和海绵铁达 5 500 万吨；2020 年生产钢坯达 3 230 万吨，2025 年生产钢坯达 5 730 万吨，

2036 年生产钢坯达 6 630 万吨。

（2）化工业。

根据越南工业发展规划以及越南化工业发展规划，越南化工业发展的总体目标是：优先以环保和高科技工艺发展化肥业、基础化工、油气化工、塑料和橡胶零配件化工以及医药化工等。

（3）农林水产和食品加工业。

到 2025 年 1 月底，相关部门应按照农业产业结构调整方向优先提高主要农产品、水产品和木制品的加工比例。如在原料产地交通便利地区建立大型加工中心；生产加工过程中采用先进工业和国际标准，鼓励采用生物技术发展水产品加工；发展木制品家具装饰加工产业。

（4）纺织和鞋业。

到 2025 年 1 月底，相关部门应优先发展用于国内生产和出口的纺织与鞋业原辅料，大力发展配套工业；之后应优先发展高级时装业、鞋业。

2．电子通信业

到 2025 年 1 月底，相关部门应优先发展电脑、电话及零配件；之后应优先发展软件、数字业务、通信技术服务和医疗电子产业。

3．能源、新能源和再生能源

（1）矿产开采和加工业。

其总体目标是：在有效开发国内潜能和结合进口的基础上发展矿产开采和加工业，进行经济性开采；发展深加工，提高和确保矿产使用效果；注重环境保护工作。

（2）电力工业。

根据越南政府于 2016 年 3 月公布的展望 2030 年电力发展规划的相关决定，为了满足 2016—2020 年越南经济增长平均达到 6.5%～7% 所需要的电力需求，要促进水力、风力、太阳能、生物能源发电等各类清洁能源发展；2025 年以后大力发展核能、地热、潮汐能。

根据越南服务业发展规划，其未来还应重点发展的第三产业包括物流、电子商务和旅游业。

在物流方面。根据 2015 年公布的越南物流中心系统发展规划，越南物流业发展的总体目标是：充分利用国内外投资，大力发展越南物流服务市场，集中发展外租物流服务，完善配套产业，发展第三方（3PL）物流；在发展现代化、高效、专业的电子商务和供应链的基础上，逐步发展第四方（4PL）和第五方（5PL）物流业。表 4-1 列出了 2020 年越南物流业优先发展的重大项目。

表 4-1   2020 年越南物流业优先发展的重大项目

序号	项目名称	级别	占地面积/平方千米
1	河内北物流中心	I	0.2~0.3
2	东北部沿海经济走廊物流中心	II	0.2
3	岘港市区域物流中心	I	0.3~0.4
4	19 号经济走廊及中南部沿海物流中心	II	0.2
5	胡志明市东北部各省市次区域物流中心	I	0.6~0.7
6	九龙江平原中心经济区物流中心	II	0.3
7	红河平原区域物流中心	专用	0.05~0.07

资料来源：根据相关资料整理。

在电子商务方面。《2016—2020 年越南电子商务发展总体规划》提出了越南电子商务在基础设施、市场规模、企业和政府应用程度四个方面的发展目标，即完善法律基础，建立有利于电子商务发展的法律法规体系，建设和发展国家电子结算系统、电子商务管理和监督系统、电子商务网站信任评价系统以及电子商务纠纷解决机制和违规行为处理机制等电子商务安全系统。

在旅游业方面。根据越南旅游业总体发展规划以及《越共中央政治局关于将旅游业发展成为经济拳头产业的第 8 号决议》，越南旅游业发展的目标是：到 2020 年，旅游业基本发展成为越南经济的拳头产业，为促进经济社会发展提供动力；建立与现代旅游业配套的技术物质基础系统；发展高质量、多样、具有民族文化特色和具备区域竞争力的旅游产品；吸引国外游客 1 700 万 ~ 2 000 万人次，国内游客达 8 200 万人次，对 GDP 的贡献率为 10%，旅游业总收入达 350 亿美元。

（二）主要海陆产业相关化领域

上述产业中蕴藏着越南推进海陆产业相关化的主要空间：第一，水产业，主要是海洋捕捞业和养殖业，都可以与陆地相应产业主要是食品加工业（水产加工业）对接起来。相关部门应深入拓展食品加工业的活动领域，大力发展海洋水产品加工（食品加工业向海化），形成海洋水产品加工业价值链；围绕海洋水产业主要分布的六个渔业中心，推动发展相关的配套与服务产业，如培训业、种苗业、海洋渔业设备配件制造业等。第二，石油化工业（油气化工业），可以进一步拓展价值链环节，与矿产开采业（海洋油气开采业）对接，构成海洋油气化工业价值链。第三，医药化工业，拓展陆地医药化工业的价值活动领域，利用海洋生物资源，发展海洋医药化工业价值链。第四，电力工业，主要是推动陆地电力工业向海发展，发展潮汐能发电。第五，第三产业中的物流业与电子商务业，主要围绕海陆产业集聚地如渔业中心、海洋油气化工业集中地，大力发展配套的物流业和电子商务业。越南海陆产业相关化领域如表4-2所示。

表4-2 越南海陆产业相关化领域

主要相关化产业	产业相关化内容	主要价值链类型
水产业	海洋捕捞业与养殖业←→陆地食品加工业（水产加工业）；海洋业水产业←→陆地服务业（培训业、种苗业）	海洋水产品加工价值链
石油化工业	陆地油气化工业←→矿产开采业（海洋油气开采业）	海洋油气化工业价值链
医药化工业	陆地医药化工业←→海洋生物资源	海洋医药化工业价值链
电力工业	陆地电力工业←→潮汐能源	潮汐发电工业价值链
服务业	海陆产业集聚←→配套第三产业	物流、电子商务业价值链

二、马来西亚

通过考察马来西亚现在和未来发展的重点产业，可以提炼出其主要的海陆产业相关化产业领域。

（一）重点发展产业

总体上讲，马来西亚的特色优势产业及产品主要有棕榈油、橡胶、石油和天然气开采业、旅游服务业以及电子、石油、机械、钢铁、化工及汽车制造业等。马来西亚提出的"经济转型计划（2011—2020年）"、"第十一个马来西亚经济发展计划（2016—2020年）"（RMK11）、"马来西亚第三工业大蓝图（2006—2020年）"（IMP3）以及"2050年国家转型计划"（TN50）等发展规划，对于重点发展的产业进行了明确。

1. 经济转型计划（2011—2020年）

2010年马来西亚政府专门制定了"经济转型计划（2011—2020年）"，旨在推动马来西亚在2020年前成为发达国家，人均国民收入达到15 000美元。该计划识别了12个国家关键发展领域，同时确定了6个战略性改革领域（见图4-3）。这12个国家关键发展领域包括石油、天然气、金融、电子、商业服务、农业、通信、旅游、橡胶、教育、生物医药、医疗保健。

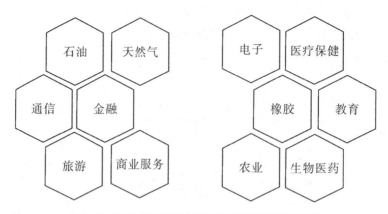

图 4-3 2020 年马来西亚 12 个国家关键发展领域

2. RMK11

2015 年 5 月,马来西亚正式公布"第十一个马来西亚经济发展计划 (2016—2020 年)"(见图 4-4),提出了该时期内重点发展的三大重点行业及两大高增长领域。

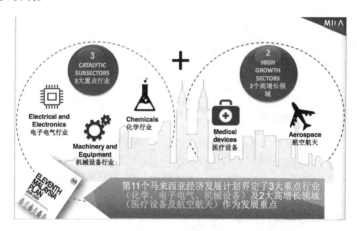

图 4-4 "第十一个马来西亚经济发展计划"确定的重点行业

3. IMP3

2006 年,马来西亚公布了"第三工业大蓝图",将"走向全球竞争力"作为规划主旨,其总体目标是通过制造业和服务业领域的转型与创新,培育可持续的全球竞争力。为实现这一目标,马来西亚将制造业、服务业及农业作为三大经济支柱。在制造业领域,IMP3 识别了 12 个重点发展产业,分为资源型和非资源型两大基本类型。前者主要包括石油、医药、木材制造、橡胶制品、棕榈油制品以及食品加工,后者主要包括电子电器、医疗设备、纺织服装、金属制品、机械设备以及交通工具。在服务业领域，IMP3 识别和确定了 8 个重点发展的服务业部门，分别是商业服务、经销业（批发零售）、交通、教育培训、医疗服务、旅游服务、科技服务和物流业。

4. TN50

2016 年，马来西亚政府提出了"2050 年国家转型计划"，意在推动马来西亚在经济发展、民生福祉和创新等领域发展成为全球领先国家，迈入全球经济 20 强，屹立于世界强国之林。不过，TN50 虽已经全面启动，但还处于期望和意见收集阶段，未形成具体的规划文本或纲领性文件。

综上所述，马来西亚各类规划确定的重点发展产业如图 4-5 所示。

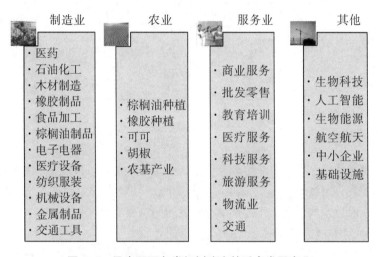

制造业 | 农业 | 服务业 | 其他

制造业
· 医药
· 石油化工
· 木材制造
· 橡胶制品
· 食品加工
· 棕榈油制品
· 电子电器
· 医疗设备
· 纺织服装
· 机械设备
· 金属制品
· 交通工具

农业
· 棕榈油种植
· 橡胶种植
· 可可
· 胡椒
· 农基产业

服务业
· 商业服务
· 批发零售
· 教育培训
· 医疗服务
· 科技服务
· 旅游服务
· 物流业
· 交通

其他
· 生物科技
· 人工智能
· 生物能源
· 航空航天
· 中小企业
· 基础设施

图 4-5　马来西亚各类规划确定的重点发展产业

（二）主要海陆产业相关化领域

根据图 4-5，考察马来西亚产业尤其是海陆产业发展的实际，可以大体筛选出主要的海陆产业相关化领域：第一，医药业。如同越南一样，马来西亚医药产业的发展可以大力向海洋拓展，充分利用海洋医药资源，拓展陆地医药产业发展的空间，实现医药产业的海陆相关化。第二，石油化工业。马来西亚石油化工业的发展主要是建立在对南海石油的开采和加工基础之上的，其对于南海石油开采较早，相应的石油加工也开展较早，因此石油化学工业相对发达，且已较高程度实现海陆石油产业的相关化。未来，马来西亚在此方面工作的重点是根据南管局统一组织实施的南海石油资源开发中安排给马来西亚的工作或任务，进一步推动石油化工业发展，从中进一步落实海陆石油产业相关化。第三，食品加工。如同越南一样，马来西亚应主要实现陆地食品产业与海洋渔业的对接,互促互动,实现协同发展从而推动产业发展壮大。第四,第三产业,主要包括医疗服务、旅游服务、物流等,推动这些产业向海化发展,向海洋拓展发展空间,与对南海的开发紧密联系起来,从而在实现自身发展壮大的同时,推动马来西亚的海陆产业相关化发展。

马来西亚海陆产业相关化领域如表4-3所示。

表4-3　马来西亚海陆产业相关化领域

主要相关化产业	产业相关化内容	主要价值链类型
食品加工业	陆地食品加工业(水产加工业)←→海洋捕捞业与养殖业	海洋水产品加工价值链
化工业	陆地油气化工业←→矿产开采业(海洋油气开采业)	海洋油气化工业价值链
医药业	陆地医药化工业←→海洋生物资源	海洋医药化工业价值链
服务业	海陆产业集聚←→配套第三产业(医疗服务、旅游服务、物流)	物流、海洋旅游产业价值链

三、菲律宾

菲律宾经济发展相对滞后,产业结构不是很合理,第三产业在国民经济中的占比较高,超过60%,制造业占比约20%,其余为农业。进入21世纪后,菲律宾政府把发展制造业作为带动经济发展的主要着力点。

(一)重点发展产业

2017年2月20日,菲律宾国家经济发展署(NEDA)颁布实施了《2017—2022菲律宾发展规划》(PDP),这是菲律宾在提出"2040愿景"的长期发展规划和杜特尔特政府上台后提出的"10项社会经济议程"后,菲律宾政府制定的第一个"6年发展计划",是对"2040愿景"和"10项社会经济议程"的贯彻与落实。相应地,2017年3月菲律宾贸易和工业部(DTI)下属的投资委员会(BOI)制定和颁发了《2017—2019年投资优先计划》(IPP),明确了这三年菲律宾重点投资和发展的领域,尤其侧重于支持高技术附加值、技术转移和创造就业的制造类行业。具体而言,主要包括以下产业或领域:

(1)制造业(包括农业加工等);

(2)农业、渔业和林业;

(3)战略服务(包括集成电路设计、创意产业、飞机维修、电动充电站、工业废弃物处理、电信业等);

(4)医疗服务(包括戒毒康复等);

（5）大众住房；

（6）地方政府参与的公私合作基础设施和物流项目；

（7）创新驱动项目；

（8）包容性商业模式（如农业和旅游行业里的大中型企业在其价值链里给小微型企业提供商业机会等）；

（9）与环境或气候变化相关的项目；

（10）发电等能源行业。

值得一提的是，菲律宾的制造业主要是采矿业及其加工业、食品加工、IT产业、石化工业等，这些产业占据了制造业产值相当大的比例。

（二）主要海陆产业相关化领域

在上述产业或领域中，具有较大海陆产业相关化发展潜力的包括：第一，渔业。菲律宾是传统渔业国家，特别是海洋渔业。下一步，其应加强海洋渔业与陆地食品加工业的对接，拉长海洋渔业的下游价值链，挖掘海洋渔业的价值增值空间。第二，发电业。菲律宾的发电业具有较好基础，但目前基本属于火力发电，其可以充分发挥在发电行业方面的经验、技术、渠道优势，拓展海洋能源发电业。第三，石化工业。菲律宾已经对南海石油进行了一定程度的开采，针对南海石油的加工业发展也具有一定的基础。2018年，菲律宾已经和中国达成合作开采有争议海域石油的协定，未来随着对于南海石油开采量的增加，其还可以进一步发展石油加工业，通过海陆联动壮大石油化工业。

菲律宾海陆产业相关化领域如表4-4所示。

表4-4　菲律宾海陆产业相关化领域

主要相关化产业	产业相关化内容	主要价值链类型
渔业	海洋渔业←→陆地食品加工业	海洋水产品加工价值链
发电业	陆地发电业←→海洋发电业	海洋发电工业价值链
石化工业	陆地油气化工业←→矿产开采业（海洋油气开采业）	海洋油气化工业价值链

综上所述，南海经济圈中越南、马来西亚、菲律宾三国主要的海陆产业相关化领域是南海经济圈海陆经济联动的主要着力方向，实现海陆产业布局配套化、海陆运输一体化也主要是围绕这些产业展开的。总体上讲，各国的海陆产业相关化可以分为两种情况进行：一种情况是纳入南管局一体化开发或产业一体化规划范围内的产业，主要按照南管局的统一规划、组织进行；另一种情况是未列入南管局统一规划范围内的产业，由各国根据自己的实际情况去组织实

施。其最终目的，都是朝着海陆经济联动去实施的。

四、海陆产业相关化的案例——对菲律宾石化工业的分析

总体上讲，菲律宾石化工业相对较弱，尚不能满足本国的需要，以进口油气为主（菲律宾石油进口原油中有近80%是来自中东）。究其原因，主要在于菲律宾油气资源探明储量不足，开采量较低。现阶段，其海上石油产量多数来自西北部的巴拉望海域，几乎所有的天然气储量均位于SC38区块的MALAM-PAYA（马拉帕亚）天然气田，这些海域的储量有限，未来勘探方向也局限于巴拉望海域、礼乐滩和南苏禄海，从而不能给石油增产提供有效保障。未来，随着与中国达成联合开发南海石油的协定，菲律宾石油产量将增加，从而必将加大石化工业的发展力度。根据2019年3月4日世界天然气网站的消息，菲律宾国家石油公司（PNOC）将投资20亿美元建设液化天然气进口设施，预计是220万吨/年的再气化和接收端项目，而液化天然气枢纽的商业运营计划于2023年开始。菲律宾现有石化工业的现状以及未来计划发展情况，为推进其海陆石油工业的相关化提供了便利条件。

（一）相关化内容

菲律宾未来一段时期的石化工业发展重点是石油加工业。据相关报道，2017年菲律宾政府投资署（BOI）批准了顶峰控股公司（JGSPC）投资7亿美元新建5个石化项目，包括新建1套丁二烯抽提装置、新建1套芳烃装置、对其现有的石脑油裂解装置和聚丙烯装置进行扩能、新建1套新的双峰聚乙烯生产装置等。陆地石油加工业是菲律宾海陆石化产业相关化的主要陆地领域；相应地，海上原油开采业是菲律宾海陆石化产业相关化的主要海洋领域。

就其实质而言，海陆产业相关化是出于将某产业的海洋部分价值链与陆地部分价值链连接起来的目的，通过增补两者之间缺失的价值链环节，或通过对接具有上下游环节属性的两者的相关价值链环节，从而形成完整的一体化产业价值链，以此实现两者的相互关联。对于石油产业而言，完整的价值链包括如下环节：勘探—开采—炼油（初加工）—加工（深加工）—销售。这些环节中，勘探、开采环节在海洋中进行，炼油、加工、销售环节在陆地上进行。海陆石化产业相关化主要是将价值链的开采环节和炼油/加工环节连接起来，或者将开采环节与销售环节连接起来（原油直接向市场销售），形成涵盖海洋部分价值链、陆地部分价值链的一体化石化产业价值链。具体到菲律宾的海陆石油产业相关化而言也是如此，主要是将菲律宾的陆地石油进行炼油、加工和销售，瞄准南海开采的石油为原料对象，推动海上原油开采环节与陆地原油

加工/销售环节的对接，实现海洋石油产业向陆化、陆地石油产业向海化，以此实现海陆石油产业的相关化。

（二）相关化措施

有鉴于菲律宾海陆石油产业相关化的内容，要连接其价值链原油开采环节与陆地原油加工/销售环节，相关部门可以采取以下三方面的措施去实现这一目标：

1. 构建原油高效物流渠道

我们可以建设相应的管道、道路、装卸、运输设施/设备，将开采到的原油直接、高效运输至炼油、加工或销售地点。此方面的投资比较大，而且主要属于公共基础设施投资，需要由政府想办法解决资金筹措问题。

2. 合理布局炼油、加工地点

对于经济圈各国政府而言，由于石化工业属于南管局统一组织实施的海洋一体化开发产业，应努力遵照南管局的统一规划，在相应地点进行石化产业的布局。对于企业而言，在参考政府提出的指导性意见的基础上，可以综合权衡原油运输成本与成品运输成本的高低、基础设施情况、生产技术复杂性等情况，选择合适的建厂地址。一般而言，国际上通行的原油加工厂地址尽量选择在滨海地区，因为作为大宗工业原材料而实施大进大出的原油运输主要是在海洋进行的，濒海布局具有成本上的优势。

对菲律宾而言，在推进石油产业一体化开发（海陆相关化）时，南管局、菲律宾政府以及企业在考虑原油加工厂地址时，鉴于原料油主要来自西北的南海海域，可以主要选择布局在西北部的港口地区。菲律宾西北部的主要港口包括马尼拉（MANILA）、八打雁（BATANGAS）、阿帕里（APARRI），这些港口城市可以作为石油加工企业的住址。此外，由于菲律宾是群岛国家，某些不是位于西北部的较大岛屿也可以建设独立的原油加工企业，如棉兰老岛的达沃（DAVAO）、宿务岛的宿务（CEBU）、内格罗斯岛的巴科洛德（BACOLOD）等港口城市，这些港口出于节约运输成本和靠近市场的考虑，可以作为承担石油产业海陆相关化任务的炼油、加工企业的厂址所在地。

3. 制定相关推动政策

海陆石油产业相关化的最终落实者是企业，为推动企业遵从南管局或菲律宾政府的产业相关化引导政策，需要制定相应的激励政策或措施。南管局或菲律宾政府可以给予企业各种投资优惠如税收优惠，或在资金筹措上提供便利等。

第三节 海陆产业布局集聚化——以越南为例

为促进南海经济圈的整体海陆经济联动，除了实现海陆产业的相关化外，还应对实现相关化的海陆产业进行系统性、集聚化布局。针对第二节述及的海陆产业相关化的两种情况，此处主要分析第二种情况，即未列入南管局统一规划范围内、由各国根据实际情况自主实施的企业的海陆产业相关化集聚问题。此外，由于研究条件的限制，本节主要分析越南海陆产业相关化领域的产业布局集聚化问题。

一、越南水产业

2017 年，越南水产业产品总量达到 722.50 万吨，其中养殖水产品产量为 383.57 万吨，捕捞水产品产量为 338.93 万吨；出口达到 83 亿美元，主要出口的水产品是虾类（38 亿美元）和巴沙鱼（18 亿美元)①。总体上讲，越南水产业保持较快速度增长的态势，发展前景较好。

（一）产业相关化布局地点选择

越南海陆水产业相关化的主要方向是推动陆地加工业和海洋养殖、捕捞业的对接，因而产业相关化的布局地点选择主要指水产品加工企业布局地的选择。目前，越南共有水产加工出口企业约 150 家，前 10 大企业集中在虾和巴沙鱼领域。按出口额排名，这 10 家企业分别是：后江明富水产加工有限责任公司、永环集团、明富海产集团、朔庄海产股份公司、金瓯海产加工服务股份公司、国越海产公司、庄卿水产加工进出口有限责任公司、东海海产公司、雄王集团和他星食品股份公司。由于越南海岸线漫长、气候适宜，沿海各地区特别是南方各地区都适宜从事海洋养殖，因而水产业分布分散，企业散布在各个地区。据调查，越南水产品出口基地主要集中在南部，包括金瓯省、朔庄省、庆和省、安江省、薄寮省和胡志明市；北方由于气候相对寒冷，水产业发展较南方相对落后，主要在南定省、广宁省、海防省和清化省等少数几个地区。总体上讲，越南水产业的分布属于随机和自然分布的结果，政府缺乏有意识的、主动推动产业集聚化的行为。

---

① 李劼. 越南水产业 2017 年发展回顾及 2018 年形势分析 [J]. 中国水产, 2018 (8)：48-50.

为了推动越南海陆水产业的相关化与集聚发展，政府有必要从有利于实施产业政策的角度出发，提出若干水产业集聚发展的布局地点。水产业集聚发展需要具备五个方面的条件：第一，水产业规模较大，具有较好的前期发展基础；第二，教育、科技较为发达，能为产业技术进步提供有力支撑；第三，外向度较高（应越南水产品作为全球主要出口国的现实需要），能便利从事进出口贸易；第四，基础设施较为完备，能为发展提供有力保障；第五，是主要的渔港。综合考虑以上条件，也根据越南目前的主要海港分布，我们可以选定如下水产业（企业）集聚地点：

第一，金瓯市（CA MAU），金瓯省首府，越南水产养殖第一大地区，水产品出口第一大地区，代表性企业为金瓯海产加工服务股份公司，越南南部传统意义上的下六省的水产业可以以此地为中心集聚；第二，胡志明市，越南唯一的国际化都市，教育、科技、对外贸易都较为发达，水产业集聚已经具有相当规模，永环集团是其代表性企业；第三，芽庄市，是中部沿海庆和省的省会，水产业较为发达，可以作为相邻几个中部省份水产业的集聚地；第四，南定市，是北方南定省的省会，水产业是北方最为发达的地区；第五，海防市，是海防省的省会，越南的第三大城市、最重要的港口之一，水产业较为发达，可以作为越南北方最重要的水产业集聚地。

（二）产业布局集聚化

产业集聚是指同一产业在某个特定地理区域内高度集中，产业资本要素在空间范围内不断汇聚的一个过程。相应地，水产业集聚就是指水产业在某个地区内的集中，以及水产业发展要素向该地区内汇聚的过程。对于上面遴选的五个水产业集聚地，为促进其集中，实现海陆水产业相关化，政府部门主要应做好以下三方面的工作：

1. 做好宏观规划

兼顾南管局对于南海渔业资源一体化开发的总体规划，结合越南的实际情况，以促进水产业向上述五个地区集聚、推动海陆产业相关化作为主要内容，科学制订产业发展规划，为产业发展以及最终实现海陆联动提供指引。科学规划集聚地产业布局，应以促进水产业高效集聚发展为目的，构筑合理的集聚地产业空间布局结构。

2. 鼓励企业集聚

制定合理的优惠政策、措施，鼓励既有企业向集聚地迁移，鼓励新成立企业在集聚地注册，有目的、有计划地推动企业集中，并按照集聚地的产业布局规划将其分门别类。集中的企业既包括陆地水产业企业（主要是水产加工企业，即实现陆地企业向海化发展），还包括海洋水产企业如养殖企业、捕捞企业（实现海洋企业向陆化发展），以及水产业相关配套、服务产业企业。

3. 做好配套产业建设

产业集聚的形成，还离不开相关配套产业、服务性产业。越南政府在制订相关水产业集聚发展规划、布局规划时，应将配套产业、服务型产业纳入政策实施对象范围，使这些产业实现与水产业的共存共生、协同配套发展。一般而言，这些产业主要包括船舶修造业、物流业、教育培训业等。

二、越南石化工业

越南石化工业起步较晚，但发展较快。据越南贸易和工业部在 2011 年 5 月发布的"2020—2025 年发展规划"，越南计划在 2020 年将其炼油能力扩大至 2 500 万~3 000 万吨，到 2025 年达到 6 000 万吨/年。目前，越南国内已有和计划建设的炼油厂共有六个①。1~3 号炼油厂由越南国家石油公司建设：1 号炼油厂即荣桔（DUNG QUAT）炼油厂，原油加工能力为 650 万吨/年，是越南最早建设的炼油厂。越南国家石油公司还计划新建两座炼油厂（2 号和 3 号），2 号即宜山（NGHISON）炼油厂，设计炼油能力为 1 000 万吨/年，位于越南北部；3 号炼油厂即龙山（LONGSON）炼油厂，设计炼油能力为 1 200 万吨/年，目前正因投资问题使得其建设有所滞后。除了以上三个炼油厂外，还有三个炼油厂的建设工作正在由其他公司积极推进，NAM VAN PHONG 炼油厂由越南成品油公司与韩国公司一起建设，设计加工能力为 1 000 万吨/年；富安永罗（VUNGRO）炼油厂，一期加工能力设计为 400 万吨/年，由俄罗斯 Telloil 公司和英国 Technor Star Management 公司合资建设，二期将加工能力提高到 800 万吨/年；泰国国家石油公司（PTT）计划在越南沿海平定省的 NHON HOI 经济开发区新建一个加工能力为 3 300 万吨/年（66 万桶/日）的炼油厂。上述六个炼油厂（如表 4-5 所示）构成了越南未来一段时期石油化工业的主体框架。

---

① 石宝明，张镍，徐庆. 越南石油工业发展近况及对周边国家的影响 [J]. 国际石油经济，2013，21（3）：72-76，110.

表 4-5 越南炼油厂现状

企业	分布地	产能（万吨/年）	建设方
荣桔（DUNG QUAT）	广义省	650	越南国家石油公司
宜山（NGHISON）	清化省（宜山岛）	1 000	越南国家石油公司
龙山（LONGSON）	巴地—头顿省（LONG SON 经济特区）	1 200	越南国家石油公司
NAM VAN PHONG	庆和省（NAM VAN PHONG 经济特区）	1 000	越南成品油公司和韩国公司
富安永罗（VUNG RO）	富安省（东和区心和工业园）	800	俄罗斯 Telloil 公司和英国 Technor Star Management 公司
仁会（NHON HOI）	平定省	3 300	泰国国家石油公司（PTT）

（一）产业相关化布局地点选择

越南海陆石化工业相关化的主要方向是推动石化开采业与加工业的对接，实现融合发展。显然，越南现有和正在建设之中的六个炼油厂是海陆石油产业相关化布局地点的当然选择。这六个炼油厂中，只有宜山炼油厂分布在越南北方（解决北方的市场需求问题），其余的都在南方，靠近越南南海石油开采地，有利于海陆石油产业的相关化布局。

（二）产业布局集聚化

石化产业一般分为石油勘探和开采业、石油炼制业、石油化工业、化工制成品等亚产业，从原油开采一直到终端用户的完整石化产业链如图 4-6 所示，石化产业链中间的石化加工产业链如图 4-7 所示。一般而言，完整的石化产业集群应涵盖图中各个环节的企业在内。对于越南政府来说，为推动石化产业的海陆联动发展，需要围绕着现有的炼油企业，在实现炼油与开采对接的基础上，努力建设与完善石化产业集群，推动形成高水平的产业集聚效应。

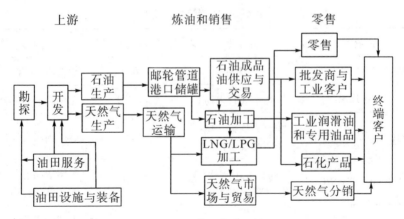

图 4-6 完整石化产业链

资料来源：刘素文. 2017 年迎来石油价格上涨，挖掘石油产业链的周期性机会 ［N］. 搜狐·财经，2017-01-09.

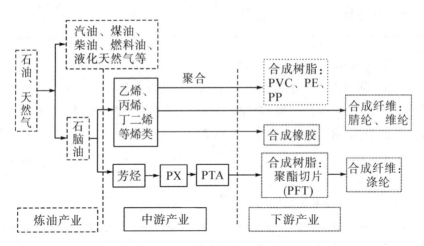

图 4-7 石化产业链中间的石化加工产业链

资料来源：根据中国期货业协会发布的相关资料整理。

第一，发展石油开采相关产业，包括油田设施与装备修造业、油田服务业，促进石油开采业与加工业的深度融合。第二，推动炼油企业拓展加工领域。既有的投资越南的炼油企业，其主要业务是以减压蒸馏法提取汽油、柴油、煤油等，用以满足越南市场需求。为延长产业链，促进企业集聚，未来应鼓励企业运用常压蒸馏工艺，生产乙烯、丙烯、合成纤维等各类石油精深加工产品。第三，鼓励发展石化产业的辐射产业——纺织服装业，引导纺织服装企业围绕炼油企业集中。纺织服装业是越南近几年发展最为迅速、出口创汇最多的产业，推动纺织服装企业朝着炼油企业集中，可以带来诸多发展红利，包括节约纺织服装原材料运输成本、促进石化加工与市场需求的对接、推动石化精深加工领域的拓展等。纺织服装产业的发展，最终能有力促进石化产业集群的完善和提升。

三、越南医药工业

越南医药工业始于20世纪60年代，先后与苏联合作生产抗生素、与中国合作生产四环素及青霉素，到20世纪80年代末期开始独立研制开发生产氯霉素、土霉素、四环素等原料药。至今，越南医药工业发展仍处于初期阶段，技术不成熟、生产成本高、产品品种少，到2019年年底，其国内生产的医疗品及药品还只能满足国内居民约45%的需求，其余均需依靠进口。

（一）产业相关化布局地点选择

越南医药工业的相关化主要是实现陆地医药制造业与海洋医药生物资源的对接，以发展海洋医药制造业。现阶段，越南医药产业产值超过50%来自南部的胡志明市，之后是河内市，在岘港市、芹苴市和海防市也有一定数量的分布。这几个地区中，从有利于海陆医药工业相关化的角度考虑，由于胡志明市、岘港市、海防市三地临海，对海洋生物资源的获取较为便利，越南政府可以将其确定为主要的产业相关化布局地点。

（二）产业布局集聚化

越南近期医药工业的发展首先得益于外商投资企业的进驻带来的集聚。例如，赛诺菲公司已经在胡志明市投资兴建了3家制药厂，还于2015年年底在胡志明市投资7 500万美元建设一个高新科技园；拜耳公司已经进入河内市、胡志明市、芹苴市和岘港市。为推进越南海陆医药工业的相关化并实现集聚发展，最重要的举措是，在招商引资过程中引导外资企业向胡志明市、岘港市、海防市集中。其次是制定相关海洋医药产业发展政策，包括海洋生物医药资源开发政策，推动产业要素朝着3个地区集聚。最后是优化重组医药工业，以推动产业集聚发展。越南拥有约200家药品生产企业，其中本土医药企业有178家。但这些本土企业总体规模偏小、技术水平较低、产品品种和质量均有限，导致其本国生产的2 000种药品中有一半以上是依靠20余家外企生产的。相关部门可以以推动企业做大做强为目标，优化重组医药工业，完善产业组织状态，同时可以有意识、有目的地推动重组围绕着胡志明市、岘港市、海防市进行，使得重组后的医药骨干企业集中在这几个地方，并成为医药工业集聚发展的主要依托和支撑。

四、越南电力工业

随着过去一段时期越南经济的快速发展，越南电力工业也随之获得了快速发展。2019年，越南计划总发电量为2 410亿千瓦时，比2018年增长25%。尽管如此，越南电力工业的发展还不能满足本国居民的需求，2018年其总发电量为1 921亿千瓦时、装机容量仅为47 750兆瓦，距离达到2019年的发电目标和装机目标还存在较大差距。

（一）产业相关化布局地点选择

对于越南电力工业而言，其海陆产业相关化的主要任务是拓展陆地发电领域范围，充分利用海洋发电资源，主要是潮汐能。越南拥有3 260千米长的海岸线，具有较为丰富的潮汐能资源，潮汐能是未来越南重点规划发展的清洁能源。据《2014—2020年绿色增长国家行动计划》，越南电力工业将逐渐转向使用风能、太阳能、潮汐能、地热能和生物燃料等可再生能源发电，计划到2030年将可再生能源发电量比例进一步提高到10.7%。为利用沿海潮汐能发电，越南规划中的潮汐发电厂选址必须是在滨海潮汐能丰富的地区，主要是北方的红河入海口地区如海防市和南方的湄公河入海口地区胡志明市。如此的地点选择，是海陆电力工业相关化的内在要求。

（二）产业布局集聚化

电力工业的价值链一般包括"电力装备制造—发电—输变电"三个环节。这三个环节的主要经济特性有所不同，其中电力装备制造环节具有明显的集聚经济特性，发电环节主要体现为发电企业的规模经济特性，输变电环节则主要体现为网络经济属性。因此，电力工业产业布局的集聚化主要是指电力装备制造产业的集聚化。电力装备产业的集聚化既可以围绕发电企业布局，也可以单独布局。当然，前者对整个产业的发展更为有利。因此，意在推进海陆电力产业联动的越南电力工业的产业布局集聚化，需要围绕着前述海陆电力产业相关化的布局地点——海防市和胡志明市展开。具体的推动产业布局集聚化的举措，与前述水产业、石化工业和医药工业类同。

五、越南服务业——以旅游业为例

旅游业是越南未来一段时期规划发展产业的重中之重。据越南2013年公布的旅游业总体发展规划和2017年公布的《越共中央政治局关于将旅游业发展成为经济拳头产业的第8号决议》，越南旅游业发展的总体目标是：到2020年，

旅游业基本发展成为越南经济的拳头产业，为促进经济社会发展提供动力；建立与现代旅游业配套的技术物质基础系统；发展高质量、多样且具有民族文化特色和具备区域竞争力的旅游产品；到2030年年底，旅游业真正成为拳头产业，有力推动其他各行业、各领域的发展，进入东南亚区域内旅游业发达的头等国家行列。该规划确定的旅游业发展的具体经济指标是到2020年年底吸引国外游客1 700万~2 000万人次，国内游客达到8 200万人次；对GDP的贡献率为10%，旅游业总收入达350亿美元；通过旅游实现的出口价值达200亿美元；创造400个工作岗位，其中有160万个直接岗位。现阶段，越南旅游业发展迅速，已经成为越南的支柱产业和主要的创汇产业。

（一）产业相关化布局地点选择

海陆旅游业相关化的主要内容是陆地旅游业拓展业务领域范围，充分利用海洋旅游资源，大力发展海洋旅游业。显然，要实现这一目标，旅游企业选址于毗邻海洋旅游资源丰富的滨海地区最为合宜。对于越南而言，海洋旅游资源丰富的滨海城市包括下龙湾、芽庄、美奈、岘港和胡志明等。旅游企业布局于这些地区，最有利于开发与利用海洋旅游资源。需要指出的是，为促进海陆旅游业的相关化，这些地区除了充分利用已有的海洋旅游资源外，还应协同南管局，努力实施南海海洋旅游资源的一体化开发，大力发展海陆旅游业。

（二）产业布局集聚化

旅游产业集群是指由旅游要素企业、关联企业以及辅助企业和相关机构，围绕优势旅游资源或区位条件优越的旅游目的地而形成的空间地域集聚体。旅游产业集群主要分为两种类型：一种是资源型旅游产业集群；另一种是专业市场型旅游产业集群。对于为实现海陆旅游产业相关化而选定的下龙湾、芽庄、美奈、岘港和胡志明等布局地点而言，待打造的旅游产业集群主要是资源型旅游产业集群。促进这些资源型旅游产业集群的形成，主要的举措可以借鉴越南水产业集群，包括做好布局规划、引导外资流向、促进企业集中、发展旅游服务业等。需要指出的是，由于旅游业也归属于南海资源一体化开发的产业领域，对其产业集群的建设也需要服从南管局的总体规划与部署，与之对接并融汇其中。

表4-6总结、归纳了越南海陆产业相关化的布局地点，即海陆产业集聚地。

表 4-6　越南海陆产业相关化布局地点

海陆相关化产业领域	海陆产业相关化布局地点
水产业	金瓯市、胡志明市、芽庄市、南定市、海防市
石化工业	广义省（广义市）、清化省（清化市）、巴地—头顿省（巴地市）、庆和省（芽庄市）、富安省（绥和市）、平定省（归仁市）
医药工业	胡志明市、岘港市、海防市
电力工业	海防市、胡志明市
旅游业	下龙湾市、芽庄市、美奈市、岘港市、胡志明市

第四节　海陆运输一体化

海陆运输一体化是海陆经济联动的外部重要支撑条件，旨在为要素包括物流、人流、信息流、技术流等的流动提供顺畅的通道。实现海陆运输一体化，可以由南管局统一组织实施：一方面，对于具有全局性、整体性的海陆运输一体化建设项目，由南管局下属的相关机构组织建设；另一方面，对于局部性、地域属性突出的一体化建设项目，由南海经济圈各成员自行组织建设。

一、海陆运输一体化研究综述

目前，学术界对海陆运输一体化相关问题开展了一定程度的理论探讨。

关于海陆经济的联动，基础设施建设是必备的基本与前提条件，学者们对此形成了一致认识，各自提出加强海陆一体化基础设施建设的建议。刘广斌和张义忠（2012）提出，应加强海陆一体化基础设施网络建设，以沿海地区的大中城市为主要节点，通过沿海高速铁路和高速公路连接海洋经济区的核心城市和大型集装箱海港，形成一个综合性交通运输走廊。

海陆运输一体化体系的建设，需要基于一定的理论基础和理论方法进行。谢京辞和李慧颖（2015）采用主成分分析法探讨了海陆物流网络节点的选择及等级划分问题，最终他们从综合发展状况、市场供需状况、基础设施建设和物流产业规模四个维度设计了一套轴辐式物流网络的评价指标体系。他们以山东省海陆物流为例，运用上述指标体系给海陆物流一体化网络节点划分了等级，并提出确定青岛—济南作为轴辐式海陆物流一体化的干线通道的核心部分、其他支线通道共同支撑的轴辐式物流网络。

海陆运输一体化体系是一个系统工程，涵盖海上运输系统、陆上运输系统和海陆运输衔接系统三个子系统。姜彦宁（2017）在分析研究海陆运输一体化系统的基础上，分别探讨对海上运输系统、陆上运输系统、海陆衔接典型环节的优化路径。其中，针对海上运输系统，其以滚装船配载这一典型环节优化为研究对象，建立了基于成品车多装货港、多卸货港的多阶段配载模型，并根据该模型的特点设计了遗传算法进行求解，且通过大量的数值仿真实验验证了算法的有效性；针对陆上运输系统，其以共同配送作业这一典型环节优化为研究对象，建立了共同配送模式下货量分配、路径优化与成本分摊数学模型；针对海陆衔接运输系统，其以整车物流路径这一典型环节优化为研究对象，提出共享车辆与共享分拨中心（VDC）两种资源共享模式，并构建了资源共享模式下以总费用最小为目标函数的整车物流路径优化数学模型。

海陆运输一体化体系的正常运行，需要构建相应的管理平台。黄佳寅、陈云和许俊杰（2019）以上海市为例，深入探讨了海陆一体化综合交通应急管理平台的设计和实现过程，并详细介绍其实践应用的效果。

总体而言，学者们对于海陆运输一体化的研究是随着对海陆经济一体化研究的开展而进行的。作为一个新兴的经济现象、经济问题，目前对其的研究还远不够深入与系统。这使得本节对于环南海经济圈海陆经济联动所需的海陆运输一体化建设的研究，缺乏相应的理论基础、理论工具和理论借鉴。

二、海陆运输一体化建设构想

海陆运输一体化作为海陆经济联动的三项主要内容之一，是应海陆产业相关化的要求、适应海陆产业布局集聚化的需要而开展的。因此，构想其建设的主要出发点在于，要保障海陆产业相关化实现的同时，还要满足海陆产业集聚化发展的需要。为简单起见，此处主要探讨由南管局负责实施的海陆运输一体化建设的构想，这可以理解为海陆运输一体化干线体系的建设构想。

（一）海陆运输一体化体系的主要节点选择

显然，南海经济圈海陆运输一体化体系的主要节点就是各成员的海陆产业集聚化布局地点。下面，我们借鉴谢京辞和李慧颖（2015）的思想，从综合发展状况、市场供需状况、基础设施建设和物流产业规模四个维度探讨南海经济圈各成员的海陆运输一体化体系主要节点。

1. 越南

表4-6所示的越南主要的海陆产业相关化布局地点（集聚化布局地点），可以纳入南海经济圈海陆运输一体化体系在越南境内的主要节点。除此之外，

越南一些重要的内陆经济要地也应作为主要的节点，包括谅山、河内等。

2. 马来西亚

表3-4中列出了马来西亚主要的港口城市，包括马六甲、柔佛、巴西古单、槟城、巴生等，这些港口城市一般而言应列入南海经济圈海陆运输一体化体系的主要节点（其余国家类同）。除此之外，马来西亚一些陆地经济要地、交通要地也需要列入其中，包括吉隆坡、新山、乔治（槟城）、怡保（IPOH）、古晋（KUCHING）、哥打基纳巴鲁（KOTA KINABALU）等。

3. 新加坡

显然，新加坡作为海岛型城市国家，国家就是城市，并且是南海经济圈的区域性中心城市，理应是南海经济圈海陆运输一体化体系的主要节点。

4. 印度尼西亚

印度尼西亚作为群岛型国家，不存在很深的内陆经济纵深，经济活动中心主要是濒海城市，包括勿拉湾（BELAWAN）、雅加达、泗水、三宝垄、丹戎不碌（TANJUNG PRIOK）、巨港（PALEMBANG），这些濒海城市就是南海经济圈海陆运输一体化体系在印度尼西亚境内的主要节点。

5. 菲律宾

前文探析了菲律宾石化工业海陆相关化的布局地点，包括马尼拉、八打雁、阿帕里、达沃、宿务、巴科洛德等。这些基本囊括了菲律宾的主要城市，作为同样缺乏内陆经济纵深的海岛型国家，这些港口城市就是南海经济圈海陆运输一体化体系在菲律宾境内的主要节点。

6. 文莱

文莱属于小型濒海国家，以原油和天然气为主要经济支柱，石化工业占整个国家国内生产总值的50%，其他产业领域很弱或者基本属于空白。文莱可能参与南海资源一体化开发的主要领域有两个：一是石化工业；二是旅游业。这两个领域也是文莱推进海陆产业相关化、实现海陆经济联动的领域所在。文莱石化工业、旅游产业的发展，主要是围绕着首都斯里巴加湾进行的，斯里巴加湾也就是文莱的海陆产业相关化、集聚化发展的布局地点。由此，斯里巴加湾成为南海经济圈海陆运输一体化体系在文莱境内的主要节点，可以协同毗邻的马来西亚哥打基纳巴鲁共同建设南海经济圈海陆运输一体化体系在该区域的子体系。

7. 中国环南海地区

近年来，随着中国国内交通的大发展，环南海地区也拟制了完善的区域交通发展规划，明确了相应的实施项目，如沿海高速、国际陆海贸易新通道、海南环线等。这些完善的交通基础设施构成了南海经济圈海陆运输一体化体系的中国部分，其中三亚、海口、湛江、广州、南宁等地区是主要节点。

上述连接南海经济圈各成员主要港口、主要节点之间的运输通道，能很好地保障分布在其地域范围内的海陆经济相关化以及集聚化发展。这些通道网络也构成了南海经济圈海陆运输一体化体系的骨干通道或核心通道体系。

（二）海陆运输一体化体系的主要建设项目

下面，我们主要从构成南海经济圈海陆运输一体化骨干通道体系的陆地运输系统、海上运输系统和海陆运输衔接系统三个方面构想其主要的建设项目。

1. 陆地运输系统

纵观南海经济圈所属地域，其最大的成片陆地是从中南半岛的越南到柬埔寨、泰国，再到马来半岛的马来西亚、新加坡这一块陆地。具有全局性、宏观意义的陆地运输系统建设项目，主要是针对这一片陆地进行的。其一是"环南海高速"项目，即建设途经上述各国沿海地区的高速公路，同时相应建设各国有效链接沿海与内陆地区的公路体系，使之成为联通各国沿海地区且通达内陆的快捷、高效公路运输大动脉。其二是"环南海高铁"项目，主要指连通各国沿海地区、兼顾客运与货运的高速铁路干线。目前有关东盟陆地道路建设的规划，主要包括东盟拟制的《东盟互联互通总体规划 2025》、联合国亚洲及太平洋经济社会委员会（ESCAP）拟定的泛亚公路与泛亚铁路、中国力推的"一带一路"倡议等，"环南海高速"和"环南海高铁"两个项目是对上述规划的有益补充和新时代的建设升级。

除了上述地域外，南海经济圈成员中具有较大内陆纵深的地域，一是中国沿海部分区域，二是印度尼西亚的苏门答腊岛、爪哇岛，三是分属于马来西亚、印度尼西亚和文莱的加里曼丹岛，四是菲律宾的吕宋岛、棉兰老岛。目前，中国的陆地道路基础设施建设已经相对完善，可不再考虑。印度尼西亚的爪哇岛作为该国经济、政治和人口中心，据 2018 年 2 月 6 日印度尼西亚《国际日报》报道，2017 年其国民生产总值占全国的 58.49%、人口约占 50%，现阶段陆地道路基础设施已经较为完善，可不再考虑新的项目；苏门答腊岛作为印度尼西亚的第二大经济中心，国民生产总值占全国的 21.66%，但是其道路基础设施建设尚不完善，主要是缺乏现代化的铁路，可升级印度尼西亚政府 2014 年开始规划建设的"亚齐—楠榜"铁路项目，建设跨岛"亚楠高铁"。加里曼丹岛除了依靠油气资源的文莱地区外，总体上经济贫困，大部分地区处于未开发状态，加之人口相对稀少，可以考虑规划建设"西部沿海高速"项目，以促进该地区的海陆经济一体化和海陆经济联动。菲律宾吕宋岛道路设施具有一定基础，但现代化水平较低，尤其是铁路年久失修、状态很差，可以结合杜特尔特政府推出的"大建特建"大规模基础设施投资计划，建设"环岛高速""环岛铁路干线"项目；棉兰老岛属于经济欠发达地区，菲律宾政府曾提出"棉兰老铁路系统（MRS）"计划，但一直未予以实施，现可借助环南海经济圈建设的契机，复活并升级该项目，建设"环棉兰老岛铁路系统"。

2. 海上运输系统

海上运输是指使用船舶，通过海上航道在不同国家和地区的港口之间运送货物的一种方式。海上运输系统建设的主要内容是建设航道、开发航线，为海洋运输提供通道。表3-4列明了南海经济圈各成员的22个主要港口，从南管局层面考虑，这些港口的现代化改扩建（尤其是具备多式联运功能的综合货运枢纽的改扩建）以及彼此之间航线的开通与扩能，就是未来需要推进的海上运输系统重点建设项目。

3. 海陆运输衔接系统

海陆运输衔接系统是海陆运输一体化体系建设的关键环节，其目的是通过对相关交通运输道路及设施的建设，保障港口与铁路、公路以及城市道路之间的顺畅衔接，从而实现海上运输与陆地运输的有效、无缝对接。从南管局的角度考虑，海陆运输衔接系统建设主要包括以下三大类项目：

第一，各主要港口与内陆主要节点有机衔接的综合交通运输网络建设，包括公路、铁路、管道、航线（部分港口）等多种运输方式的线路建设。这是最主要的海陆运输衔接系统建设项目，即硬件建设项目。

第二，多式联运系统建设。多式联运是指由两种及以上的交通工具相互衔接、转运而共同完成的运输过程，是发展综合交通运输体系的重要支撑，是推进运输结构调整、促进物流业降本增效的重要举措，是引领国际物流通道建设、推动国际贸易便利化的基础工程。以跨国运营为主要范畴的南海经济圈海陆运输一体化体系，亟须多式联运系统的大力支持，需要将之当作海陆运输衔接系统建设的重要领域。

第三，海陆运输衔接的综合交通管理平台建设。其具体包括两个层次的平台建设，即南管局层面的南海经济圈统一交通管理平台建设，以及各主要港口、主要节点层面的区域性交通管理平台建设。这属于海陆运输衔接系统的软件建设范畴。

三、局域海陆运输一体化建设的构想——以越南为例

前面我们探讨了具有全局性意义的南海经济圈的海陆运输一体化体系建设，下面以越南为例，分析由各国自行组织建设的内部局域海陆运输一体化体

系建设。总体上讲，各国局域海陆运输一体化体系建设的范围包括局域陆地运输系统、局域海上运输系统和局域海陆运输衔接系统三个方面的建设。其目的是推动各国内部的海陆运输体系与海陆运输一体化骨干通道体系实现对接，使之融入其中，形成系统、全面、多层次的海陆运输一体化体系。

1. 局域陆地运输系统

局域陆地运输系统主要是对接"环南海高速""环南海高铁"等海陆运输一体化骨干通道，在这些骨干通道通达的地区以及未通达的地区建设连接通道体系。这样的通道体系，可以将越南政府2015年公布的越南物流中心系统发展规划与物流中心的建设结合在一起进行。理论上讲，建设完善好物流中心的相关运输通道体系，包括其与"环南海高速"和"环南海高铁"的对接运输通道，以及与内陆经济腹地连通的运输通道，也就基本实现了越南内部陆地运输体系与南海经济圈海陆一体化运输体系之间的融汇。

2. 局域海上运输系统

南管局组织建设的南海经济圈海陆运输一体化骨干通道体系，已经规划了越南主要港口的港口建设与航线建设。对于越南政府而言，局域海上运输系统建设主要应做好一些中小港口的港口与航线建设，包括边水港、鸿基港、顺化港、美富港、锦普港、雷东港、荣市港、富隆港等。

3. 局域海陆运输衔接系统

越南主要应做好各中小港口与其经济腹地有机衔接的综合交通运输网络建设，包括公路、铁路、管道等多种运输方式的线路建设。

第五节　海陆经济联动实证——以中国环南海地区为例

作为一种新的经济发展领域与方向，海陆经济联动日益得到学术界与实践界的关注。一些学者对之进行了较为深入的探索，既包括定性方面的分析，也包括定量方面的分析。在定量分析中，学者们较多运用海陆经济一体化评价指标体系来进行相关研究。本节我们运用此方法，对中国环南海地区三个省份（海南、广东、广西）的海陆经济联动进行一个定量的实证分析。

一、海陆经济联动评价指标体系

前期，运用海陆经济一体化综合评价指标体系及其相关方法的学者包括殷克东等（2011）、黄瑞芬等（2011）、Morrissey 等（2013）、刘伟光等（2013）、李健等（2014）、王涛等（2014）以及于丽丽和孟德友（2017）等。上述学者基于各自的研究目的，在对海陆经济一体化综合评价指标体系进行适应性调整的基础上，着手进行海陆经济一体化相关问题的研究。本节依据指标选择的代表性以及数据的可获得性、可比性和系统性等原则，在借鉴相关前期研究的基础上，从海陆经济规模、产业结构、经济效率和发展潜力四个维度来筛选评价指标，构建海陆经济联动综合评价指标体系（见表4-7）。

表4-7　海陆经济联动综合评价指标体系

系统	维度	指标	单位	指标含义或算法
海洋经济系统	经济规模	海洋生产总值	亿元	海洋产业和海洋相关产业生产总值
		海洋生产总值占GDP比重	%	海洋生产总值/国内生产总值×100%
		集装箱吞吐量	万吨	—
		涉海就业人数	万人	
	产业结构	海洋产业结构高度化指数	%	（海洋一产占比+2×海洋二产占比+3×海洋三产占比）/100
	经济效率	海洋劳动生产率	万元/人	海洋产业增加值/涉海就业人数
	发展潜力	海洋科研课题数	项	
		海洋科研从业人员	人	
		海洋科研发明专利数	件	海洋科研机构拥有科技发明专利总数
		海洋科技经费收入	千元	海洋科研机构经常费收入总额
陆地经济系统	经济规模	陆域生产总值	亿元	国内生产总值-海洋生产总值
		陆域生产总值占GDP的比重	%	
		陆域固定资产投资总额	亿元	固定资产投资总额×(陆域生产总值/国内生产总值)
	产业结构	陆域产业结构高度化指数	%	（陆域一产占比+2×陆域二产占比+3×陆域三产占比）/100
	经济效率	陆域劳动生产率	万元/人	陆域生产总值/陆域从业人数
	发展潜力	人均水资源量	立方米/人	—
		人均耕地面积	公顷/人	—
		人均公园绿地面积	平方米/人	—
		陆域自然保护区面积	万公顷	自然保护区面积-涉海自然保护区面积

二、海陆经济联动耦合协调评价模型

利用上述指标数据进行海陆经济联动评价，通常的方法是建立耦合度模型和耦合协调度模型。

（一）耦合度模型

借鉴学者们确定的容量耦合概念及容量耦合度模型，我们把海陆系统通过各自的耦合要素相互作用、彼此影响的程度定义为海陆经济一体化的耦合度。耦合度模型的计算公式如下：

$$C = \{(S_1 \times S_2)/[\prod (S_1 + S_2)]\}^{1/2} \tag{4-1}$$

其中，S_1、S_2 分别代表海洋经济系统综合发展水平、陆域经济系统综合发展水平，利用线性加权法对海陆经济系统综合发展水平进行评价。又令耦合度 $C \in [0, 1]$，C 越大，子系统之间的耦合程度越大，系统之间的相互作用、相互影响的程度越高；反之亦然。

根据耦合理论，我们将海陆经济系统耦合划分为四种类型：① 当 $C \in [0, 0.3)$ 时，海陆经济一体化处于低度耦合阶段；② 当 $C \in [0.3, 0.5)$ 时，海陆经济一体化进入中度耦合阶段；③ 当 $C \in [0.5, 0.7)$ 时，海陆经济一体化进入高度耦合阶段；④ 当 $C \in [0.7, 1]$ 时，海陆经济一体化处于极度耦合阶段。

（二）耦合协调度模型

耦合度说明海陆经济系统间的相互影响度，但不能反映海陆经济一体化的整体功效与协调发展水平，因此需要测定海陆经济一体化的耦合协调度，体现海陆经济一体化从无序走向有序的趋势。海陆经济一体化耦合协调度模型如下：

$$\begin{cases} D = \sqrt{C \times T} \\ T = aS_1 + bS_2 \end{cases} \tag{4-2}$$

其中，T 代表海陆经济一体化综合评价指数，反映两者整体发展水平对协调度的贡献程度；a、b 代表待定系数，由于海洋和陆域经济系统具有同等的重要性，因此均赋值为 0.5。耦合协调度 $D \in [0, 1]$，D 值越大，海陆经济一体化的耦合协调发展水平越高；反之亦然。此处我们将耦合协调度由低到高分为四种类型：① 当 $D \in [0, 0.4)$ 时，海陆经济一体化为低度协调；② 当 $D \in [0.4, 0.5)$ 时，海陆经济一体化为中度协调；③ 当 $D \in [0.5, 0.7)$ 时，海陆经济一体化为高度协调；④ 当 $D \in [0.7, 1]$ 时，海陆经济一体化为极度协调。

三、中国环南海地区海陆经济联动实证分析

我们采用相应年份的《中国海洋统计年鉴》和《中国统计年鉴》，以及相应

年份海南、广东、广西三个地方的统计年鉴等数据和资料，研究上述沿南海的三个地区的海陆联动现状。

（一）研究数据

三个地区的海陆经济联动评价原始数据分别如表4-8、表4-9、表4-10所示。

表4-8　2012—2016年海南省海陆经济联动评价原始数据

指　标		单位	2012年	2013年	2014年	2015年	2016年
GDP	合计	亿元	2 522.7	2 855.5	3 146.5	3 500.7	3 702.8
	第一产业	亿元	659.2	711.5	756.5	809.5	854.7
	第二产业	亿元	714.5	804.5	871.3	876.0	875.8
	第三产业	亿元	1 148.9	1 339.5	1 518.7	1 815.2	1 972.2
集装箱吞吐量		万标箱	82	137	142	162	154
涉海就业人数		万人	130.9	132.7	134.4	135.9	137.2
海洋生产总值结构	合计	亿元	653.5	752.9	883.5	902.1	1 004.7
	海洋第一产业	%	20.2	21.6	23.9	22.3	21.4
	海洋第二产业	%	19.9	19.2	19.4	20.0	19.7
	海洋第三产业	%	59.9	59.2	56.7	57.8	58.9
海洋科研课题数		项	84	46	47	10	25
海洋科技活动人员		人	143	179	215	240	221
海洋科研专利申请受理数		件	2	2	2	0	0
海洋科研机构经费收入		千元	52 938	99 504	62 439	99 138	97 201
固定资产投资总额		亿元	1 657.2	2 145.4	2 697.9	3 112.2	3 451.2
城镇单位就业人员总数		万人	90.1	98.8	101.5	100.4	101.2
森林覆盖率		%	55.4	55.4	55.4	55.4	55.4
年末常住人口总数		万人	887	895	903	911	917
水资源量		亿立方米	5 545.6	4 130.8	5 636.8	4 266.0	2 184.9
农作物总播种面积		千公顷	786.57	772.4	779.4	757.5	731.9
公园绿地面积		万公顷	0.29	0.31	0.34	0.38	0.35
自然保护区面积		万公顷	273.5	273.5	270.5	270.7	270.7

表 4-9 2012—2016 年广东省海陆经济联动评价原始数据

指标		单位	2012 年	2013 年	2014 年	2015 年	2016 年
GDP	合计	亿元	53 210.3	57 067.9	62 164.0	67 810.0	72 812.6
	第一产业	亿元	2 665.2	2 847.3	3 047.5	3 166.8	3 345.5
	第二产业	亿元	26 447.4	27 701.0	29 427.5	31 419.8	32 613.5
	第三产业	亿元	24 097.7	26 519.7	29 689.0	33 223.3	36 853.5
集装箱吞吐量		万标箱	3 868	4 256	4 752	4 915	5 687.6
涉海就业人数		万人	820.4	831.6	842.6	852	860.3
海洋生产总值结构	合计	亿元	9 191.1	10 506.6	11 283.6	13 229.8	14 443.1
	海洋第一产业	%	2.5	1.7	1.7	1.5	1.8
	海洋第二产业	%	46.9	48.9	47.4	45.3	43.1
	海洋第三产业	%	50.6	49.4	50.9	53.2	55.1
海洋科研课题数		项	1 929	2 190	1 864	2 140	2 653
海洋科技活动人员		人	2 564	2 638	3 250	3 292	4 820
海洋科研专利申请受理数		件	278	273	327	432	976
海洋科研机构经费收入		千元	1 744 704	1 774 881	1 960 673	2 752 209	4 134 619
固定资产投资总额		亿元	17 069.2	18 751.5	22 308.4	26 293.9	30 343.0
城镇单位就业人员总数		万人	1 904	1 967	1 977.3	1 948	1 957.6
森林覆盖率		%	51.3	51.3	51.3	51.3	51.3
年末常住人口总数		万人	10 594	10 644	10 724	10 849	10 999
水资源量		亿立方米	1 404.8	1 921.0	2 131.2	1 608.4	1 792.4
农作物总播种面积		千公顷	4 248.1	4 178.7	4 225.3	4 194.6	4 181.6
公园绿地面积		万公顷	7.4	7.89	8.32	8.96	9.75
自然保护区面积		万公顷	355.3	185.0	185.4	184.9	185.0

表 4-10　2012—2016 年广西壮族自治区海陆经济联动评价原始数据

指　标		单位	2012 年	2013 年	2014 年	2015 年	2016 年
GDP	合计	亿元	11 720.9	13 035.1	14 378.0	15 672.9	16 803.1
	第一产业	亿元	2 047.2	2 172.4	2 343.6	2 413.4	2 565.5
	第二产业	亿元	5 675.3	6 247.1	6 863.0	7 325.0	7 717.5
	第三产业	亿元	3 998.3	4 615.3	5 171.4	5 934.5	6 520.2
集装箱吞吐量		万标箱	82	100	112	142	180
涉海就业人数		万人	111.9	113.4	114.9	116.2	117.3
海洋生产总值结构	合计	亿元	613.8	761.0	899.4	1 021.2	1 130.2
	海洋第一产业	%	20.7	18.7	17.1	17.2	16.2
	海洋第二产业	%	37.6	39.7	41.9	36.6	35.8
	海洋第三产业	%	41.8	41.6	41.0	46.2	48.0
海洋科研课题数		项	104	106	86	101	125
海洋科技活动人员		人	365	358	460	627	661
海洋科研专利申请受理数		件	33	16	15	54	48
海洋科研机构经费收入		千元	83 236	93 599	123 638	883 255	861 614
固定资产投资总额		亿元	7 990.7	9 808.6	11 907.7	13 843.2	16 227.8
城镇单位就业人员总数		万人	358	403	401.5	405.4	401.4
森林覆盖率		%	56.5	55.4	55.4	55.4	56.5
年末常住人口总数		万人	4 682	4 719	4 751	4 796	4 838
水资源量		亿立方米	2 917.4	4 476.0	4 376.8	4 203.2	5 096.5
农作物总播种面积		千公顷	6 036.2	6 076.5	5 855.0	6 078.8	5 966.7
公园绿地面积		万公顷	1.06	1.08	1.11	1.21	1.28
自然保护区面积		万公顷	145.3	145.6	142.1	141.9	135.0

　　根据上述原始数据，按照表4-7所说明的指标含义，可分别整理、计算出三个地区的海陆经济联动评价的各个指标值；为使数据具有可比性，2012 年三个地区的各指标值均以广西壮族自治区 2012 年的各指标值为基值计算得出相对值，三个地区 2013—2016 年的各指标值又以三个地区 2012 年的各指标值为基值计算

得出相对值。三个地区的海陆经济联动评价指标数值如表4-11、表4-12、表4-13所示。

表4-11 海南省海陆经济联动评价指标数值

系统	维度	指标	2012年	2013年	2014年	2015年	2016年
海洋经济系统	经济规模	海洋生产总值	1.06	1.31	1.55	1.76	1.95
		海洋生产总值占GDP比重	4.94	5.04	5.34	4.94	5.19
		集装箱吞吐量	1.46	2.45	2.53	3.48	2.74
		涉海就业人数	1.17	1.18	1.21	1.22	1.23
	产业结构	海洋产业结构高度化指数	1.09	1.06	1.06	1.07	1.08
	经济效率	海洋劳动生产率	0.91	1.04	1.20	1.22	1.34
	发展潜力	海洋科研课题数	0.81	0.44	0.44	0.10	0.24
		海洋科研活动人员	0.39	0.49	0.59	0.66	0.60
		海洋科研专利申请受理数	0.06	0.03	0.03	0	0
		海洋科研机构经费收入	0.64	1.20	0.76	1.18	1.18
陆地经济系统	经济规模	陆域生产总值	0.17	0.19	0.21	0.23	0.24
		陆域生产总值占GDP的比重	0.78	0.78	0.78	0.78	0.78
		陆域固定资产投资总额	0.21	0.27	0.34	0.39	0.44
	产业结构	陆域产业结构高度化指数	0.98	1.00	1.02	1.09	1.06
	经济效率	陆域劳动生产率	0.67	0.69	0.72	0.84	0.86
	发展潜力	人均水资源量	10.1	7.46	10.10	9.30	3.84
		人均耕地面积	0.69	0.67	0.67	0.64	0.62
		人均公园绿地面积	1.44	1.53	1.66	1.84	1.68
		陆域自然保护区面积	1.88	1.88	1.86	1.86	1.86

注："陆地经济系统经济效率"为"陆域生产总值"除以"城镇单位就业人数"（下同）。

表 4-12 广东省海陆经济联动评价指标数值

系统	维度	指标	2012 年	2013 年	2014 年	2015 年	2016 年
海洋经济系统	经济规模	海洋生产总值	14.97	17.07	18.41	21.56	23.50
		海洋生产总值占 GDP 比重	3.30	3.53	3.45	3.73	3.80
		集装箱吞吐量	47.17	51.89	58.02	59.91	69.34
		涉海就业人数	7.33	7.62	7.55	7.62	7.70
	产业结构	海洋产业结构高度化指数	2.48	2.48	2.48	2.50	2.53
	经济效率	海洋劳动生产率	2.02	2.28	2.42	2.81	3.09
	发展潜力	海洋科研课题数	18.55	21.14	17.99	20.59	25.60
		海洋科研活动人员	7.02	7.24	8.92	8.99	13.21
		海洋科研专利申请受理数	8.42	8.26	9.94	13.05	29.55
		海洋科研机构经费收入	20.96	21.38	23.48	33.12	49.68
陆地经济系统	经济规模	陆域生产总值	3.96	4.20	4.59	4.91	5.27
		陆域生产总值占 GDP 的比重	0.87	0.86	0.86	0.84	0.84
		陆域固定资产投资总额	2.14	2.35	2.80	3.29	3.80
	产业结构	陆域产业结构高度化指数	1.11	1.11	1.12	1.19	1.13
	经济效率	陆域劳动生产率	0.74	0.76	0.83	0.90	0.96
	发展潜力	人均水资源量	0.21	0.29	0.33	0.24	0.26
		人均耕地面积	0.31	0.30	0.30	0.30	0.29
		人均公园绿地面积	3.09	3.27	3.42	3.64	3.92
		陆域自然保护区面积	2.63	1.37	1.37	1.37	1.37

表 4-13　广西壮族自治区海陆经济联动评价指标数值

系统	维度	指标	2012 年	2013 年	2014 年	2015 年	2016 年
海洋经济系统	经济规模	海洋生产总值	1.00	1.24	1.47	1.66	1.84
		海洋生产总值占 GDP 比重	1.00	1.12	1.20	1.25	1.29
		集装箱吞吐量	1.00	1.22	1.37	1.73	2.20
		涉海就业人数	1.00	1.01	1.03	1.04	1.05
	产业结构	海洋产业结构高度化指数	1.00	1.01	1.01	1.04	1.05
	经济效率	海洋劳动生产率	1.00	1.22	1.43	1.60	1.76
	发展潜力	海洋科研课题数	1.00	1.02	0.83	0.97	1.20
		海洋科研活动人员	1.00	0.98	1.26	1.72	1.81
		海洋科研专利申请受理数	1.00	0.48	0.45	1.64	1.45
		海洋科研机构经费收入	1.00	1.12	1.49	10.61	10.35
陆地经济系统	经济规模	陆域生产总值	1.00	1.11	1.21	1.32	1.41
		陆域生产总值占 GDP 的比重	1.00	0.99	0.99	0.99	0.98
		陆域固定资产投资总额	1.00	1.23	1.49	1.73	2.03
	产业结构	陆域产业结构高度化指数	1.00	1.01	1.01	1.03	1.03
	经济效率	陆域劳动生产率	1.00	0.98	1.15	1.16	1.26
	发展潜力	人均水资源量	1.00	1.53	1.48	1.42	1.69
		人均耕地面积	1.00	1.00	0.95	0.98	0.95
		人均公园绿地面积	1.00	1.01	1.03	1.11	1.17
		陆域自然保护区面积	1.00	1.00	0.98	0.98	0.93

（二）海洋、陆域经济系统综合发展水平

运用表 4-11、表 4-12、表 4-13 的数据，可以计算出三个地区的海洋经济系统和陆域经济系统综合发展水平 S_1、S_2。我们根据德尔菲法，对海陆经济联动评价指标体系的各个指标赋予相应的权重，具体如表 4-14 所示。

表 4-14 海陆经济联动评价指标体系权重系数

评价系统	维度（一级指标）	指标（二级指标）	二级指标权重/%	一级指标权重/%
海洋经济系统综合发展水平（S_1）	经济规模	海洋生产总值	30	20
		海洋生产总值占 GDP 比重	30	
		集装箱吞吐量	20	
		涉海就业人数	20	
	产业结构	海洋产业结构高度化指数	100	30
	经济效率	海洋劳动生产率	100	30
	发展潜力	海洋科研课题数	20	20
		海洋科研活动人员	30	
		海洋科研专利申请受理数	30	
		海洋科研机构经费收入	20	
陆地经济系统综合发展水平（S_2）	经济规模	陆域生产总值	40	20
		陆域生产总值占 GDP 比重	40	
		陆域固定资产投资总额	20	
	产业结构	陆域产业结构高度化指数	100	30
	经济效率	陆域劳动生产率	100	30
	发展潜力	人均水资源量	25	20
		人均耕地面积	25	
		人均公园绿地面积	25	
		陆域自然保护区面积	25	

基于上述权重，我们运用线性加权平均法，计算出三个地区的海洋、陆地经济系统综合发展水平，如表 4-15 所示。

表 4-15 三个地区的海洋、陆地经济系统综合发展水平

地区	经济系统综合发展水平	2012 年	2013 年	2014 年	2015 年	2016 年
海南	海洋系统综合发展水平 S_1	1.16	1.26	1.33	1.37	1.41
	陆地系统综合发展水平 S_2	1.35	1.17	1.31	1.36	1.08

表4-15(续)

地区	经济系统综合发展水平	2012 年	2013 年	2014 年	2015 年	2016 年
广东	海洋系统综合发展水平 S_1	7.13	7.68	8.19	9.28	11.98
	陆地系统综合发展水平 S_2	1.34	1.32	1.41	1.50	1.56
广西	海洋系统综合发展水平 S_1	1.00	1.03	1.18	1.74	1.82
	陆地系统综合发展水平 S_2	1.00	1.04	1.11	1.14	1.20

从表4-15可以发现，首先，从纵向来看，三个地区2012—2016年的海洋、陆地系统综合发展水平基本呈现逐年递增的情况（海南的陆地系统综合发展水平徘徊不前，波动幅度较大）。其次，相较而言，三个地区的海洋系统综合发展水平均超过陆地系统综合发展水平，表明其海洋经济的发达程度超过了陆地经济的发达程度。其中，广东的海洋与陆地系统的综合发展水平相差尤其大，前者综合发展水平远远超过后者。再次，从横向来看，2012—2016年，广东无论是海洋系统还是陆地系统，其发展水平均超过了海南和广西，尤其是广东的海洋系统综合发展水平，更是大幅度领先于海南和广西。最后，就海南和广西而言，2012—2013年海南的海洋系统综合发展水平领先于广西，但之后，广西的海洋系统综合发展水平实现了较大幅度的提升，反超海南；2012—2015年海南的陆地系统综合发展水平领先于广西，但到2016年开始，广西的海洋系统综合发展水平实现了逆袭。

（三）海陆经济联动评价

根据耦合度模型（4-1）和耦合协调度模型（4-2），分别计算海南、广东、广西的耦合度值 C、耦合协调度值 D 和 T 值（设 a、b 取值为 0.5），结果如表4-16所示。

表4-16 三个地区的海陆经济耦合度和耦合协调度

地区	指标	2012 年	2013 年	2014 年	2015 年	2016 年
海南	C	0.120	0.116	0.126	0.130	0.118
	D	0.388	0.375	0.408	0.421	0.383
	T	1.255	1.215	1.32	1.365	1.245
广东	C	0.009	0.009	0.010	0.011	0.013
	D	0.200	0.201	0.219	0.243	0.297
	T	4.235	4.500	4.800	5.390	6.770

表4-16(续)

地区	指标	2012 年	2013 年	2014 年	2015 年	2016 年
	C	0.110	0.114	0.126	0.155	0.163
广西	D	0.332	0.343	0.380	0.473	0.496
	T	1.00	1.035	1.145	1.440	1.51

根据表4-16比较中国沿南海三个地区的海陆经济联动（一体化）发展，呈现三个明显的特征：第一，从纵向角度来看，三个地区的海陆经济联动发展水平均逐年递升，具体表现为海陆经济耦合度值 C、耦合协调度值 D 均逐年递增（海南个别年度有所反复，但总体仍呈现上升的趋势）。第二，近年来三个地区海陆经济联动的耦合协调度均超过耦合度，其中广东最为明显。第三，从横向来看，广东的海陆经济联动发展水平最低，无论是耦合度还是耦合协调度均较逊色于海南和广西，尤其是耦合度值更是大幅度落后于海南和广西。其原因可能与广东的海洋、陆地系统综合发展水平相差悬殊有关。就海南和广西而言，2012—2014 年海南海陆经济联动的耦合度及耦合协调度均领先于广西，但之后，广西的海陆经济联动发展水平有了快速提升，对海南实现了反超。

四、结论与启示

根据上述实证分析，可对中国环南海三个地区的海陆经济联动（一体化）发展进行一个总体评价。

首先，2012—2016 年，三个地区海陆经济联动的耦合度值 C 均属于 [0，0.3）区间内，且数值很低，表明其均处于低度耦合阶段，尤其是广东，可以说处于极低度耦合阶段。就耦合协调度而言，2012—2016 年三个地区的 D 值大部分时候属于 [0，0.4）区间内，尤其是广东的数值特别低，表明三个地区的海陆经济联动总体上处于低水平协调发展阶段（2014 年以后，海南、广西的耦合协调度有所提升，开始达到中度协调阶段）。上述两方面表明，中国环南海地区的海陆经济联动发展水平总体上较低，处于海陆经济联动的初级阶段。

其次，中国环南海地区的海陆经济联动发展不均衡。如前所述，海南的海陆经济联动发展水平相对较高，其海洋系统、陆地系统的综合发展水平比较均衡；广西次之，但后劲十足，海陆经济联动发展水平开始超越海南，其海洋系统综合发展水平超过了陆地系统；广东的海陆经济联动发展水平最低，处于起步阶段，其海洋、陆地系统综合发展水平不均衡，前者远较后者水平要高。

上述结论为统筹中国环南海三个地区的海洋、陆地经济发展，实现三个地区内部以及整体之间的海陆经济协调互动发展，提供了事实基础和坚实依据。对于南海经济圈而言，推动"5（地）+6（国）"的海陆经济联动发展，需要建立在对经济圈内海陆经济联动发展现状的全面、客观掌握基础之上。如果条件允许，南管局在制订经济圈海陆经济联动发展的相关规划、谋划相关推进的举措时，应系统、细致地对经济圈的海陆经济联动现状进行科学、客观的评价，以此提供基本的决策参考依据。

第三篇
自贸区升级版视阈下的南海经济圈建设

第五章　南海经济圈产业一体化

　　本章侧重于分析陆上制造业的一体化，主要是探讨基于一定的原则，在厘清经济圈内各国（地区）产业现状的基础上，结合产业竞争力分析，提出产业一体化布局的总体构想，并分析产业一体化对自贸区升级版建设的促进作用。我们需要明确的是南海经济圈的产业一体化工作，主要由南管局下设的产业一体化部去负责推动实施，当然同时也离不开各国政府的支持。

第一节　产业一体化理论基础

　　南海经济圈产业一体化即产业一体化发展，是指为改变产业分散、隔离、各自为政的发展状态，在经济圈地域空间内通过统一规划、科学分工、合理配置，形成分布科学、协作有序、配套协调的跨区域一体化发展格局，以实现产业的整体高效发展。此定义是侧重于从产业一体化的目标提出的，产业一体化既是一个目标也是一个过程。作为一个过程，王华宇（2007）提出产业一体化是在市场经济条件下，毗邻的区域（城市）为获得产业效益最大化和成本最低化，充分发挥经济发展方向的同一性、产业结构的互补性，促进生产要素自由流动，加速产业的整合与重组，实行地区经济分工与协作，从而以整体优势参与对外竞争的过程。需要指出的是，上述所言的产业一体化与产业组织理论中的一体化概念不同。产业组织理论中的一体化是指企业向产品价值链的纵向或横向进行延伸、拓展的过程与结果。产业一体化既是南海经济圈建设的核心内容，也是建设的主要目标，需要各国政府倾全力去努力推进。

一、前期理论研究成果

　　产业一体化是当前一个重要的产业经济现象，诸多学者对产业一体化问题进行了研究，产生了较多的前期成果。简要来说，前期研究可以概括为以下四个主要方向：

一是对于产业一体化的内涵、路径与对策研究。显然，这是产业一体化问题研究的核心。王安平（2014）深入阐述了产业一体化的内涵，即产业一体化的表现是目标一体、功能对接、布局协同、要素互通；产业一体化发展的基础是结构互补；产业一体化的保障是制度建构；产业一体化的主要方式是分工与合作。基于上述内涵，王安平进一步阐述了昌九工业产业一体化的路径，即构建促进产业一体化发展的制度体系；明确产业分工，进一步凸显城市产业特色；深化产业合作，共同占领先进制造业制高点。徐建中和荆立新（2014）提出，区域产业一体化发展的总体思路是选择在各自区域中能够充当经济增长引擎的主导产业，建设各具特色、能够立足国内、面向国外的产业发展中心；依托具有区域竞争力产业的发展优势，倾力打造具有区域竞争力的国际产业中心；在改造和提升传统优势产业的基础上，重点布局及发展具有区域竞争力的产业和具有战略性的新兴产业，找准在各自经济区域中的定位，融入经济区域的发展。杨先花和张杰（2017）以京津冀地区为例，从创新链的视角阐析了京津冀区域的产业一体化对策，包括注重城市错位分工，加强城市产业合作；精准对接重大需求，促进区域产业一体化发展；完善产业创新支撑体系，增强创新基地辐射能力。

二是对于不同样本区域下的产业一体化研究。陈攀和陈浩（2009）提出了武汉城市圈产业一体化的思路，即统筹区域产业布局，促进产业集聚和链条延伸；扶持现代金融、信息、科技服务业的发展，努力实现生产性服务业与先进制造业、高技术产业的融合互动。宋智勇和门大勇（2012）探讨了郑汴产业一体化的思路，即不断发展壮大特色产业，在特色产业方面形成错位发展的格局；完善和延伸主导产业链条，加强郑、汴两市在产业链上的分工与合作；强化战略性新兴产业领域的合作，合理配置和优化组合科技、信息与生产资源力；积极推动现代服务业一体化发展，促进现代服务业的无缝对接；积极推动区域内产业转移；从整体角度调整和优化产业结构，将各自的产业优势转化为经济优势和竞争优势。雷欣（2013）分析了武汉城市圈的产业一体化绩效，认为该城市圈的产业一体化存在着城市圈内产业发展不均衡、产业结构趋同现象严重、产业协作的关联度较低、产业低度发展倾向明显等问题，对此应从构建利益协调机制、形成错位发展的合理产业布局、打造优势互补的产业链、推进产业优化升级四个方面入手，进一步提升武汉城市圈的产业一体化水平。彭于彪（2017）探讨了中部城市群的产业一体化问题，并提出一系列合理化建议，即为推动产业一体化，应建立合作协调机制，共建区域产业联合规划；错位承接产业转移，重构产业分工链条；加快产业整合，打造优势产业集群；构建现代化服务业体系，建设现代服务业聚集区；完善基础设施建设，构建综合立体式交通网络体系。张学良和李丽霞（2018）深入分析了长三角产业一体化中存在的困境，这些困境表现为产业规划缺乏对接机制、没有形成差异化的产业分工、核心城市产业能级不强、地区间合作机制仍不完善等，为摆脱上述困境需要采取针对性的举措，如制定地区产业规划的协调和评估机制、坚持政府引导和市场主导、建立网络化的产业集群组织以及发挥好开发区的平台作用等。

三是区域产业一体化需要构筑的保障体系研究。徐建中和荆立新（2014）系统分析了区域产业一体化的支撑保障体系构建问题。产业优化整合是区域产业一体化的重要途径，为促进区域产业的优化整合，相关部门应构筑完善的政策法规支撑、组织领导支撑、资金投入支撑、人力资源支撑和信息宣传支撑。李浩任（2017）分析了川南经济区产业一体化的财税政策支撑，即促进财税政策的规范与统一，在行业准入、行政事业性收费、公共服务等方面设立统一标准；推动经济区税收征管的协同创新突破，统一办税标准，实现涉税事项办理同流程、同标准、同时限；发挥财政资金的杠杆作用，包括设立经济区产业发展投资引导基金、建立 PPP（购买力评价）项目合作机制；加大经济区融资支持力度，包括省级政府适度增加经济区内地方政府的债务限额，加大对经济区地方政府的债券支持力度，将置换债券和新增债券适度倾斜配置，整合经济区各城市商业银行资源，协调推进本土商业银行之间的合作。

四是产业一体化的测度与实证研究。针对此方向的研究目前还处于起步阶段，代表性的成果是张子珍（2016）针对中国的城乡产业一体化，从城乡产业一体化的状态、城乡产业一体化的动力和城乡产业一体化的保障 3 个层面，选取了 28 个指标构建综合评价指标体系，对各地区的城乡产业一体化发展进行水平测度，得出城乡产业一体化发展水平的空间分布状况。结果发现，中国城乡产业一体化水平由高到低的区域空间分布态势，基本与区域经济发展态势、市场化发展程度态势具有一致性。

上述研究成果，为探讨南海经济圈的产业一体化问题提供了有益的借鉴与启示。但是上述研究主要是针对一国（中国）内部次区域的产业一体化问题，而南海经济圈产业一体化是跨国的产业一体化，面临的影响因素、障碍与困难要大得多，问题更加繁杂，因而研究起来要困难得多。本节所要阐述的南海经济圈产业一体化的理论基础，主要是厘清其一体化的原则、路径与主要任务。

二、产业一体化原则

南海经济圈产业一体化的实质，是构建分工明确、布局合理、协作高效的跨国产业价值链系统（对单个产业而言）和体系（对整体产业而言）。基于此，我们可以归纳、提炼出南海经济圈产业一体化的原则，即效率优先、兼顾融合原则，分工协作原则，比较优势原则，错位发展原则和互惠共利原则。

（一）效率优先、兼顾融合原则

南海经济圈的产业一体化发展，由南管局统一组织实施。南管局应基于合作高效、促进融合的目的，去统筹、协调推进一体化。其中，促进融合是最终目标，合作高效是近期目标、直接目标。这表明，南海经济圈的产业一体化需兼顾经济效益与社会效益，追求综合效益的最大化，而不是单纯以追求经济效益最大化为目的。当效率目标与促进融合目标明显相违背时，前者应适当让步，考虑后者的需要。

（二）分工协作原则

分工协作是产业一体化最基本、最核心的原则。产业一体化要实现高效率、高效益，依赖于一体化过程中实现的专业化分工协作水平。一体化实现的分工协作越科学、越合理，意味着专业化水平越高，从而产业生产可能实现的整体效益越高。南管局应秉持分工协作原则，考虑合作成本、合作时间、合作便利性、合作专业性等因素，组织产业在南海经济圈各国内进行合理配置和科学分布，以尽可能实现最有效的分工合作。

（三）比较优势原则

产业一体化需要在南海经济圈的广阔地域空间内实施，各产业的产业价值链如何在经济圈内配置，需要遵循比较优势原则，即南管局根据各个国家或地区的比较优势，合理配置各产业价值链以及价值链内部环节，以期最大限度地利用各国（地区）的比较优势，获得良好的价值链整体利益。这里，尤为重要的是产业价值链研发环节、关键核心环节与销售环节的配置问题。由于这几个环节的附加价值较高，配置为何国何地，对于该国该地以及其他国家、地区具有很重要的影响。为避免过多的争执，原则上这些环节可遵循比较优势原则进行配置。

（四）错位发展原则

错位发展原则主要针对增量产业而言。对于存量产业，各国基于各自利益不会打破既有产业的分布格局，但对于增量产业而言，南管局应努力协调各国，坚持错位发展原则，统筹安排各国发展合适自己发展的产业类型，以此避免低水平的重复建设和低水平的竞争。比如，对于发展难度较低的劳动密集型产业，各国不能一拥而上、盲目发展，而应服从南管局的安排，根据自己的优势、特点来选取合适自己发展的产业；否则，各国很容易陷入低水平价格竞争的陷阱。

（五）互惠共利原则

毋庸置疑，产业一体化应遵循互惠共利原则，不能搞赢家通吃、一家独大。鉴于南海经济圈各区域发展水平不一致，要尽力避免发达地区如中国的沿南海地区和新加坡在产业一体化过程中形成全方位优势、独享发展利益的局面。各区域应在南管局的统一组织下，尽量与效率原则、比较优势原则相协调，尽量遵从分工协作原则、错位发展原则，推动产业布局适度向欠发达地区倾斜配置，以此实现互惠共利。

三、产业一体化路径

与南海资源一体化开发和海陆经济联动类似，由于涉及直接、巨量利益的分配，南海经济圈产业一体化推进的阻力大、困难多。因此，表2-1所明确的南海经济圈建设目标中，产业一体化的发展目标是到2030年形成三个一体化产业（含两个陆地产业和一个海洋产业），到2040年实现重要产业一体化、海洋一体化开发和海陆经济联动。由此可见，南海经济圈的产业一体化建设是一个比较漫长的过程。推动南海经济圈产业一体化的路径，主要包括统筹配置、价值链重构、企业带动、产业转移和产业升级五个方面。

（一）统筹配置

针对各国新发展的产业，原则上各国审核完毕后需要向南管局通报，由南管局纳入产业一体化工作考量的范围，并向企业提出一体化建议。企业根据自己的项目建设构想，决定是否听从南管局的建议实施。例如，某钢铁企业计划在印度尼西亚投资建设一个新轧钢项目，目标市场为泗水。如果企业原计划钢坯从印度进口，合金微量元素从欧洲进口，则南管局（下属产业一体化部）出于推动经济圈钢铁产业一体化的考虑，可以建议企业改变原材料的进口来源，转而进口经济区内已有企业的钢坯以及合金微量元素。作为激励，可由南管局出面协调，努力在原材料价格、销售等方面给予一定的优惠。

（二）价值链重构

价值链重构路径主要针对南海经济圈内的存量产业，由南管局构思方案，引导企业实施产业价值链重构，从而推进一体化生产。此途径实施的主要阻力，是产业的经营状况较好时，企业不存在进行重构的动力；只有当产业价值链的地区分布不太合理，导致企业经营面临困难如陷入低水平价格竞争陷阱时，才有利于激励组织实施重构。典型的可以实施产业价值链重构的产业是服装出口业。现阶段，南海经济圈内的越南、马来西亚、菲律宾和中国环南海地区的服装出口业竞争比较激烈，导致产业利润率普遍较低。可由南管局的产业一体化部负责，基于比较优势原则，引导相关企业转移，打破原有的价值链分布格局，在各地区分别布局不同的服装出口加工产业，从而实现错位发展，避免恶性竞争。比如，服装设计业可以分布在中国环南海地区，女装制造业可以分布在越南，童装制造业可以分布在菲律宾，等等。

特别要指出的是，价值链重构的产业布局调整需要以产业集群的形成为目标取向、完成标志，即有效的价值链重构，需要实现产业的集聚化发展；否则，价值链重构难以实现预期的效益提升目标。

（三）企业带动

此途径指企业遵从市场机制的作用，在南海经济圈内进行跨区域合作或兼并重组，从而得以构建跨区域价值链，推动经济圈内该企业所处产业的一体化发展，以期实现某种良好的预期目标，如效益目标、市场占有率目标。显然，这种企业一般是有实力开展跨国经营的大企业。当然，企业之所以选择在南海经济圈内开展合作或兼并重组，往往是受到某种外部因素的影响与作用，如中国—东盟自贸区建设、南管局所设计政策的激励效应以及文化引力、成本因素等。企业带动途径主要来自市场力量自发的作用，不需要政府的干预，实施的成本最低、效果最好，应尽量帮助企业树立跨国经营意识和培养跨国经营能力，利用其有效推动南海经济圈的产业一体化发展。

（四）产业转移

市场力量自发作用下的产业转移，其过程同时是一个跨区域的产业价值链重构过程，实现了价值链环节在不同成本地区的分布。一般而言，产业转出地会保留价值链上的研发设计、关键核心制造和销售等环节，而其他制造环节会被转移到成本较低的地区。这样一种跨区域分布的产业价值链，将各个地区纳入了价值创造活动之中，实现了该产业在不同地区之间的一体化发展。目前在南海经济圈内，各个地区之间尚存在着一定的产业发展梯度，新加坡、中国环南海地区属于较高梯度地区，马来西亚次之，文莱、印度尼西亚、越南和菲律宾紧随其后。现阶段，经济圈内的产业转移主要从中国环南海地区（主要是粤港澳大湾区）转移到其他地区，新加坡则由于体量较小，其产业转移数量不大。为充分发挥产业转移对南海经济圈产业一体化的推动作用，南管局应加强对产业转移的引导，制定合适的激励政策，鼓励产业转移朝着推进经济圈产业一体化的方向进行。

（五）产业升级

产业升级意味着既有产业的价值生产活动得到了提升，产业价值链链条结构、层次得到了优化，拓展了新的环节，从而带动产业总体价值创造能力的提高。升级后的产业，必然要妥善安置原有的价值链环节，必然从提高价值链整体利益的角度考虑价值链环节的优化配置问题，这就为升级后的产业价值链提供了在南海经济圈其他地区配置的可能性，也就是提供了带动其他地区参与产业价值生产活动、融入产业一体化的可能性。这样一来，便可以引导升级产业优化组织在经济圈内的价值链配置，带动经济圈的产业一体化发展。

上述五种推动南海经济圈的产业一体化路径，各有其不同的作用发挥范围。首先，五种途径适用的产业不一样，统筹配置途径适用于经济圈内新兴产业的一体化，其余四种途径适用于存量产业的一体化：价值链重构主要适用于发展状态欠佳的产业；企业带动途径主要适用于具有生产者驱动型价值链的产业；产业转移主要适用于劳动密集型产业；产业升级途径主要适用于发展状态较好的产业。其次，五种途径的动力来源有所不同：统筹配置、价值链重构和产业升级的动力更多来自政府的推动；企业带动和产业转移的动力更多依靠市场力量自发的作用。再次，五种途径实施的产业价值链状况背景不一样：统筹配置是全新构建价值链；价值链重构是对既有分布不合理的价值链进行优化重组；企业带动、产业转移和产业升级是对既有价值链的分布格局进行优化。最后，五种途径实施的主体不一样，其中统筹配置主要是行政管理部门组织实施，其余四种主要由企业组织实施。通过上述五种途径的综合作用，可以全面发掘南海经济圈产业一体化发展的空间与潜力，最大可能地推动南海经济圈的产业一体化发展。

四、产业一体化主要任务

明确了产业一体化的原则、路径，还需要进一步明确产业一体化的任务，以为产业一体化的实践操作提供抓手与着力点。循着产业一体化实现的路径，可以分析、推理出南海经济圈的产业一体化主要任务，包括构筑产业价值链、打造产业集群、促进跨国投资、推动产业转移、促进产业升级和完善产业一体化保障体系。

（一）构筑产业价值链

产业一体化的过程主要就是产业价值生产活动环节链跨区域分布，构建具有紧密技术经济联系的价值生产链的过程；产业一体化的成形就是以形成跨区域分布、产出高效的产业价值链为标志。因此，在南海经济圈地域空间范围内构筑产业价值链，是经济圈产业一体化最核心、最根本的任务，同时也是最为艰巨的任务。南海经济圈产业一体化的实现是一个较为漫长的过程，应对经济圈各产业进行一个详细而深入的考察、分析，在此基础上，按照先易后难、示范推广、逐步拓宽的方针，制定产业一体化的先后顺序、重点难点，有步骤、有计划地去逐步完善产业价值链体系，实现到2050年基本完成经济圈产业一体化建设的目标。

（二）打造产业集群

产业一体化要求分布在各地的价值链环节，应尽量遵从集聚经济规律，形成产业集群的发展状态。这主要包括为避免恶性竞争、实现错位发展而在各地区以整体产业为对象分散分布的产业，如服装加工业下属的亚产业以及实施产业转移的产业，转移出去的价值链环节应尽可能在转入地集聚发展。打造产业集群的关键，是要选择好集群布局的地点。第四章已经分析了实施海陆经济联动的海陆产业的集聚布局地点，本章所分析的陆地产业的产业集群布局地点可结合第四章的分析，一部分选择在滨海地区，另一部分可以选择在内陆地区，特别是对于具有较大内陆纵深的经济圈成员而言。

（三）促进跨国投资

区域非均衡发展规律的存在，使得欠发达地区的产业经济发展越发走上外源型发展道路。南海经济圈一些欠发达国家发展产业、参与经济圈的产业一体化，也主要依赖于企业跨区域投资的实施，从而使企业带动成为推动产业一体化的途径之一。南管局应鼓励经济圈内有投资意向的企业优先在经济圈内进行投资，以帮助相关区域开展产业价值创造活动。企业跨国投资实现的产业一体化，具体包括两种形式：一种是企业将自己的全部生产活动环节转入新的地区，这对应的是出于促进错位发展目的而实施的产业一体化行为；另一种是将部分生产环节转入新的地区，这对应的是通过价值链重构而实施的产业一体化行为。此外还要注意的是，跨国投资的目的地取向也应是产业集聚区或者有利于形成产业集聚的地区。

（四）推动产业转移

作为产业发展的必然道路，产业转移是不同发展水平的地区之间建立产业联系的主要途径，因而也是一种重要的产业一体化途径。南海经济圈各地区之间的发展水平差距，为产业转移提供了潜在的空间和可能。南管局应以推动产业一体化为工作目标导向，努力挖掘经济圈内部产业转移的空间与潜力，创造各种有利条件，推动产业进行转移。前期，由于成本、人力资源、生产效率、政治稳定性等因素的影响，经济圈内由中国环南海地区向越南转移的产业以及由新加坡向马来西亚转移的产业相对较多，而菲律宾、文莱和印度尼西亚接受的产业转移较少，这使得经济圈的产业一体化存在一定程度的地区结构失衡。尽管产业转移是一种企业自发的行为，但南管局以及相应地区的政府可以通过大力协调以及做好相关工作，如政策一致化工作等，以在一定程度上弥补产业转移的区际失衡。

（五）促进产业升级

促进产业升级，推动了产业价值链的优化完善与地区布局调整，提供了南海经济圈的产业一体化契机。促进产业升级，主要是由产业所在地政府制定宏观产业政策去实施。出于推进南海经济圈建设的需要，南管局也可以在经济圈内就促进产业升级方面接受各国政府的授权，协调各国采取统一的促进产业升级的政策措施。现阶段，具有产业升级需要和可能的经济圈内国家或地区，主要是中国环南海地区和马来西亚。中国和马来西亚都制定了较为完善的促进产业升级的政策，南管局应及时关注经济圈内产业升级政策的实施情况，必要时予以督促落实。

（六）完善产业一体化保障体系

产业一体化的进行，无论哪种一体化途径的实施，要想取得较好的效果，均需要具备一定的外部保障条件。由市场力量推动的产业一体化途径，需要提供好的外部条件去引导其实施；由行政力量等外部力量推动的产业一体化，对于激励措施等外部条件的需要更为明显。概括而言，产业一体化实施的外部保障条件包括三个：第一，政策条件，如财税政策、投资政策、土地政策等；第二，基础设施条件，如良好的交通、通信、邮政设施等；第三，高效的组织协调机构，就是应创造条件使南管局拥有相应的组织、协调能力。

综合以上的产业一体化路径与任务分析，根据两者内在的联系，可以发掘路径与对策之间的对应关系。南海经济圈产业一体化路径与任务如表5-1所示。

表5-1　南海经济圈产业一体化路径与任务

实施路径	适用产业	主要任务
统筹配置	增量产业	构筑产业价值链
价值链重构	发展状态欠佳的存量产业	打造产业集群、促进跨国投资、推动产业转移、促进产业升级
企业带动	生产者驱动型存量产业	促进跨国投资、推动产业转移
产业转移	劳动密集型存量产业	推动产业转移、促进跨国投资
产业升级	发展状态较好的存量产业	促进产业升级、促进跨国投资、推动产业转移

第二节　南海经济圈制造业产业国际竞争力分析
——以电子工业、纺织工业为例

本节对南海经济圈各成员的制造业发展现状以及竞争力进行分析，以期找出相应的特点、规律，为产业一体化决策提供参考。

一、南海经济圈国家制造业发展现状

由于文莱的产业是以资源开采业为主，制造业比较微小，因而此处不予分析。此外，中国的环南海地区制造业资料比较多，情况比较熟悉，这里也不予分析。

（一）越南制造业

得益于产业转移的进行，越南制造业近年来获得了较快的发展。2018 年，越南 GDP 总量达到 2 425 亿美元，增速达到 7.08%，其中工业与建筑业增加值约为 831.29 亿美元，占约 34.28% 的比重，比上一年增长 8.85%，进出口贸易总额预计达 4 822 亿美元。现阶段，越南主要的制造业包括水泥工业、汽车工业、纺织工业、钢铁工业和 IT 工业。

（1）水泥工业。2015 年越南成为世界第五大水泥生产国，据 2017 年不完全统计，越南大小水泥厂有 200 家左右，较大型的有 50 家左右，水泥年产量为 8 000 万吨，出口量为 2 000 万吨。越南水泥产业存在一些薄弱之处：一是水泥产量低，生产成本高；二是燃料费用高，替代燃料有限；三是 90% 的设备依靠进口；四是折旧率大；五是金融杠杆高。

（2）汽车工业。2016 年越南共销售各种汽车近 30.4 万辆，同比增长 24%，其中国内组装汽车销量增长 32%，原装进口车销量增长 5%。2017 年前 11 个月，越南汽车销量达 24.47 万辆，同比下降 10%；预测全年汽车销量或将同比增长 10%。目前，越南汽车行业包括有 12 家外资企业和 100 多家本国企业，其中近 20 家从事整车组装，近 20 家生产汽车车身，超 60 家生产汽车零配件，但无法生产高精度、高技术零部件。

（3）纺织工业。纺织工业是越南的主要创汇工业，仅次于原油出口。据越南纺织协会统计，2018 年越南纺织品及成衣出口总值达 129.7 亿美元，成为世界第三大纺织及成衣出口国。

（4）钢铁工业。2015 年越南钢铁产量接近 1 500 万吨，同比增长 21.5%；

进口成品钢材达 1 370 万吨，同比增长 22.56%，其中从中国进口超过 840 万吨。越南钢铁生产发展迅速，但仍然无法满足钢铁需求量的增长。

（5）电子产业。得益于三星、LG、英特尔等企业的大规模 FDI（国际直接投资），越南电子工业发展迅速，跃升为全球十大电子产品出口国行列。2016 年越南电子产品出口达 190 亿美元，2017 年越南仅是手机出口额就达到 450 亿美元。

从越南制造业发展的现状来看，存在三个方面的主要问题：第一，新兴制造业如 IT 工业、服装工业产业价值链不完善，停留在低端生产环节，中间投入品、最终产品均依赖于外部市场，具有典型的低端出口加工业属性；第二，传统制造业的总体规模均偏小，都还满足不了越南本国的需求；第三，产业技术发展水平均不高，严重缺乏研发设计能力，产业升级的难度较大。在可预见的未来，越南制造业的发展还严重依赖于外资，特别是对于中国资金的依赖愈发突出，其大部分的纺织服装投资来自中国。越南外商投资来源结构如图 5-1 所示。

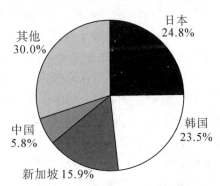

图 5-1　越南外商投资来源结构

（二）马来西亚制造业

马来西亚经济发展水平较高，在 20 世纪 90 年代曾被称为"亚洲四小虎"之一。2018 年马来西亚 GDP 总量为 3 543.5 亿美元，人均达 10 942 美元（据 IMF 数据统计），已经达到中上等收入国家水平。2017 年，马来西亚三次产业结构中农业为 7.8%、工业和建筑业为 36.7%、服务业为 55.5%，其中制造业占比为 23.0%，制造业产值为 2 699.7 亿马币。马来西亚主要的制造业包括电子工业、钢铁工业、化学工业和汽车制造工业。

（1）电子工业。电子工业占马来西亚出口比重超过 1/3、就业率超过 1/4，是当之无愧的马来西亚第一大产业。马来西亚的电子工业主要集聚在槟城一带，使得槟城有"东方硅谷"之称。

（2）钢铁工业①。马来西亚钢铁工业产业集中度较低，还处于零散和混乱的状态，大多是小型轧钢厂，数量众多，规模化经营程度较低。马来西亚最大的钢铁生产企业是金狮集团，该企业是东盟国家中唯一一家位列全球 80 强的钢铁企业，具有规模化炼钢、热卷轧钢和 85 万吨小型材的轧钢能力。

（3）化学工业。马来西亚的化学工业主要是对石油、天然气、棕榈油进行加工的石化加工业。2018 年，马来西亚的石化产品总产能约为 1 480 万吨，是世界第三大液化天然气生产国，最大的油脂化学品产地，油脂化学品产量占全球产量的 20%。

（4）汽车制造工业②。马来西亚汽车自供率接近百分之百，属于汽车自供国家。2015 年，马来西亚汽车产量为 65 万辆，销量为 66.7 万辆，主要的汽车品牌为 Proton（宝腾）。目前，马来西亚各类约乘/商用车产能为 963 300 辆、摩托车产能为 100 万辆。

（三）新加坡制造业

新加坡制造业依靠发展出口加工业而崛起，至今制造业高度发达，2019 年 1 月，其制造业 GDP 为 230.26 亿新元。鉴于制造业对于国民经济发展的战略支撑意义，新加坡一直维持相当大规模的制造业，制造业占 GDP 比例一直保持在 25% 以上，制造业从业人数一直保持在 20% 以上。至今，新加坡已经形成完善的六大制造业集群：电子工业集群、化学工业集群、精密设备工业集群、生物制药工业集群、运输工程工业集群和一般制造工业集群。

（1）电子工业集群。该集群包括半导体制造业、计算机外设制造业、数据存储设备制造业、信息通信和消费电子产品制造业、其他电子模块和元件制造业等。电子工业是新加坡制造业的骨干支柱产业之一，2017 年其产值为 1 248.51 亿新元，占制造业总产值的 40.89%，雇佣了约 7 万名工人，全球 1/10 的芯片以及 40% 的硬盘都制造于新加坡（数据来源于新加坡统计局）。新加坡电子业已从 20 世纪 60 年代东南亚唯一的电视组装厂，发展至如今全球电子市场的重要枢纽。

（2）化学工业集群。该集群包括石油工业、石化工业、专用化工品工业、其他化学品制造工业等。化学工业是新加坡的支柱产业，2017 年其产值为 795.85 亿新元，占制造业总产值的 26.06%，就业人数为 2.25 万人。新加坡石化工业主要布局在裕廊化工园区，31 平方千米的地区分布着 100 多家化工企

---

① 马来西亚宏观经济及铸造相关产业概况 [N/OL]. 搜狐网. (2019-04-03) [2023-03-27]. http://www.sohu.com/a /306049854 _759110.

② 同①。

业，是世界三大炼油中心之一、石油贸易枢纽中心。

（3）精密设备工业集群。该集群主要产品包括半导体引线焊接机和球焊机、自动卧式插件机、半导体与工业设备等。2017年该集群实现产值达287.06亿新元，占新加坡制造业总产值的9.4%，就业人数为6.43万人。

（4）生物制药工业集群。生物制药工业集群是新加坡近年来重点培育的战略性新兴产业。2017年其产值为159.81亿新元，占制造业总产值的5.23%，就业人数为0.74万人。目前，生物医药工业主要分布在启奥生物医药研究园区和大士生物医药园区。

（5）运输工程工业集群。该集群包括空运工业、陆地交通工业、海运及离岸工程工业等，代表性产品为石油钻井平台。2017年海事工程工业产值为156.26亿新元，占制造业总值的5.12%，就业人数为6.03万人。

（6）一般制造工业集群。该集群包括食品、饮料和烟草制品制造业、印刷品等。作为传统工业，除了满足新加坡本国需要外，相关产业也出口到亚洲其他国家和地区。

（四）印度尼西亚制造业

印度尼西亚制造业在南海经济圈国家中相对较弱，2018年其增加值约占印度尼西亚GDP的22%，大致处于半工业化国家水平。现阶段，印度尼西亚主要的制造业部门为采矿工业、汽车工业、纺织工业和电子工业。据"印度尼西亚制造4.0"计划，未来其将优先发展五个行业：食品和饮料、汽车、纺织、电子、化工。

（1）采矿工业。印度尼西亚矿产资源丰富，采矿业发展较为成熟，在国民经济中占据非常重要的地位，是世界上最大的煤炭出口国、第三大铜出口国、第一大精炼锡出口国。2016年，印度尼西亚采矿业产值超过1 400亿美元，占GDP比重约10%。

（2）汽车工业。据印度尼西亚汽车制造商协会统计，目前其共有40个汽车组装生产厂，雇佣约27 000位员工，而零组件业共创造超过30万个就业机会。目前，印度尼西亚的汽车企业基本为内外合资厂或日本、韩国以及中国台湾投资的企业，没有拥有自己品牌的汽车制造企业①。

（3）纺织工业。纺织工业是印度尼西亚的支柱产业，在其经济发展中起着非常重要的作用。2017年，印度尼西亚纺织业出口总额达124亿美元，是

---

① 搜狐财经. 印度尼西亚主要产业概况［N/OL］. 搜狐财经. (2017-01-16)［2023-03-27］. http://www.sohu.com/a/124405524_480375.

全球第八大服装出口国，容纳就业人口达 273 万人。2017 年，纺织业上游拥有纤维企业近 31 家，容纳从业人员近 3 万人，出口额达 4.7 亿美元，进口额达 10.88 亿美元；中游纺纱企业近 288 家，从业人员有 23 万人，织造、针织、染色、后整理拥有大中型企业近 1 479 家，小微企业近 13 万家，就业人口达 66 万人，合计出口额达 32.69 亿美元，进口额达 54.3 亿美元；下游拥有大中型企业近 2 830 家，小微企业有 40.7 万家，就业人口达 168 万人，出口额达 71.7 亿美元，进口额达 4.1 亿美元，其他产品（地毯、无纺布、床单等）拥有 735 家企业，就业人口有 8 万人，出口额达 4.65 亿美元，进口额达 4.68 亿美元。印度尼西亚纺织业将近 90% 的企业分布在爪哇岛，其中万隆地区尤为集中，该地服装业的产值占全国的 40%。

（4）电子工业。2016 年，印度尼西亚电子产业出口额为 58.6 亿美元，占制造业出口总额的 5.34%，拥有电子制造企业超过 250 家。目前，印度尼西亚电子产业主要从事简单的组装活动，由于人才缺乏、研究开发投入有限、设计和开发能力不足，整个产业发展规模偏小、技术水平较低。

（五）菲律宾制造业

菲律宾在 20 世纪六七十年代曾有过发展的黄金期，但由于各种因素特别是政治因素的影响，国家的发展逐步延滞。如今，菲律宾是一个以服务业为主体经济的国家，三次产业中服务业占 GDP 比重超过 60%。2016 年，菲律宾制造业产值为 598.93 亿美元，约占 GDP 的 16.3%。菲律宾现有制造业主要包括食品制造、电子（电视和通信设备制造）、化学、金属制品、采矿与矿产品加工等，其中矿产品加工被菲律宾政府列为支柱产业。

上述南海经济圈 5 个国家的制造业总体状况如表 5-2 所示。

表 5-2　南海经济圈 5 个国家的制造业总体状况

国家	制造业规模/亿美元	主要制造业	发展水平
越南	831.29（2018 年）	水泥、汽车、纺织、钢铁、电子	较高
马来西亚	722.86（2018 年）	电子、钢铁、化学、汽车	较高
新加坡	2 257.4（2017 年）	电子、化学、精密设备、生物制药、运输工程、一般制造	高
印度尼西亚	1 912.88（2016 年）	食品、采矿、汽车、纺织、电子	较弱
菲律宾	598.93（2016 年）	食品、电子、化学、金属制品、采矿与矿产品加工	较弱

资料来源：根据相关数据整理。

总体上讲，上述 5 个环南海经济圈成员国的制造业发展相对不足，均称不上制造业强国。其中：新加坡制造业发展水平最高，拥有若干个在全球具有竞争力的优势特色产业，以国外市场为主；马来西亚和越南次之，均拥有一些自己特色的制造业，大体上能满足本国市场的产品需求；印度尼西亚、菲律宾发展较为落后，所拥有的现代制造业规模小、层次较低，除食品工业较为发达外，大部分本国工业制成品市场需要从国外进口解决。鉴于此，推动南海经济圈产业一体化发展的意义非常重大，一方面能帮助制造业发达的地区拓展外部市场、拓宽发展空间，另一方面能帮助制造业不发达的地区发展现代制造业，夯实本国的工业基础。显而易见，这使得各国均有意愿去推动南海经济圈产业一体化的发展，前提是要构建公平合理的利益分享机制。

二、南海经济圈国家电子工业、纺织工业国际竞争力评价

进行产业竞争力评价的目的，是对在南海经济圈国家中同时存在的产业进行竞争力比较分析，确定竞争力的强弱，以此为该产业的布局提供理论依据。基于上一节对各国制造业现状的分析，各国较典型存在的制造业是食品工业、电子工业、纺织工业、汽车工业。鉴于产业一体化的必要性、现实性考虑，以及数据的可得性，此处主要对电子工业、纺织工业进行国际竞争力评价分析。

（一）评价方法

产业竞争力评价是一个比较成熟的学术领域，诸多前期成果已经较好地解决了评价的方法与评价应用问题。总体上讲，评价产业竞争力的方法有三大类[①]：第一类是基于进出口的国际贸易数据进行产业国际竞争力的评价；第二类是以生产率法评价一国的产业竞争力，原理是基于购买力评价法，对两个国家产业产出进行比较来确定产业的国际竞争力；第三类是以波特的竞争优势理论为基础，从各种影响产业国际竞争力的因素出发，建立指标体系来进行评价。上述三类方法中，在进行跨国产业竞争力的评价与比较时，第一类方法由于其基于的进出口国际贸易数据是各国产业竞争力的直接体现，最为客观，且出口数据较易获得，因此本书也选取此类评价方法。

运用第一类产业国际竞争力评价方法的代表性研究，包括 Karaalp 等（2012）利用显示比较优势指数和竞争优势指数，分析了土耳其纺织服装行业的比较优势和竞争力；《2013 欧盟产业结构报告》采用显示性比较优势指数和

---

① 王节祥，王雅敏，李春友，等. 中国数控机床产业国际竞争力比较研究：兼谈产业竞争力提升的价值链路径与平台路径 [J]. 经济地理，2019，39（7）：106-118.

国际市场占有率，对欧盟、美国、日本以及金砖国家的制造业和服务业竞争力进行了分析；金碚等（2013）运用显示性比较优势指数，计算了2001—2011年中国4个部门总计35类工业制成品的比较优势；郭京京等（2018）综合运用国际市场占有率、显示性比较优势指数、贸易竞争指数和价格比率指标，对2000—2015年中国产业国际竞争力演变态势进行了定量分析；王节祥等（2019）运用国际市场占有率、贸易竞争指数和价格比率等指标，评价了中国数控机床产业国际竞争力现状。考察上述代表性研究所用的产业国际竞争力具体评价指标，按照通常的产业国际竞争力计算做法，同时考虑数据的可得性，本书采用国际市场占有率、显示性比较优势指数（RCA指数）、贸易竞争指数和价格比率4个指标，对南海经济圈内相关国家的电子工业（IT工业）、纺织工业进行国际竞争力评价与比较。

（1）国际市场占有率。其计算公式为 $\mathrm{IMR}_j = \dfrac{X_{ij}}{\sum_{j=1}^{m} X_{ij}}$。其中，$X_{ij}$ 表示国家 j 出口产品 i 的出口值，$\sum_{j=1}^{n} X_{ij}$ 表示世界出口产品 i 的出口值。IMR_j 反映了一国某产业或产品的出口在国际市场上的比重，其比例越高，说明该国该产业或产品的出口规模越大。

（2）RCA指数。其计算公式为 $\mathrm{RCA}_j = \dfrac{X_{ij} / \sum_{i=1}^{n} X_{ij}}{\sum_{j=1}^{m} X_{ij} / \sum_{i=1}^{n} \sum_{j=1}^{m} X_{ij}}$。其中，$\sum_{i=1}^{n} X_{ij}$ 表示国家 j 的总出口值，$\sum_{i=1}^{n} \sum_{j=1}^{m} X_{ij}$ 表示世界总出口值。显示性比较优势指数表示第 j 国的显示性比较优势指数，显然其值越大，表明该国比较优势越大。

（3）贸易竞争指数。其计算公式为 $\mathrm{TCI}_{ij} = \dfrac{X_{ij} - IM_{ij}}{X_{ij} + IM_{ij}}$。其中，$IM_{ij}$ 表示 j 国 i 产品的进口额。贸易竞争指数表示一个国家某一产业净出口与该产业贸易总额之比，反映该国是某一产业的净出口国还是净进口国。如 TCI_{ij} 指数为正，表明 j 国 i 产业的生产效率高于国际平均水平。对于世界市场而言，j 国是产业 i 的净出口国，具有较强的国际竞争力。如果 TCI_{ij} 指数为负，则反之。

（4）价格比率。其计算公式为 $\mathrm{PR}_{ij} = \dfrac{\mathrm{EXP}_{ij}}{\mathrm{IMP}_{ij}}$。价格比率表示一个国家同类产品出口价格与进口价格之比。价格比率大于1，说明 j 国 i 产品的出口价格大于进口价格，即 j 国内生产的 i 产品比国外生产的附加值高；价格比率小于1，则反之。

（二）电子工业

南海经济圈国家中，除文莱外，其他各国均已发展出一定规模的电子工业。总体上讲，各国的电子工业发展水平参差不齐，这直接体现在产业的国际竞争力上。运用上述产业国际竞争力评价指标体系，可对此做出具体的量化分析。此处，由于无法收集到产品出口与进口价格，故只针对国际市场占有率、RCA 指数和贸易竞争指数对南海经济圈国家的产业国际竞争力进行比较。

1. 数据收集

2017 年南海经济圈国家电子工业相关数据如表 5-3 所示。需要指出的是，由于各国统计口径存在不一致的地方，故上述数据特别是印度尼西亚的数据与其他国家存在较大的偏差，从而对各国电子工业的国际竞争力分析也存在一定偏差，只能大致反映各国电子工业的竞争力。

表 5-3　2017 年南海经济圈国家电子工业相关数据　单位：亿美元

地区	出口值	总出口值	进口值	备注
中国	4 978.4	22 633.45	1 187.73	—
越南	262.82	4 283.33	278.70	—
马来西亚	927.46	4 131.86	776.22	—
新加坡	1 696.06	9 671.02	1 297.23	—
印度尼西亚	84.67	1 676.40	179.31	—
菲律宾	365.40	687.10	243.70	—
全球	18 414.10	177 300.0	20 914.79	总出口值指货物出口值

数据来源：中国数据来源于《中国统计年鉴 2018》，具体统计产品为"办公用机械及自动数据处理设备"和"电信及声音的录制及重放装置设备"两类产品之和；越南数据来源于越南统计局，具体统计产品为电子产品、计算机及其配件；马来西亚数据来源于马来西亚统计局，具体统计产品为电子机械和设备；新加坡数据来源于新加坡统计局，具体统计产品为电子机械和设备；印度尼西亚数据来源于印度尼西亚统计局，具体统计产品为电机、电气、音像设备及其零附件产业（SITC 分类第 85 章）；菲律宾数据来源于菲律宾统计局，具体统计产品为电子工业；全球数据来源于 WTO 发布的"World Trade Statistical Review 2018"，具体统计产品为"办公和通信设备"。

2. 国际竞争力测算

运用上述数据，我们分别计算六个国家的国际市场占有率、RCA 指数和贸易竞争指数，结果如表 5-4 所示。

表 5-4　2017 年南海经济圈国家电子工业国际竞争力数据

竞争力指标		中国	越南	马来西亚	新加坡	印度尼西亚	菲律宾
国际市场占有率	数值/%	27.04	1.43	5.04	9.21	0.46	1.98
	排序	1	5	3	2	6	4
RCA 指数	数值	2.12	0.59	2.16	1.69	0.01	5.12
	排序	3	5	2	4	6	1
贸易竞争指数	数值	0.61	−0.03	0.09	0.13	−0.36	0.20
	排序	1	5	4	3	6	2

3. 比较分析

从各个单项指标（见表 5-4）来看，就国际市场占有率而言，中国一枝独秀，遥遥领先于南海经济圈其他国家；新加坡位居第二，较大幅度领先除中国外的其他国家；马来西亚排名第三，占有率也远远超过菲律宾、越南和印度尼西亚；菲律宾、越南国际市场占有率相对较低，特别是越南，虽然近年来其电子工业快速发展，但由于基础较差、底子薄，市场占有率不高；印度尼西亚排在最后，反映出其电子工业比较羸弱。就 RCA 指数来看，菲律宾排名第一，表明其电子工业的比较优势最大；马来西亚排名第二，现阶段其发展电子工业还有着较强的比较优势；中国排名第三，虽然面临着成本上升的冲击，中国发展电子工业仍然具有一定的比较优势；排在第四、第五的分别是新加坡和越南，排在末的是印度尼西亚，而且其与其他国家差距较大，表明其现阶段不适宜发展电子工业。从贸易竞争指数来看，排名顺次为中国、菲律宾、新加坡、马来西亚、越南和印度尼西亚，其中前四个国家的指数为正，反映其生产效率高于国际平均水平且为净出口国，而越南、印度尼西亚的指数为负，表明这两国的生产效率低于国际平均水平，是净进口国。

综合来看，在南海经济圈国家中，中国的电子工业国际竞争力最强，新加坡、马来西亚和菲律宾次之，越南和印度尼西亚相对较弱。虽然越南近年来的电子工业异军突起，但受限于基础设施、经营环境等因素的影响，总体发展水平还较弱，未来发展之路任重道远。至于印度尼西亚，其各项指标均为最末，反映出其电子工业发展水平较低，未来前景不明朗。此外，各国之间电子工业发展水平参差不齐、相差悬殊，竞争力最强的是中国，全方位、大幅度领先于排在最后的印度尼西亚和越南，也明显领先于排在中间的菲律宾、新加坡和马来西亚。

（三）纺织工业

作为劳动密集型产业，除了文莱和菲律宾外，纺织工业在南海经济圈各国均具有一定的基础。由于文莱和菲律宾纺织工业比较弱小，故本处未将其列入产业国际竞争力比较的对象国范畴。

1. 数据收集

2017 年南海经济圈国家纺织工业相关数据如表 5-5 所示。

表 5-5　2017 年南海经济圈国家纺织工业相关数据　单位：亿美元

地区	出口值	总出口值	进口值	备注
中国	1 581.61	22 633.45	72.18	数据来源于海关总署，按年均人民币兑美元汇率 6.75 计算
越南	440.82	4 283.33	168.02	——
马来西亚	31.03	4 131.86	37.76	——
新加坡	9.83	9 671.02	11.90	——
印度尼西亚	125.37	1 676.40	88.04	数据来源于中国国家商务部"国别报告"
全球	7 507.38	177 300.0	8 033.98	统计商品为"纺织品"和"服装"

数据来源：同表 5-3。其中，越南纺织工业出口数据具体统计的产品为"rucksacks, bag, pockets, wallets, hats and umbrellas""footwear""textile, sewing products"三类，进口数据具体统计的产品为"auxiliary materials for sewing""auxiliary materials for footwear""textile fabrics"；马来西亚纺织工业出口、进口数据具体统计产品为"纺织品及原料"；新加坡纺织工业出口、进口数据具体统计产品为"纺织纱、织物、制成品及相关产品（textile yarn, fabrics, made-up articles nes & related products）"；印度尼西亚纺织工业出口、进口数据具体统计产品为"纺织品及原料"。

2. 国际竞争力测算

运用上述数据，我们分别计算五个国家纺织工业的国际市场占有率、RCA 指数和贸易竞争指数，结果如表 5-6 所示。

表 5-6　2017 年南海经济圈国家纺织工业国际竞争力数据

竞争力指标		中国	越南	马来西亚	新加坡	印度尼西亚
国际市场占有率	数值/%	21.07	5.87	0.41	0.13	1.67
	排序	1	2	4	5	3

表5-6(续)

竞争力指标		中国	越南	马来西亚	新加坡	印度尼西亚
RCA 指数	数值	1.65	2.43	0.18	0.024	0.075
	排序	2	1	3	5	4
贸易竞争指数	数值	0.91	0.45	0.098	0.095	0.17
	排序	1	2	4	5	3

3. 比较分析

从各单项指标（见表5-6）来看，就国际市场占有率而言，中国排名第一，且远远超过其他国家，越南、印度尼西亚分别排在第二位、第三位，马来西亚和新加坡排名靠后。就 RCA 指数而言，越南排名第一、中国排名第二，表明两国的纺织工业比较优势较大，尤其是越南；马来西亚处于中间位置，一方面与排在前面的越南、中国相差较大，另一方面也比排在后面的印度尼西亚、新加坡具有较大差距的比较优势；印度尼西亚、新加坡分列第四位、第五位，纺织工业发展的比较优势较小。从贸易竞争指数来看，中国也排在第一位，与排在其后的国家相比领先优势较大，表明其纺织工业生产效率较高；越南排在第二位，与中国差距较大，但又较大幅度领先于其他国家；印度尼西亚排在第三位，生产效率略高于全球平均水平；马来西亚和新加坡基本相当，大体上相当于全球平均水平；这五个国家均为纺织品净出口国。

综合来看，中国和越南纺织工业的国际竞争力远远超越其他三个国家，尤其是中国，纺织工业在全球具有很强的竞争力，而越南作为纺织工业的后起之秀，比较优势突出，发展势头良好；印度尼西亚纺织工业总体上竞争力处于南海经济圈国家的中游水平，但在全球的地位一般；至于马来西亚和新加坡，其纺织工业规模较小、比较优势一般、生产效率也很一般，在全球开展竞争的能力还有所不足。总体上讲，这五个国家的纺织工业产业国际竞争力水平可以划分为四个档次：中国为第一档，其产业在全球竞争力中较为突出；越南为第二档，其产业在全球具有较强的竞争力；印度尼西亚为第三档，其产业在全球存在发展的一席之地；马来西亚、新加坡为第四档，其产业在全球的存在感较弱。

三、电子工业、纺织工业产业一体化建议

基于上述分析，我们可以就电子工业和纺织工业的一体化得出若干建议。

对于电子工业，相关国家在南海经济圈内进行产业一体化布局时，可以考虑以下五个因素：第一，中国电子工业的全球竞争力较为强大，市场占有率高，产业比较优势、生产效率突出，可以作为南海经济圈电子工业的龙头，形

成经济圈电子工业价值链体系的中心，引领圈内一体化电子工业的发展。尤其是一些电子工业的研发环节、高附加值生产环节，从电子工业强调集群发展的角度考虑，可以主要布局在中国的珠三角地区。第二，新加坡的电子工业发展较为成熟，由于资源条件的限制，既有潜力已基本被挖掘。未来应以做大做强现有电子工业为主，不再考虑布局新产业。为做大做强电子工业，新加坡可以考虑发挥资金、技术优势，向周边国家拓展发展空间，构建南海经济圈电子工业价值链体系次中心。第三，菲律宾和马来西亚的电子工业比较优势较为突出，产业发展空间较大，可以较为大量地布局价值链的中高端环节，作为经济圈主要的电子工业生产基地。第四，越南电子工业发展趋势强劲、后劲足，近年来有越来越多的跨国公司将生产线转向越南。由于发展的基础，未来可以将越南作为经济圈电子工业价值链体系的低端环节、初级产品的主要生产基地。第五，印度尼西亚现期电子工业发展最为羸弱，竞争力较低，未来可以主要考虑承接从毗邻的新加坡、马来西亚转移出来的电子工业，作为其电子工业的配套、附属生产基地。

对于纺织工业，相关国家在南海经济圈内进行一体化布局时，可以把握以下三点：第一，总体上讲，发展水平最高的中国（主要指环南海地区）可以布局产业链的高端环节如研发、营销环节等作为多数纺织产业链的领导企业所在地，同时布局一些附加值较高的纺织产业；越南由于其突出的比较优势，可以多布局一些劳动密集型的纺织产业，作为重要的生产基地；马来西亚和新加坡鉴于其整体经济社会发展水平较高，纺织工业发展优势不突出，可基于其现有产业类型而布局一定数量的附加值较高的纺织产业。第二，在布局时，相关国家不仅要考虑到各国产业国际竞争力的现状，鉴于竞争力是动态变化的，也要看到未来各国产业国际竞争力的变化趋势。例如，印度尼西亚和菲律宾，虽然现阶段竞争力一般，但两国劳动力丰富、综合成本较低且人口素质在不断提升，未来竞争力大概率会呈现整体上升趋势，从而可以考虑在这两个国家适当安排一些中低端的纺织产业。第三，纺织工业价值链具有链条短、附加值较低的特性，使得其在进行跨国布局时地域空间跨度不宜太大。理论上讲，产业国际竞争力最强的中国作为南海经济圈纺织工业价值链的龙头最为科学，但考虑到地域空间跨度因素，不宜将所有纺织工业的高附加值环节都安排在中国环南海地区。从地域空间角度考察，中国毗邻越南，两国可以作为一个纺织工业价值链（特别是中高端纺织工业）的集中分布地区；印度尼西亚毗邻马来西亚、菲律宾，且纺织工业竞争力尚可，产业发展要素储量也较为丰富，可以作为纺织工业价值链布局的次中心，统领布局在菲律宾、马来西亚（尤其是加里曼丹岛地区）的中低端纺织工业的发展。

第三节 南海经济圈产业一体化实施构想

根据南海经济圈建设的目标，到 2030 年应形成三个一体化产业，包括两个陆地产业和一个海洋产业。为推进产业一体化的实现，我们需要从理论上对其进行探索，以明晰具体的实施构想。

一、南海经济圈产业一体化的实施对策

南管局产业一体化发展部（以下简称"产业部"）负责产业一体化的具体工作。首先，产业部需要做好产业一体化发展的规划。规划应明确一体化发展的总体目标和阶段性目标，确定产业一体化发展的先后次序，明确产业一体化发展的布局。其次，产业部根据产业和企业的实际情况，选取合适的一体化途径去推动实施。总体上讲，产业部应发挥市场配置资源的基础性作用，在市场力量自发的作用下去实施相关对策，行政力量只能发挥辅助作用，主要是用市场化手段（如优惠政策、金融财税手段）去引导产业和企业实施一体化。其中关键之处，就是发挥产业龙头企业的作用，由具备跨国经营实力的龙头企业在行政力量的引导下，遵循市场原则在南海经济圈各地区内进行科学的空间布局，推动产业实现一体化发展。再次，应构建动态产业一体化协调推进机制。按照产业一体化规划确定的发展目标和要求，加强对经济圈内产业一体化状况的监测，随时处置面临的问题、情况，保障一体化的顺利实施；加强对经济圈产业发展状况的监测，按照阶段性目标，做好一体化后备产业的选择工作，条件具备一个推动一个。最后，做好一体化运行的保障工作，包括制定各类一体化政策、做好一体化相关管理服务工作、建设行业协会等。

二、南海经济圈一体化产业的选择

以东亚、东南亚地区为主要场所的全球第四次产业转移，构筑了主要包括欧美—日本—亚洲四小龙[①]—中国内地（大陆）等在内的产业全球价值链体系。近年来，随着中国内地（大陆）生产成本的提升，全球价值链体系演变又开始出现一些新的变化，一个较突出的现象是部分产业由中国内地（大陆）

[①] 亚洲四小龙是指 20 世纪 60 年代末至 90 年代，亚洲四个发展迅速的经济体：韩国、新加坡和中国香港地区、中国台湾地区。

向东南亚地区转移。这使得在南海经济圈内,已经形成若干区域性的全球价值链雏形,如区域纺织工业价值链。中国珠三角地区的纺织工业已经有相当一部分企业将生产基地转移到越南,形成"珠三角研发—越南生产"的区域全球价值链分布格局。不过总体而言,南海经济圈成员之间的产业全球价值链数量还很少,产业一体化发展的潜力巨大。

(一)选择准则

1. 梯度发展准则

梯度差是引发产业转移最基本的条件、要求,只有地区之间的产业发展水平存在差距,才会产生产业转移的内在动力。梯度差同样是南海经济圈产业一体化的最主要动因。只有产业在南海经济圈成员之间存在发展的梯度差距,才能使产业一体化具有足够的经济效益回报,才能为各地区参与产业一体化带来足够的经济、社会效益,才会使得实施产业一体化的企业主体、政府主体具有足够的动力。

2. 产业可分性准则

产业可分性既是产业跨区域分工协作的前提条件,也是产业在南海经济圈内一体化发展的前提条件。产业可分性包括生产可分性和技术可分性,产业链较长、中间投入时间连续性与空间范围要求不高、前后生产环节技术要求彼此不存在约束的产业,可以实施跨区域的一体化发展;反之,则不宜实施一体化发展。

3. 产业关联带动效应准则

有意参与产业一体化发展的南海经济圈国家,主要目的是借此推动本国产业经济的发展,促进本国经济社会的进步,实现预期的国民经济社会发展目标。对旁侧产业、配套产业的带动效应越显著,越有利于促进本地产业技术进步的产业,越适宜实施一体化发展;反之,则不宜。

4. 就业弹性准则

参与产业一体化能够促进就业,对于南海经济圈一些发展水平较低的国家而言,具有十分重要的意义。因此,产业就业效应的大小,成为选择一体化产业的一项准则。衡量产业就业效应的指标是产业就业弹性,即产业就业增长率与产业增长率的比值,也就是产业增长(如产值)每变化一个百分点所对应的就业数量变化的百分比。显然,就业弹性越大、就业效应越突出的产业,越有利于、越有可能且越有必要实施一体化发展。

(二)一体化产业种类

运用上述准则,可以合理确定南海经济圈的一体化发展产业,现期主要是确定首批推进实施的一体化产业的种类。

1. 陆地一体化产业

按照梯度发展准则，南海经济圈实施一体化发展的产业，应是在各国已具有一定发展基础的产业。由此可以确定南海经济圈实施一体化发展的产业的主要种类范围，即表5-2所示的各国主要制造业（中国环南海地区是世界级工业基地，产业种类齐全、发展水平较高，大多数产业都具备一体化发展的条件，因而一体化产业类型主要根据其他南海经济圈国家的情况来确定）。而非主要制造业，由于其发展水平低，没有必要也没有能力在经济圈内开展跨国经营活动，从而不列入一体化发展产业的范畴之内。考察表5-2中所列示的产业，综合运用一体化产业选择准则，可以得出南海经济圈国家主要产业的一体化可行性评判，如表5-7所示。

表5-7　南海经济圈国家主要产业的一体化可行性评判

产业	梯度发展情况	产业可分性情况	产业关联带动效应情况	就业弹性情况	一体化可行性
水泥	不存在发展梯度，存在有无之别	可分性较弱，产业链较短	关联带动效应不突出	就业弹性一般	低
汽车	存在一定的发展梯度	规模经济要求高，可分性不强	关联带动效应突出	就业弹性较高	较高
纺织	存在发展梯度	可分性强	关联带动效应一般	就业弹性较高	高
钢铁	存在发展梯度	规模经济要求较高，可分性一般	关联带动效应较强	就业弹性一般	较高
电子	存在发展梯度	可分性较强	关联带动效应强	就业弹性高	高
化学	存在发展梯度	可分性弱	关联带动效应不强	就业弹性一般	低
精密设备	不存在发展梯度	技术要求高，可分性弱	关联带动效应较强	就业弹性较低	低
生物制药	存在发展梯度	技术要求高，可分性弱	关联带动效应较差	就业弹性较低	低
运输工程	存在发展梯度	技术要求高，可分性弱	关联带动效应较差	就业弹性较低	低
食品	不存在发展梯度，各国水平相当	产业链短，可分性弱	关联带动效应差	就业弹性高	低
采矿	不存在发展梯度，存在有无之别	产业链短，可分性弱	关联带动效应强	就业弹性高	低
金属制品	不存在发展梯度	产业链短，可分性弱	关联带动效应弱	就业弹性高	低

由表5-7可知，在南海经济圈各国主要产业中，汽车工业、纺织工业、钢铁工业、电子工业四个产业实施一体化发展的可行性较强，特别是纺织工业和电子工业，可以将其作为在2030年建成的南海经济圈两个一体化产业的备选产业。此外，未来随着南海经济圈各国新兴产业的发展，南管局产业部应及时关注经济圈内产业的发展状况，发掘潜在可实施一体化的产业类型，再适时推动一体化实施。

2. 海洋一体化产业

第三章明确了南海经济圈实施海洋一体化开发的四个领域：海底矿产资源、海洋生物资源（渔业资源）、海洋航运资源和海洋旅游资源。上述四类资源对应可以开发出四类海洋产业。至于四类海洋产业一体化开发的先后次序，根据本处所阐述的南海经济圈一体化产业类型的选择准则，其中主要根据产业关联带动效应准则和就业弹性准则，最适宜推进一体化发展的海洋产业是旅游产业。

三、一体化途径

前面的分析业已说明，不同类型的产业其产业一体化的途径有所区别。产业部应根据各个产业的具体特点，来决定其一体化发展的途径，电子工业、纺织工业也是如此。

（一）电子工业

电子工业是研制和生产电子设备及各种电子元件、器件、仪器、仪表的工业，由广播电视设备、通信导航设备、雷达设备、电子计算机、电子元器件、电子仪器仪表和其他电子专用设备等生产行业组成。其中，涉及运用感测技术、通信技术、计算机技术和控制技术等信息技术，收集、整理、储存、传递信息情报，提供信息服务，并提供相应的信息手段、信息技术等服务的产业，被称为信息技术产业（IT产业）。发展至今，电子工业已成为现代产业体系的支柱产业和主导产业，尤其是IT产业，构成当前产业体系中的核心产业。对于南海经济圈各国而言，电子工业的分布较为广泛，除了文莱外，基本都发展出了一定水平的电子产业，是经济圈最重要的产业之一。但是，一方面，除了中国环南海地区的电子工业门类齐全外，其他国家的电子工业主要为IT产业；另一方面，除了中国和新加坡的IT工业比较发达外，其他几个国家如马来西亚、越南，特别是印度尼西亚、菲律宾的IT产业，大多为IT零配件制造业，主要处于IT产业价值链的中低端环节。分布广泛、水平参差不齐的南海经济圈IT产业，是电子工业实施一体化的主要产业内容所在。其一体化的途径主要包括价值链重构、企业带动、产业转移三个方面。

第一，价值链重构。南海经济圈的 IT 产业已经深度融入全球价值链体系之中，并成为 IT 产业全球价值链的分布中心之一。价值链的分布结构是：美国主要从事 IT 产品的研发（特别是软件）和芯片生产；中国主要从事除芯片、软件外的其他 IT 产品的研发，以及主要价值链环节的生产；新加坡、马来西亚从事部分中高级 IT 产品的生产；其余国家从事中低端的 IT 产品零配件的生产。然而现阶段，南海经济圈 IT 产业价值链的综合生产成本在不断提升，尤其是作为产业价值链中心分布地之一的中国环南海地区生产成本的上升，使得产业面临严重的生存压力。对此，抵消成本上升、维持 IT 产业竞争力的可行途径之一，是优化调整价值链的地理空间布局。产业部应抓住南海经济圈建设的契机，在南海经济圈内进行 IT 产业价值链的重组，尤其是位于中国环南海地区的 IT 产业价值链环节部分的重组，以此促进生产成本的降低和价值链整体效益的提升。

第二，企业带动。历经多年激烈的竞争，加之产业规模经济的内在要求，全球 IT 产业市场总体上已经发展成为寡头垄断市场，各个市场被少数几个跨国大企业所垄断，如日用电子智能终端产品的华为、苹果、三星、LG，通信设施产品的华为、爱立信、中兴，软件研发的高通、微软。这些龙头企业实力强劲，跨国经营驾轻就熟，具备充分的跨国经营能力。出于竞争的需要或某种原因（如关税规避、国际政治站队等），某些龙头企业具有重组生产经营活动的动机。出于推动南海经济圈建设的需要，南管局可以引导这些企业在经济圈内优化重组产业链，从而推进产业一体化发展。

第三，产业转移。不同发展水平地区之间的产业转移一般是梯度转移，即产业从发展水平高的地区向发展水平较低的地区转移。此外，进行梯度转移的产业一般都是劳动密集型产业。尽管总体上 IT 产业属于技术、资金密集型产业，但在其漫长的产业链上，也分布着相当数量的劳动密集型生产环节，主要是 IT 产品零配件的生产环节。这些生产环节完全可以转移到低发展水平、低生产成本的南海经济圈有关地区，以此促进 IT 产业分布地的扩散，拓展价值生产活动空间。这也就意味着，将南海经济圈的有关国家纳入了 IT 产业价值链体系之中。产业转移是 IT 产业一体化发展的最主要途径。

需要指出的是，上述三种途径不是截然分开的，有可能某一途径里涵盖了其他一种或两种途径，如某龙头企业组织实施的跨国价值链重构，就可能同时涵盖了三种产业一体化途径。

（二）纺织工业

纺织工业在南海经济圈内的分布也很广泛，但以中国环南海地区、越南、印度尼西亚为最多，其产业发展水平又以中国为最高。纺织工业是典型的劳动密集型产业，具有"短平快"的发展特点，同时也不是各国的战略性、关键产业，最适宜也最便于实施一体化发展。大体上讲，推动其构建跨区域价值链、实现一体化发展也有三条主要途径，即价值链重构、产业转移、产业升级。

第一，价值链重构，即对既有的纺织工业产业链进行区域分布重构，或出于规避低水平竞争、降低成本、靠近市场、促进出口等目的。纺织工业市场一般都属于垄断竞争市场，且基本为采购者驱动型价值链（电子工业是生产者驱动型价值链），因而其价值链重构的主体是拥有品牌、控制销售的销售型领导企业。由这些销售企业组织实施的价值链重构，其主要方式是转移订单，即通过订单转移在新的地区内培育新的生产企业。为促进新的生产企业分布尽可能广阔，也就是使产业一体化体系的涵盖范围尽量广泛，努力拓展产业一体化发展的受益地区，南管局应强化对这些企业的引导，在效率优先的前提下尽力兼顾公平，推动这些企业努力分散订单，使纺织工业成为促进经济圈区域经济协调发展的主要支撑产业。

第二，产业转移。作为典型的劳动密集型产业，产业转移是纺织工业发展的必然路径，这一路径为推动纺织工业在南海经济圈的一体化提供了良机。尽管纺织工业的产业价值链不长，但是次级产业（产品）种类繁多，分散配置的余地、空间大。产业部应加强对其产业转移的引导，按照发挥优势、错位竞争的原则，尽可能让多个地区成为转移目的地，以此推动经济圈各区域协调发展。产业转移是促进纺织工业一体化的主要途径。

第三，产业升级。对于纺织工业价值链而言，附加值最高的是研发环节和销售环节。如果某一地区的纺织工业成功地从生产加工环节跃升到产品研发、品牌销售环节，则表明该产业已经实现了在价值链上的升级。如前文所述，升级后的纺织工业给南海经济圈纺织工业的一体化提供了契机。南管局及各国政府应努力制定合理的产业发展政策，积极推动纺织工业的升级。目前，以中国珠三角地区纺织工业为代表的南海经济圈，已经成为全球相对重要的纺织工业基地。良好的发展基础，加之经济圈国家丰富的劳动力资源、相对较高的人力资本水平和稳定的政治局面，使得南海经济圈纺织工业发展的前景良好，升级的空间潜力巨大，这也使得产业升级成为纺织工业一体化的重要途径。

图 5-2 直观地表示了电子工业和纺织工业的一体化发展途径。

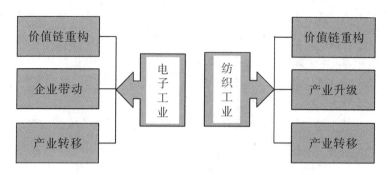

图 5-2　电子工业和纺织工业的一体化发展途径

四、一体化布局

南海经济圈产业一体化的布局是一体化工作的核心，事关产业发展利益的地区分配这一重大问题。显然，某一地区布局的产业价值链环节的水平、数量，直接关系到其获得的产业价值链利益的多少。产业部应根据产业一体化的基本原则，合理进行产业一体化的地理空间布局。

（一）电子工业

原则上除 IT 产业外，目前已经分布在南海经济圈各国的电子工业如菲律宾的电视制造业等，不再予以调整。对于 IT 产业，表 5-8 揭示了经济圈各国现有（产业布局调整前）的 IT 产业情况。从整体实力来看，除文莱（文莱没有电子工业）外的南海经济圈国家，如第二节所述，IT 产业技术水平最高的是中国、新加坡，之后是马来西亚、越南和菲律宾，印度尼西亚相对靠后；产业规模最大的是中国，之后是新加坡、马来西亚，菲律宾、越南和印度尼西亚相对靠后；IT 产业价值链占据环节方面，中国占据了部分研发、核心零部件及高档智能终端产品等高附加值环节，新加坡生产附加值较高的 IT 部件和部分智能终端产品，马来西亚以生产附加值较高的芯片为主，越南从事附加值较低的智能终端产品总装环节的生产，菲律宾、印度尼西亚以从事附加值较低的中低端 IT 零配件生产为主。实施电子工业的一体化布局，主要是在现有的电子工业分布格局基础上，对之进行进一步的优化调整与配置。

上述南海经济圈电子工业分布现状的不足之处主要有三个：一是各国各自为政，归属于不同的产业链，彼此缺乏协同合作，不能形成区域一体化发展格局，不利于提升价值链整体利益；二是存在一定程度的重复建设，从而形成一定程度的低水平价格竞争局面，如新加坡、马来西亚之间的芯片，产品定价能力较弱，利润率较低，遭受价值链领导企业较高程度的压榨；三是南海经济圈内的本土价值链较少，不利于圈内资源的开发与利用从而最大限度地服务于本区域的发展需要。

下一步IT产业布局的优化调整，主要是在三个方面着力：一是努力建设本土价值链，主要是培育并依靠本土龙头企业，推动其在经济圈地域空间范围内布局产业链。同时在布局过程中，强调错位发展的原则，对于IT产业所涵盖的四类技术即感测技术、通信技术、计算机技术和控制技术的四类产品，尽量将其产业链的重心（重要的生产环节）布局在不同的国家，以实现相对公平的目的。对此，根据各国IT产业发展的现状及比较优势，产业部可以考虑将感测技术、通信技术类产品的产业链重心，布局在中国的珠三角地区；将计算机技术类产品的产业链重心，布局在越南、新加坡；将控制技术类产品的产业链重心，布局在马来西亚；将上述各类产品产业链的中端环节，布局在菲律宾和印度尼西亚。构建本土型价值链并实施错位布局，可以充分利用各国的比较优势，凝聚形成最大化的资源本土利用效应，同时化解诸如新加坡和马来西亚之间的同业低水平竞争压力。建设本土价值链并推动其错位布局的关键之处，是要大力培养本土的IT产业龙头企业。南管局除通过自己的力量有目的、有步骤地培育龙头企业外，还应与各国政府沟通，就IT产业一体化的布局构想充分交流，协调各国产业政策的制定与实施，引导各国聚焦培育相应的产业和龙头企业。

二是推动中国环南海地区（主要是珠三角地区）和新加坡的IT产业转移。这两个地区的既有IT产业集群已发展成熟，供应链体系完整，但面临着成本上升、竞争加剧以及国际政治博弈等因素的冲击。事实上，珠三角地区的IT产业在市场机制的作用下，进入21世纪以来已部分转移到越南，带动了越南IT产业的快速增长。考虑到地理空间距离、交易成本（如交通、时间成本等）、文化背景等因素的影响，今后珠三角地区的IT产业可以以越南为主要目的地继续转移。新加坡的IT产业长期以来一直保持着相对稳定的状态，但随着未来IT产业全球价值链组织的演化，特别是2018年以来爆发的以IT产业为中心的全球贸易争端的影响，新加坡的IT产业在全球供应链中的地位可能会有所变动。例如，2018年新加坡对中国的机电产品出口为217.6亿美元，同比下降13.0%，意味着其与全球IT最终产品集成基地——珠三角地区的联系紧密程度降低。南海经济圈各国维持全球分工协作的前景不明朗，要求新加坡IT产业积极做出应对，即一方面要加快产业升级，提升产品竞争力；另一方面要进行产业转移，转移出部分中低端环节产品。总体上看，新加坡IT产业转移较为理想的地区是印度尼西亚。两者地理位置临近，关系比较稳定，发展水平存在差异，通过转移形成"前店后厂"的协作模式，对于双方都较为有利。同样需要指出的是，针对南海经济圈既有IT产业实施的产业转移，需要南管局的统筹引导，主要通过制定相关的优惠政策措施去推动。

三是价值链重构。产业部应努力利用2018年以来全球贸易冲突带来的IT产业链演变契机，推动价值链重构。目前来看，IT产业价值链未来的主要变化是欧美IT企业试图切割与中国IT企业的供应关系，以期孤立中国IT产业，重新确立自己的全球价值链领导地位。这给经济圈的东盟成员国带来了两方面的机会：一是欧美IT企业需要寻找新的供应商；二是中国IT企业同样需要寻找新的供应链合作伙伴。未来，如果南海经济圈建设得以落地，南管局等建设机构得以落实，应强化产业一体化机构的职能，出于南海经济圈国家利益共同体、命运共同体建设的长远需要，努力推动中国珠三角地区IT企业在经济圈内重构产业价值链，促成产业的一体化发展。

表5-8反映了产业布局调整前后南海经济圈各国的IT产业分布情况。

表5-8 产业布局调整前后南海经济圈各国的IT产业分布情况

国家	调整前IT产业	调整后IT产业	主要集聚布局地点
中国（环南海地区）	电子工业种类齐全，全球IT产业制造与研发基地	IT产业研发，感测技术、通信技术类产品价值链的核心环节（如高端芯片）生产，高档智能终端产品组装	深圳市、东莞市、广州市
越南	智能终端产品组装，主要是笔记本、手机等（2017年出口额达710美元）	计算机技术类产品的核心环节生产，中低档智能终端产品组装	胡志明市、北宁省、岘港市
马来西亚	芯片部件、印刷电路板、传感器等半导体生产（2017年出口约70亿美元）	控制技术类产品的核心环节生产，中高档半导体如芯片的生产	槟城市
新加坡	芯片、硬盘等半导体，信息通信和消费电子产品（2017年电机和电器产品出口达1 241.7亿美元）	计算机类产品的价值链核心环节生产，通信技术类产品中高档产品如芯片、硬盘的生产	新加坡市
印度尼西亚	IT零配件的组装	各类中低档IT技术产品的生产	雅加达市、万隆市

表5-8(续)

国家	调整前 IT 产业	调整后 IT 产业	主要集聚布局地点
菲律宾	芯片部件、电脑及配件、信息通信和消费电子产品（2017 年相关出口约 300 亿美元）	各类中低档 IT 技术产品的生产	马尼拉市

（二）纺织工业

纺织工业是南海经济圈产业一体化的最优先产业。所谓纺织工业，就是将天然纤维和化学纤维加工成各种纱、丝、线、带、织物及其印染制品的工业部门，按纺织对象可分为棉纺织工业、麻纺织工业、毛纺织工业、丝纺织工业、化学纤维纺织工业等，按生产工艺过程可分为纺纱工业、织布工业、印染工业、针织工业、纺织品复制工业等。纺织工业是典型的轻工业，其发展具有的"短平快"的特点，使其无一例外成为工业先行国推进快速工业化的起步产业和依托产业。表 5-9 概括了产业布局调整前后南海经济圈各国的纺织工业分布情况。

表 5-9　产业布局调整前后南海经济圈各国的纺织工业分布情况

国家	调整前纺织工业布局	调整后纺织工业布局	主要集聚布局地点
中国（环南海地区）	部分高档服装的研发设计和生产，产业上游环节如各种面料的生产	研发设计、销售，上游和高附加值的下游生产环节	广州市、佛山市、中山市、东莞市
越南	下游成衣及服饰产品生产，全球第三大服装出口国	女装、休闲运动服装生产及其研发设计	胡志明市、同奈省、广宁省
马来西亚	中游的印染和下游的成衣产品制造相对成熟	中游生产，下游中高档服装生产	柔佛州
印度尼西亚	部分产业中游环节的生产，主要从事产业下游的成衣生产，全球第八大服装出口国	男装、老年服装生产及其研发设计	万隆市、苏卡布米市、日惹市
菲律宾	少量产业下游的成衣制造	童装生产及其研发设计	马尼拉市
文莱	纺织产品占其出口第三，主要生产下游的成衣产品	少量中高档服装生产	斯里巴加湾市

中国环南海地区（珠三角地区）主要承担服装链上游环节的生产、部分中高档服装的设计研发、部分下游环节的高档服装的生产；越南主要从事成衣、服饰等产业下游环节的服装加工生产活动；马来西亚承担部分中游环节的生产和下游环节的中高档服装的生产；印度尼西亚从事小部分中游环节的生产，主要承担下游环节的服装生产；菲律宾纺织工业现处于重新振兴阶段，主要承担下游环节的服装生产；文莱为了减少对于资源产业的过分依赖，近年来发展了少量下游环节的服装生产；新加坡虽然曾依托服装业实现了工业的起飞，但现阶段已基本将纺织产业转移出去，只保留了小部分高档纺织产业。

由上可见，南海经济圈的纺织工业布局现状，从产业发展整体水平来看，中国环南海地区相对较高，马来西亚次之，越南和印度尼西亚再次之，菲律宾和越南相对较低；从所处产业价值链环节来看，中国环南海地区占据了部分上游环节，包括研发设计环节，形成了一批中高端品牌，马来西亚、印度尼西亚处于部分中游环节但以下游环节为主，而越南、菲律宾和文莱主要位于下游环节；从产业规模来看，中国环南海地区和越南的规模最大，之后是印度尼西亚、马来西亚、菲律宾，文莱规模最小。这种产业布局存在的问题包括：第一，大多数国家的服装工业是从事代工、贴牌生产，产业链分散控制在各个欧美企业手中，无法形成统一协调的一体化发展局面，布局随机、散乱；第二，本土产业链较少，没有形成统一的区域价值链，只有中国环南海地区拥有部分中高端品牌的产业链，产业利润大部分被域外国家获取；第三，分工不明确，协作不配套，没有按照比较优势形成错位发展格局，导致相互之间竞争激烈。今后对于纺织工业的一体化布局，主要应遵循"尊重基础、发挥优势、错位发展"的方针进行，以此最终逐步克服现有布局的不足。

具体而言，南海经济圈纺织工业的一体化布局主要从三个方面着力：一是建设本土纺织工业价值链，实施增量产业的一体化布局。产业部应结合经济圈各国推动纺织工业升级的契机，推动拥有服装品牌的企业如中国、马来西亚企业优先在南海经济圈内布局产业链。南管局一体化部应制订详细的纺织工业一体化发展与布局规划，明确阶段性产业升级与布局目标，引导升级产业在经济圈内布局。鉴于纺织工业产业链普遍较短、利润率较低，该部门应尽量减少布局中对于公平因素的考虑，尽量使这些升级产业/企业按照市场经济规律进行布局。

二是实施错位布局。为避免重复建设、低水平恶性竞争，南管局应尽可能按照比较优势原则，对纺织工业（包括存量产业和增量产业）在经济圈各国之间进行错位配置。由于中国珠三角地区服装产业发展水平高且处于产业价值链的高附加值环节，可以主要布局服装研发设计环节、销售环节以及高附加值生产环节；马来西亚主要布局产业价值链中游生产环节和下游中高档服装生产环节；越南主要布局产业价值链下游的女装、休闲运动服装生产环节，同时考虑到越南国内市场较大时，可布局相应的服装研发设计环节；印度尼西亚主要布局男装、老年服装生产环节，同样考虑到其国内市场较大时可布局相应的服装研发设计环节；鉴于菲律宾生产童装具有一定基础，可考虑主要布局童装产业，并配置相应的研发设计环节；文莱由于服装工业体量偏小但经济发展水平较高，可考虑布局一些中高档服装生产环节。当然，布局何种产业事关各国的切身利益，南管局应充分发挥协调作用，组织各国经过谈判、协商后方可签订一体化布局协定。很显然，对于存量产业的错位配置调整阻力会很大，因而不必急于求成，应根据服装工业总体发展的形势，相继进行引导，循序推进。

三是精心组织珠三角纺织工业产业价值链的布局调整。中国珠三角是南海经济圈纺织工业发展的重地，其纺织工业布局调整会对经济圈产生重大影响。在珠三角纺织工业升级及其落实南海经济圈纺织工业错位布局规划的同时，南管局应精心组织其既有纺织工业布局的调整，以最大限度地挖掘其对经济圈纺织工业布局优化的带动效应。现期在市场机制的自发作用下，珠三角纺织工业主要在向越南转移。随着珠三角服装产业的继续升级，南管局应逐渐使其销售目标市场对准印度尼西亚、菲律宾等较大市场，并按错位布局的要求向两国转移相应的服装工业价值链环节。

必须注意的是，上述纺织工业在经济圈内的布局调整都应遵循集聚原则，主要围绕各国的产业布局地点进行布局。

五、产业一体化促进自贸区升级版建设

产业一体化作为南海经济圈建设的核心内容、关键任务，其实施将使南海经济圈产业形成统一协调发展的局面，乃至最终逐渐融为一体，从而给自贸区升级版建设带来了巨大的助力。产业一体化的各条路径包括统筹配置、价值链重构、企业带动、产业转移，以及为实施这些路径而引发的各项任务，包括构筑产业价值链、打造产业集群、促进跨国投资、推动产业转移、促进产业升级以及完善一体化保障体系等。因此，这就要求南管局具备并构筑便利的投资、贸易条件，从而形成倒逼机制，推动自贸区升级版建设的顺利进行。

第六章　南海经济圈贸易一体化

本章论述南海经济圈的贸易一体化，主要探讨如何实现全面的自由贸易。全面的自由贸易既是南海经济圈高效运行的必要条件，也是其建成的重要标志。同时，贸易一体化建设也是南海经济圈建设促进中国—东盟自贸区升级版建设的主要途径所在。

第一节　贸易一体化的现状

前期南海经济圈内的贸易一体化，主要是通过中国—东盟自贸区建设这一途径推动的。迄今为止，中国—东盟自贸区建设已经取得很大成效，带动南海经济圈各成员之间的自由贸易水平有了长足进步。

一、贸易一体化的内涵

国际贸易（international trade）是指不同国家（和/或地区）之间的商品、服务和生产要素交换的活动。所谓贸易一体化，从过程角度来讲，是指在国际贸易领域内国与国之间逐渐减少或消除贸易障碍，并在此基础上逐步形成统一的国际自由市场的过程；从结果角度来讲，是指参与一体化合作国家之间的国际贸易，形成零关税、零壁垒、零补贴，贸易领域广阔，贸易便利无障碍的全面自由贸易格局。上述定义主要包含以下六个方面：

第一，贸易一体化特指国与国之间的国际贸易。一国内部的贸易关系比较好协调，大多数国家内部都是统一大市场，不存在较大的贸易障碍；而国与国之间，除了天然存在的政治制度差别之外，由于涉及国际贸易利益的分配问题，贸易制度也是不一样的，这对正常的国际贸易构成了障碍。传统的国际贸易理论认为，贸易创造财富，让交易双方均受益。受到阻碍的国际贸易，无疑有悖于这个理论，给各国带来了损失。因此，相关国家需要特别针对国与国之间贸易存在的障碍因素，采取各种手段措施去消除，实现自由贸易。

第二，贸易一体化要求整体零关税。零关税是贸易一体化的基本要求，而且要求所有的交易商品均为零关税。在目前的国际贸易组织里，关税降低已成为一种共识，也取得了很大成效，大部分国际贸易组织都实现了90%以上商品的零关税。未来，完全的零关税已成为全球贸易组织追求的目标，特别是在一些发达国家之间。欧美、欧日正在加速零关税贸易区的谈判，预期将基本清除所有的贸易壁垒，实现完全的零关税。当然，零关税的形成对于任何一个贸易组织而言都不是一蹴而就的，需要经历一个关税逐步降低的过程。因此，至今尚无一个多边贸易组织实现了零关税。

第三，贸易一体化要求零壁垒。零壁垒是贸易一体化较高层次的要求。随着关税降低成为一种普遍性行为，目前的国际贸易组织里非关税壁垒是最大的贸易障碍所在。同时，非关税壁垒的种类有不断增加的趋势，手段也越来越巧妙，发达国家和发展中国家都在运用非关税壁垒来保护本国利益。这使得消除非关税壁垒，成为实现贸易一体化的难点所在。逐步地，追求零壁垒已成为一些国际贸易组织的内在要求，特别是对于由一些发展水平相当的国家所组成的贸易组织而言，实现零壁垒的可能性相对较大。

第四，贸易一体化要求零补贴。补贴是各国鼓励外贸和产业发展的政策手段，目前WTO允许国际贸易中一些形式的补贴存在，包括可申诉补贴和不可申诉补贴。但是，只要有补贴的存在，就不可避免会带来不公平贸易的存在。例如，一个很明显的事实就是，对于某种产品实施的专项研究与开发补贴，由于各国财力的不同，补贴的力度会不一样，这最终会给该产品带来竞争力的不平等。要实现真正的贸易一体化，就需要实现零补贴。相对零关税、零壁垒而言，零补贴更加困难，是实现贸易一体化的长期目标。

第五，贸易领域广阔。其主要是指国际贸易的范围应有尽有，包括产品、服务、技术等贸易，最大限度地涵盖了各国所有能够进行交换的产品与服务类型。

第六，贸易便利无障碍。其主要是指贸易的整个过程便捷、顺畅、高效，不存在阻滞贸易正常进行的障碍因素，如交通因素、通关因素等。

总而言之，正如黄奇帆（2019）在上海高级金融学院SAIF·CAFR名家讲堂中的讲话所指出的，实施"三零"（零关税、零壁垒、零补贴）原则，已经成为国际贸易发展的新变化。未来的国际性贸易组织的建立，必然要求实现"三零"，也必然朝着"三零"的目标努力。

二、中国—东盟自贸区及升级版建设的进展

建设自贸区，是中国与东盟双方经济贸易关系发展到一定阶段的产物，符合双方未来发展的要求，是一个互惠互利、合作共赢的结果，因而得到了双方的大力推动。自 2002 年开始启动的中国—东盟自贸区建设，至今已取得了丰硕的成果，对双方经贸的发展发挥着巨大的推动作用。但是，随着全球经贸形势的发展，自贸区建设也逐渐暴露出一些不足：第一，货物贸易仍然存在进一步降低关税的空间，包括敏感产品的范围可以进一步缩小，原产地准则的实施遇到执行性困难。第二，服务贸易相互开放的领域和范围还比较狭窄，存在较大开放的空间。第三，投资协定对自贸区内投资自由化的约束较低，其对成员投资者采取准入后国民待遇，即投资准入环节中各成员可以依据国内法律进行自由规定，给实施歧视创造了机会，而在投资待遇方面仍采用中国惯用的最惠国待遇。此外，协定条文简单含糊，可操作性低，如使用"经必要修改"后纳入本协定或适用本协定等措辞，但并没有对"修改"进行说明或解释①。第四，自贸区相比双方各自同其他方建立的自贸区的开放水平要低，贸易障碍要大。如此等等，不一而足。上述自贸区建设的不足，使双方认识到需要通过升级自贸区建设来予以解决。

基于上述共识，2013 年中国开始倡导建设自贸区升级版。2014 年 8 月，中国—东盟经贸部长会议正式宣布启动自贸区升级谈判，经过 4 轮谈判，到 2015 年 11 月 22 日，双方在马来西亚吉隆坡正式签署中国—东盟自贸区升级谈判成果文件——《中华人民共和国与东南亚国家联盟关于修订〈中国—东盟全面经济合作框架协议〉及项下部分协议的议定书》（以下简称《议定书》），升级版建设获得重大进展，并正式开始实施。到 2018 年 11 月 14 日，自贸区各国均完成"升级版"协议的所有国内程序，标志着中国—东盟自贸区升级版正式全面生效。自贸区升级版建设的目的，概括起来就是进一步提升中国—东盟之间的贸易、投资自由化和便利化水平，拓展合作的广度和深度，实现双方经贸的深度融合、捆绑，以此促进双方经贸一体化发展。最终，这将有利于推动中国、东盟经济一体化进程，与东盟携手构建更高水平的战略合作关系，建设更为紧密的中国—东盟命运共同体②。

为实现上述目标，双方签署的《议定书》针对自贸区建设中暴露出来的

---

① 李杨，刘鹏. 深化中国—东盟合作打造自贸区升级版 [J]. 国际贸易，2015（6）：62-66.
② 外交部发言人. 中国东盟自贸协定"升级版"正式全面生效 [N]. 中国政府网，2018-11-14.

不足，进行了较好的修补和完善。

（一）提高货物贸易自由化水平

至《议定书》签署之时，中国—东盟自贸区的零关税商品已经覆盖了双方90%~95%的产品，主要影响自由贸易的问题是原产地规则的低可执行性。原产地规则是"区域价值百分比为40%"，标准单一，原产地的认定比较复杂。《议定书》拓展了标准，使绝大部分工业品同时适用"4位税目改变"和"区域价值百分比为40%"两个标准。对于这两个标准，企业可以自行选择适用，从而规避了原产地认定困难的产品原产地认定难题，这在很大程度上方便了企业利用自贸区的优惠政策。

（二）提高通关自由化

在海关程序便利化领域，原中国—东盟自贸区相关协定没有包括这方面的内容，而《议定书》则根据双方贸易发展的实际情况纳入了相关内容。

（三）推进服务贸易自由化

中国和东盟双方均做出承诺，向对方扩大服务贸易开放范围。中国在集中工程、建筑工程、证券、旅行社和旅游经营者等领域做出改进承诺，东盟各国在商业、通信、建筑、教育、环境、金融、旅游、运输8个部门约70个分部门向中国做出更高水平的开放承诺。《议定书》确定的具体改进措施包括扩大服务开放领域、允许对方设立独资或合资企业、放宽设立公司的股比限制、扩大经营范围和减少地域限制等。

（四）推动技术合作

技术对于中国、东盟经济社会发展的推动作用越来越明显，开展合作有助于双方各展所长、互帮互助、共同进步。为此，双方同意在农业、渔业、林业、信息技术产业、旅游、交通、知识产权、人力资源开发、中小企业和环境等10多个产业或领域开展合作，为有关合作项目提供资金等支持。此外，考虑到电子商务对双方经济发展的重要作用，双方还同意将跨境电子商务合作这一新议题纳入《议定书》，通过加强信息交流以促进双方的贸易和投资。

三、贸易一体化存在的障碍和问题

现阶段，尽管中国—东盟自贸区的建设取得了很大的进展，较好地满足了双方贸易的需要，但从贸易一体化的标准衡量来看，还存在较大的差距，使得南海经济圈实现贸易一体化还存在一些障碍和问题。

（一）离"三零"标准差距甚远

中国和南海经济圈各国的货物关税已经下降到一个很低的程度，甚至于未来，全部货物产品实施零关税也可预期，货物零关税是经济圈各国实现贸易一体化难度最小的领域。现在存在的主要差距，一是非关税壁垒难以消除，TBT（技术性贸易壁垒）、SPS（动植物卫生检疫措施协议）和"产品标识必须使用当地语言"等问题一直存在。例如，2015 年东盟各成员共采用 2 573 个 TBT，占壁垒总数的43.1%，采用 SPS 数量占壁垒总数的第二位，约为 33.2%。可以预见，在一个较长期的阶段里，经济圈各国将花很大力气去解决这个问题，以实现零壁垒达标。二是零补贴问题难以实现。尽管现行各种国际贸易组织均秉持反不正当补贴的原则，并制定了相关反补贴政策措施。但是，这些主要是针对国际贸易商品的下游补贴的。由于上游补贴的复杂性、隐秘性，现在尚无法对上游补贴制定明确的规则。例如，WTO 的《补贴与反补贴措施协议》（以下简称"SCM 协议"）以及大多数 WTO 成员的国内法，并未对上游补贴做出规定，只是在反补贴的实践操作过程中默认了 1990 年"美国加拿大猪肉案"、2002 年"美国加拿大软木案"中美国反补贴税法中的上游补贴概念①。出于这方面的原因，补贴仍然在南海经济圈各成员中被大量运用，且由于反补贴的困难，使之成为一种隐性的影响公平、自由贸易的重要因素。补贴可能会成为长期影响南海经济圈贸易一体化的痼疾，导致零补贴目标难以实现。

（二）贸易范围有待进一步拓展

实现南海经济圈的贸易一体化，现有的贸易范围还需要进一步拓展。首先，服务贸易的领域还需大力拓展，除了中国—东盟自贸区升级版落实的服务贸易开放领域外，南海经济圈各成员可以在经济圈建设框架内努力实现服务领域的全面自由对等开放。服务贸易是中国和东盟贸易的新增长点，近年来平均以 20%的速度增长，全面开放服务贸易领域对于双方经贸发展具有重要的意义。其次，技术合作的广度和深度还需要进一步拓展，目前的自贸区升级版落实合作的 10 余个领域还远远不够，还具有很大的潜力可供进一步挖掘。比如，随着南海经济圈的海洋一体化开发、产业一体化发展、5G 建设，必将催生许多产业技术需求，经济圈各成员可以构建相应的合作机制。最后，投资自由化程度较低需要进一步提升，主要是落实对投资全过程的国民待遇，减少自由投资的障碍，消除投资歧视的空间。

（三）贸易便利化水平需要进一步提升

WTO 将贸易便利化定义为：在国际贸易中存在着需要对货物流动的数据

---

① 朱广东. 国际贸易救济中的上游补贴的认定标准及启示 [J]. 对外经贸实务，2017（1）：41-44.

进行收集、传递和处理的过程，贸易便利化就是对这个过程中涉及的行为、惯例以及手续进行简化和协调。此定义为狭义的贸易便利化，主要指"贸易手续的简化和无障碍化"；广义的贸易便利化，是指有利于降低贸易交易成本和提高交易效率的任何措施。2017 年 2 月，WTO 宣布《贸易便利化协定》正式进入实施阶段。南海经济圈内，中国、马来西亚和新加坡已经正式告知 WTO 接受《贸易便利化协定》。根据世界经济论坛（WEF）颁布的 ETI 指数（贸易便利化指数），贸易便利化包括 4 个方面的评价：边境管理、运输和基础设施建设、市场准入（金融与电子商务）以及规制环境（商务环境）。整体上讲，尽管有了中国—东盟自贸区升级版对南海经济圈各成员的约束，但贸易便利化还存在一些问题，给经济圈未来的贸易一体化设置了障碍。首先，边境管理水平参差不齐，通关效率还有进一步提升的空间。近年来，通关中一个凸现的问题，是边境小额贸易由于各方贸易政策的规范度偏低①，严重限制了边境贸易的开展。其次，运输和基础设施建设滞后，经济圈内的一体化现代基础设施体系远未完成，如公路、铁路、网络等，而且各成员之间差别巨大。再次，金融和电子商务水平不足，金融体系满足不了企业的融资需求，电子商务应用水平还比较低。最后，规制环境远远适应不了贸易一体化的需要，不能做到高水平的透明、公开、公正。例如，根据 2018 年透明国际颁布的清廉指数排名，在南海经济圈成员中，新加坡排名全球第 3 位，马来西亚排名全球第 61 位，越南排名全球第 117 位，印度尼西亚排名全球第 89 位，菲律宾排名全球第 99 位，文莱排名全球第 31 位，中国排名全球第 87 位，南海经济圈总体水平大致处于全球中游的位置。

（四）产业结构相似度高

南海经济圈的贸易一体化能够实现，要求贸易一体化不会给任何一个成员带来利益的损失，而是带来利益的增加；否则，将难以实现。但是，如果内部成员之间的产业结构相似程度高，产品雷同，则可能会带来这种风险。因为此时各成员都不存在进口其他方产品的需要，贸易一体化并不会促进各成员之间的交易，给各成员带来利益的增加，从而实行贸易一体化意义不大。一个典型的例子是，目前南海经济圈成员均拥有纺织服装业，此时即使贸易一体化得以实施，各成员也不会从其他方进口服装产品。这就意味着，贸易一体化促进不了各成员之间的服装产品贸易，推行贸易一体化没有必要。产业结构相似高的

---

① 魏格坤. 中国—东盟非关税壁垒强度变动趋势及影响因素分析：兼论中国—东盟自贸区贸易自由化路径选择 [J]. 东南亚纵横, 2015（10）: 71-75.

问题，主要是通过在经济圈内实施产业一体化予以解决。

（五）政治互信不够

由于一些历史原因、政治原因以及南海主权问题的影响，南海经济圈各成员之间的政治互信度还不够高。这无疑会影响南海经济圈贸易一体化的建设，给贸易一体化建设带来阻力（事实上，这同样也为海洋一体化开发以及产业一体化、金融一体化带来阻力）。即使前期各成员求同存异、相互妥协，共同推动了中国—东盟自贸区及其升级版的建设，也预期可以在一定程度上共同实施南海经济圈的建设，但越往后，对于妥协程度要求更高、相互利益与命运捆绑更紧密的更高层次的合作，如各种一体化建设，内在的张力、阻力会越来越大，实施的难度将会越来越高。

上述五方面贸易一体化建设面临的障碍和问题，第一点和第二点是来自贸易领域本身的障碍和问题，第三点、第四点和第五点是来自经济社会方面存在的障碍和问题，更具综合性和复杂性。

第二节　中国—东盟及相关自贸区的贸易一体化程度实证

本节对中国—东盟自贸区以及若干中国的其他自贸区进行一个贸易一体化程度的实证比较，以期对中国—东盟自贸区的贸易一体化程度进行一个量上的了解。

一、贸易一体化评价指标体系的构建

对于贸易一体化评价指标体系的构建，主要基于贸易一体化的定义和内涵。指标体系的一级指标包括关税水平、非关税壁垒水平、补贴水平、贸易范围广度、贸易便利化水平。下面，我们分别确定上述五个一级指标的二级指标以及可操作性指标（替代指标）：

第一，关税水平。关税水平是指一个国家进口关税的平均税率，用以衡量或比较一个国家进口关税的保护程度。显然，关税水平越低，表明贸易一体化程度越高。关税率的计算通常运用如下公式：

关税率＝[进口关税税款总额/所有进口商品总价值（包括有税商品和免税商品）]×100%。

当然，在实际运用中也可以用替代指标，如货物关税水平。

第二，非关税壁垒水平。非关税壁垒是指一国政府为了调节、管理和控制本国的对外贸易活动，影响贸易格局和利益分配而采取的除关税以外的各种行政性、法规性措施的总和。对于非关税壁垒水平的前期研究较多，学者们提出了几种测算非关税壁垒水平的测算方法，其中最常用的是覆盖率（coverage ratio）和频数比率（frequency index）两个指标。前者主要是测算受一种或一种以上非关税措施限制的进口商品额，占所衡量类别商品总进口额的比重；后者主要是衡量非关税措施的出现频率，即受一种或一种以上非关税措施限制的进口商品税目数，占所衡量类别商品包含的税目总数的比率（按税号数目计算）。从数据的可得性考虑，此处采用频数比率指标。

第三，补贴水平。补贴是指一国政府或者公共机构采取直接或间接的方式，向本国出口企业提供现金补贴或财政优惠政策，以降低企业出口的成本，从而提高竞争力的行为。对于国际贸易补贴水平的衡量是一个难点，因为补贴具有很大的隐秘性，相关数据资料不好找，也很难找到直接的标准对其水平高低进行评价。前期，有学者运用等量补贴法对补贴水平进行评价。等量补贴法是衡量诸如政府政策给予生产企业的转移支付（补贴），对出口商品价格的扭曲程度。在找不到相关数据的情况下，此处考虑选取替代性指标——反补贴起诉次数或出口退税率，来近似反映补贴水平。

第四，贸易范围广度。贸易范围广度是本处提出的一个衡量贸易一体化程度的新指标，意指某个国际贸易组织中从事交换的货物与服务种类范围的广阔程度。显然，贸易范围广度越大，意味着贸易一体化程度越高。鉴于现有国际贸易组织中的货物贸易范围基本上已经全部开放，主要的不足在于服务与技术贸易的领域与范围不够，因此衡量贸易范围广度的指标可以设计为服务部门开放门类数。数量越大，表明贸易范围广度越大。

第五，贸易便利化水平。前期国内外对于贸易便利化的研究较多，衡量贸易便利化的方法比较成熟。一般而言，现有的方法大都是在 Wilson 等（1998）制定的由港口效率、海关环境、制度环境和电子商务 4 个指标构成的测度指标体系基础上，根据不同的研究目的进行适应性调整而形成的方法。例如，Ramasamy 等（2017）运用上述思路，构建了 16 个可操作性指标的评价体系，分析了"一带一路"沿线上各经济走廊的贸易便利化水平并指出了贸易潜力的提升方向。此处分别确定上述 4 个指标的可操作性指标（替代指标）：

（1）港口效率，包括港口设施整体质量、铁路设施整体质量、公路设施整体质量。

（2）海关环境，包括海关程序负担、进出口中的额外支付。

（3）制度环境，包括政府清廉指数、政府制定政策的透明度、法律法规解决相关问题的效率。

（4）电子商务，包括互联网使用人数、信息和通信技术在企业间交易中的应用、用于企业对消费者交易的互联网使用、政府网上服务指数。

贸易一体化评价指标体系如表6-1所示。

表6-1　贸易一体化评价指标体系

一级指标	二级指标	可操作性指标（替代指标）	备注
关税水平	关税率	零关税商品种类占总贸易商品种类比重/货物关税水平	——
非关税壁垒水平	频数比率	——	可参考GCR（《全球竞争力报告》）发布的"贸易壁垒程度"指标数据
补贴水平	等量补贴法	反补贴起诉次数/出口退税率	——
贸易范围广度	——	服务(或含技术)贸易额占贸易总额比重/服务贸易开放门类数	——
贸易便利化水平	港口效率	港口基础设施质量、铁路设施整体质量、道路质量、装运的方便性和可负担性	可参考GCR、GETR等发布的相关指标数据
	海关环境	海关程序负担、进出口中的额外支付	
	制度环境	政府清廉指数、政府制定政策的透明度、法律法规解决争端的效率	
	电子商务	互联网使用人数、信息和通信技术在企业间交易中的应用、用于企业对消费者交易的互联网使用、政府网上服务指数	

二、相关国际自由贸易组织（以下简称"自贸组织"）的贸易一体化程度评价与分析

贸易一体化评价的客体对象一般适宜为国家。为了本书需要，此处尝试对若干自贸区进行贸易一体化程度评价。

（一）国际自贸组织的选取

目前，中国、东盟分别与一些国家（地区）签订了自由贸易协定（以下简称"自贸协定"）。截至 2018 年 3 月底，中国已签订了 16 个自贸协定，涉及 24 个国家和地区。但是，在中国签订的这些自贸协定中，有 15 个是与单一国家签订的，与区域性国家联盟签订的只有中国—东盟自贸区。与此同时，东盟国家也与诸多国家以及地区签订了自贸协定，包括日本、韩国、印度、澳大利亚、新西兰等。上述各个双边或多边自贸区的贸易一体化水平并不一样。例如，在东盟签订的 5 个自贸协定中，服务贸易的开放水平就参差不齐，其中中国对东盟开放了 26 个服务业分部门，新西兰对东盟开放了 116 个服务业分部门，韩国与澳大利亚均对东盟开放了 85 个服务业分部门。

此处主要站在中国的角度，对与中国签订自贸协定的合作伙伴对于中国的贸易一体化程度进行评价。因此，对相关评价指标数据的选取，除了关税水平外，主要是选择自由贸易伙伴相对中国的数据，包括相对中国的非关税壁垒水平、产品出口补贴水平、贸易范围广度、贸易便利化水平等。至于关税水平，主要选取中国对各自贸协定签订伙伴的平均关税水平作为替代。为了评价时具有可比性，同时考虑到资料的可得性，此处选取中国—东盟自贸区、中国—韩国自贸区、中国—巴基斯坦自贸区、中国—瑞士自贸区、中国—澳大利亚自贸区、中国—智利自贸区作为贸易一体化程度评价与比较分析的对象。

（二）评价数据的确定

1. 关税水平

这里需要说明的是，关税水平主要是指各自贸区减税过渡期结束、完全建成后的货物最终关税水平。2010 年，随着中国—东盟自贸区的全面建成，双方对超过 90% 的产品实行零关税，中国对东盟平均关税从 9.8% 降到 0.1%，东盟 6 个老成员对中国的平均关税从 12.8% 降到 0.6%。中国—韩国自贸协定自 2015 年 12 月 20 日正式生效后，根据日本 MIZUHO 综合研究所分析，2015 年 1 月韩国出口中国的产品平均关税为 3.5%，中韩自贸协定生效三年后能够降至 2.9%①。中国—巴基斯坦自贸协定签署于 2006 年 11 月，2007 年 7 月生效实施，至 2011 年 3 月双方就自贸协定第二阶段谈判达成一致并结束谈

---

① Chivn. 中韩自贸协定，日本想要更多 [N/OL]. 观察者网. (2015-06-03) [2023-04-10]. https://w-ww.guancha.cn/Chivn/2015_06_03_321934.shtml.

判。根据财政部的统计数据，2013 年中国对智利的平均关税已降至 1% 以下，对巴基斯坦的平均关税也降至 5% 以下①。《中国—瑞士自由贸易协定》于 2014 年 7 月 1 日起正式生效，根据协定，瑞方将对中方 99.7% 的出口自该协定生效之日立即实施零关税，中方将对瑞方 84.2% 的出口最终实施零关税。2018 年，瑞士出口中国的货物为 303 亿美元，其中需要交纳关税的主要产品（其他需要交纳关税的产品金额很少，可忽略不计）包括化工产品（49.47 亿美元），贵金属及制品（184.52 亿美元），光学、钟表和医疗设备（27.74 亿美元），机电产品（29.33 亿美元）②。如上述 4 种产品分别按 2.6%、14.0%、6.4% 和 12% 的平均关税率③计算，可以估算出中国—瑞士自贸区的平均关税水平为 10.6%。中国—澳大利亚自贸协定于 2015 年 6 月 17 日正式签署，2015 年 12 月 20 日正式生效，按照协定要求，澳大利亚最终实现零关税的税目占比和贸易额占比将达到 100%，这意味着中国—澳大利亚自贸区建成后，中国对于澳大利亚的平均关税水平将为 0。

由此可见，中国—东盟自贸区、中国—韩国自贸区、中国—巴基斯坦自贸区、中国—瑞士自贸区、中国—澳大利亚自贸区、中国—智利自贸区的平均关税水平分别为 0.1%、3.5%、5.0%、10.6%、0% 和 1.0%，如表 6-2 所示。

表 6-2　6 个中国自由贸易伙伴的贸易一体化水平测度指标数据

自贸区	中国—东盟	中国—韩国	中国—巴基斯坦	中国—瑞士	中国—澳大利亚	中国—智利
平均关税率/%	0.1	3.5	5.0	10.6	0	1.0
非关税壁垒水平（贸易壁垒程度）	4.5	4.1	4.2	4.2	4.8	4.8
补贴水平/%	6.5	5.0	7.0	6.2	10.0	14.0
贸易范围广度（服务部门开放门类数）	11	19	22	19	19	14

---

① 中国社会科学院金融研究所，等. 自贸区蓝皮书：中国自贸区发展报告（2016）[M]. 北京：社会科学文献出版社，2017.

② 资料来源：瑞士海关相关数据。

③ 根据《中国—瑞士自由贸易协定》附件 1-1 中方关税减税表（APPENDIX 1 TO ANNEX I SCHEDULE OF CHINA）中明确的各类产品最终关税率。

表6-2(续)

自贸区		中国—东盟	中国—韩国	中国—巴基斯坦	中国—瑞士	中国—澳大利亚	中国—智利
贸易便利化水平	港口效率	3.6	5.0	3.4	5.2	4.3	3.9
	海关环境	3.9	4.4	3.7	3.0	5.2	4.9
	制度环境	3.9	3.8	3.2	3.7	4.9	5.2
	电子商务	2.8	3.2	1.9	3.3	3.2	2.0
	平均	0.91	1.09	0.81	0.98	1.14	1.04

注：①中国对其他自由贸易伙伴设置的平均关税水平，以自贸协定承诺的最终关税率为准；②中国—瑞士自贸区的平均关税水平，是按照2018年瑞士出口中国的产品结构和运用自贸协定承诺的最终关税率计算所获得的平均关税水平数据。

2. 非关税壁垒水平

根据表6-1反映的关税壁垒水平的二级指标为频数比率，且具体参考GCR发布的"贸易壁垒程度"指标数据，又根据2013—2014年GCR的贸易壁垒程度（prevalence of trade barriers）指标的评分数据，2013年东盟为4.5（由于泰国的贸易壁垒水平在东盟国家中处于中间状态，故选取泰国的数值进行近似替代。下面有关东盟的相关指标，也用泰国的指标近似替代，不再单独进行说明），韩为4.1，巴基斯坦为4.2，瑞士为4.2，澳大利亚为4.8，智利为4.8。对于中国而言，6个自贸区签约伙伴的贸易壁垒程度就相当于自贸区的贸易壁垒程度，从而可用此替代6个自贸区的贸易壁垒程度。

3. 补贴水平

此处衡量自贸区补贴水平的指标，用签约双方的商品平均出口退税率替代（用双方出口退税率的简单算术平均法计算得出）。具体而言，为利于数据的收集，此处主要计算农产品的平均出口退税率。现阶段（以2018年为统计年限），在上述6个自贸协定的签订方中：据《国家税务总局关于发布出口退税率文库2018 D版的通知》，中国农产品的平均出口退税率为10%；韩国对所有的出口货物均给予零税率，即全部退税，由于韩国对农产品基本免税，故可认为农产品的出口退税率为0；根据巴基斯坦《2015—2018年战略贸易政策框架》，其对特定行业包括主要的出口农产品行业给予4%的出口退税率，可取其农产品平均出口退税率为4%；瑞士在1994年6月颁布了《增值税法令》，该法令规定出口产品免征增值税，其中食品和农产品的增值税率为2.4%，由此可认为瑞士农产品的出口退税率为2.4%；澳大利亚对于产品和劳务均征收

10%的税率，出口货物和劳务均享受零税率即全额退税，因此其出口退税率可以认为是10%；智利出口产品也是按照征收的税额进行全额退税，即享受零税率，对于农产品主要是退还增值税（不征收消费税），从而其出口退税率等于增值税率为18%；东盟国家的出口包括农产品退税率普遍较低，其中马来西亚有比较完整的出口退税政策，可以用马来西亚农产品（主要是棕榈油）的出口退税率来近似替代东盟的出口退税率，为3%（马来西亚出口退税只退销售税、货物税、关税，而主要农产品基本免税，只征收出口关税，从而出口退税只是退关税。从2019年起，马来西亚对于棕榈油的出口关税率定为3%）。

根据上述数据可以计算出，中国—东盟自贸区、中国—韩国自贸区、中国—巴基斯坦自贸区、中国—瑞士自贸区、中国—澳大利亚自贸区、中国—智利自贸区的出口退税率分别约为 6.5%、5.0%、7.0%、6.2%、10.0%、14.0%。用之替代补贴水平，列出 6 个自贸区的补贴水平，如表6-2所示。

4. 贸易范围广度

贸易范围广度用自贸协定签订双方彼此承诺（这种承诺一般以减让表的形式列出）开放的服务部门数量之和来衡量。

在《中华人民共和国与东南亚国家联盟全面经济合作框架协议》中，中国承诺对东盟开放建筑及相关工程服务、环保服务、运输服务、体育服务和商务服务 5 个大类服务部门，东盟各国承诺对中国开放的服务部门大类数量与其对 WTO 的承诺大体一致（分部门数量区别较大），一般为 6 个。《中国—韩国自由贸易协定》明确了中国和韩国之间的服务贸易开放部门，中国承诺对韩国开放专业服务、通信服务、建筑及相关工程服务、分销服务、教育服务、环境服务、金融服务、旅游及相关服务、运输服务、娱乐文化体育服务 10 个大类服务部门，韩国承诺对中国开放商业服务、通信服务、建筑及相关工程服务、分销服务、教育服务、金融服务、旅游及相关服务、运输服务、娱乐文化体育服务 9 个大类服务部门。在《中国—巴基斯坦自由贸易协定》中，中国承诺对巴基斯坦开放的服务贸易部门包括专业服务、通信服务、建筑及相关工程服务、分销服务、教育服务、环境服务、金融服务、与健康相关的服务和社会服务、旅游及与旅行相关的服务、娱乐文化和体育服务（除视听服务以外）、运输服务 11 个大类，巴基斯坦承诺对中国开放的服务贸易部门包括商业服务、通信服务、建筑和相关的工程服务、分销服务、教育服务、环境服务、金融服务、与健康相关的服务和社会服务、旅游及与旅游相关的服务、娱乐文化和体育服务、运输服务 11 个大类。在《中国—瑞士自由贸易协定》中，中国对瑞士做出了开放商业服务、通信服务、建筑及相关工程服务、分销服务、教育服务、环境服务、金融服务、旅游及与旅行相关的服务、娱乐文化和体育服务 9 个大类服务部门的承诺，瑞士对中国做出了开放商业服务、通信服务、建筑及相关工程服务、分销服务、教育服务、环境服务、金融服务、旅游及与旅行相关的服务、娱乐文化和体育服务、运输服务 10 个大类服务部门的承诺。《中国—澳大利亚自由贸易协定》的具体承诺减让表表明，中国对澳大利亚开放商业服务、通信服务、建筑及相关工程服务、分销服务、教育服务、环境服务、金融服务、与健康相关的服务和社会服务、旅游及与旅行相关的服务、娱乐文化和体育服务、运输服务 11 个大类服务部门，澳大利亚（指中央政府，不包括地方政府）对中国开放专业服务、通信服务、渔业与珍珠养殖业、健康服务、运输服务、金融服务、娱乐文化和体育服务、教育服务 8 个大类服务部门。在《中国—智利自由贸易协定》中，中国对智利承诺开放专业服务、建筑及相关工程服务、分销服务、教育服务、环境服务、旅游及与旅行相关的服务、娱乐文化和体育服务 7 个大类服务部门，智利对中国承诺开放商业服务、通信服务、旅游及与旅行相关的服务、分销服务、教育服务、体育服务、环境服务 7 个大类服务部门。

如上可知，中国—东盟自贸区、中国—韩国自贸区、中国—巴基斯坦自贸区、中国—瑞士自贸区、中国—澳大利亚自贸区、中国—智利自贸区的贸易范围广度衡量数值分别为 11、19、22、19、19、14。

5. 贸易便利化水平

衡量 6 个自贸区的贸易便利化水平，站在中国的角度，可以采用自由贸易伙伴的贸易便利化指标数据来替代。中国上述 6 个自由贸易伙伴的贸易便利化计算基础数据，主要来源于《全球竞争力报告》（GCR）（2013—2014 年）和《全球贸易便利化报告 2016》（GETR）。

（1）港口效率。

港口效率指标主要采用《全球贸易便利化报告 2016》中所列的港口基础设施质量（quality of port infrastructure）、铁路设施整体质量（quality of railroad infrastructure）、道路质量（quality of roads）、装运的方便性和可负担性（ease and affordability of shipment）4 个指标数据（见表 6-3），再通过简单算术平均法计算得出（见表 6-2）。其中，东盟的数据采用泰国的数据来进行替代。

表 6-3　港口效率计算原始数据

指标	东盟(泰国)	韩国	巴基斯坦	瑞士	澳大利亚	智利
港口基础设施质量	4.2	5.2	3.7	4.4	4.9	4.9
铁路设施整体质量	2.5	5.5	3.1	6.6	4.0	2.4
道路质量	4.2	5.6	3.8	6.0	4.8	5.0
装运的方便性和可负担性	3.4	3.6	2.9	3.7	3.6	3.3

（2）海关环境。

海关环境指标直接引用《全球竞争力报告》（2013—2014 年）的海关程序负担（burden of customs procedures）指标的评价得分数据（见表 6-2）。其中，东盟的数据采用泰国的数据来进行替代。

（3）制度环境。

制度环境指标引用《全球竞争力报告》（2013—2014 年）的非正常支付和贿赂（irregular payments and bribe）、政府制定政策的透明度（transparency of government policymaking）和法律法规解决争端的效率（efficiency of legal framework in settling disputes）3 个指标的评价得分数据（见表 6-4），之后再通过简单算术平均法计算得出（见表 6-2）。

表 6-4　制度环境计算原始数据

指标	东盟(泰国)	韩国	巴基斯坦	瑞士	澳大利亚	智利
非正常支付和贿赂	3.8	4.4	2.9	3.6	5.7	5.7
政府制定政策的透明度	3.9	3.4	3.7	3.8	4.4	5.1
法律法规解决争端的效率	3.9	3.5	3.1	3.8	4.6	4.7

（4）电子商务。

电子商务指标引用《全球贸易便利化报告 2016》中的互联网使用人数百分比（individ- uals using Internet，%）、信息和通信技术在企业间交易中的应用（ICT use for biz-to-biz transactions）、用于企业对消费者交易的互联网使用（internet use for biz-to-consumer transactions）、政府网上服务指数（government online service index）4 个指标的数值（见表 6-5），再通过简单算术平均法计算得出（其中，互联网使用人数比采用通过无量纲化处理后的数据），结果如表 6-2 所示。

表 6-5　电子商务计算原始数据

指标	东盟(泰国)	韩国	巴基斯坦	瑞士	澳大利亚	智利
互联网使用人数百分比/%	39.3 (0.19)	118.5 (0.88)	18.0 (0)	88.0 (0.61)	132.8 (1.0)	64.3 (0.40)
信息和通信技术在企业间交易中的应用	5.1	5.2	3.7	6.1	5.5	5.3
用于企业对消费者交易的互联网使用	5.2	5.9	3.7	5.8	5.5	5.1
政府网上服务指数	0.55	0.94	0.33	0.6	0.98	0.78

注：互联网使用人数百分比括号中的数值为经过无量纲化处理后的数值。

根据上述 4 个方面的数据，我们可以采用加权平均法计算中国各个自贸协定伙伴的贸易便利化水平，并用以近似替代相应的自贸区的贸易便利化水平。在具体的 4 个指标的权重中，港口效率和海关环境设为 35%，制度环境和电子商务设为 15%。由此可以计算出，6 个自贸区协定伙伴的贸易便利化水平，如表 6-2 所示。

（三）贸易一体化程度单项指标评价

根据表 6-2 的数据，可以给 6 个自贸区的单项指标进行排序，如表 6-6 所示。在 5 项指标中，中国—韩国自贸区、中国—澳大利亚自贸区均获得 2 个单项第一，中国—巴基斯坦自贸区获得 1 个单项第一；中国—智利自贸区有 2 项单项指标排名最后，中国—巴基斯坦自贸区、中国—东盟自贸区、中国—瑞士自贸区、中国—澳大利亚自贸区均有 1 项指标排名最后（存在分数相同导致的并列排名情况）。

表 6-6　6 个自贸区贸易一体化单项指标排名

自贸区	中国—东盟		中国—韩国		中国—巴基斯坦		中国—瑞士		中国—澳大利亚		中国—智利	
	数值	排名	数值	排名	数值	排名	数值	排名	数值	排名	数值	排名
平均关税率/%	0.1	2	3.5	4	5.0	5	10.6	6	0	1	1.0	3
非关税壁垒水平（贸易壁垒程度）	4.5	3	4.1	1	4.2	2	4.2	2	4.8	4	4.8	4
补贴水平/%	6.5	2	5.0	1	7.0	4	6.2	3	10.0	5	14.0	6
贸易范围广度（服务部门开放门类数）	11	4	19	2	22	1	19	2	19	2	14	3
贸易便利化水平	0.91	5	1.09	3	0.81	6	0.98	4	1.14	1	1.04	2

（四）贸易一体化程度综合评价

由于平均关税率相差太大，为了进行贸易一体化程度的综合评价，需要对平均关税率进行重新赋值。我们选取《全球贸易便利化报告 2016》中的中国自贸协定伙伴的 Tariff rate（关税率）指标对之进行替代，由此得到中国—东盟自贸区、中国—韩国自贸区、中国—巴基斯坦自贸区、中国—瑞士自贸区、中国—澳大利亚自贸区、中国—智利自贸区的该指标值分别为 6.8、7.1、16.6、4.0、2.1、3.2（如前所述，中国—东盟自贸区的数据用泰国的数据代替，以此实现可比性）。

为开展综合评价，我们对表 6-2 的相关数据进行无量纲化处理。其中，贸易范围广度和贸易便利化水平的无量纲计算公式为

$$Z_{ij} = \frac{Y_{ij} - Y_{min}}{Y_{max} - Y_{min}}$$

为保证指标的可比性，平均关税率、非关税壁垒水平、补贴水平 3 个指标的无量纲计算公式为

$$Z_{ij} = \frac{Y_{ij} - Y_{max}}{Y_{min} - Y_{max}}（设第 i 行最小的原始数据值的无量纲值为 0）$$

在上述两个式子中：$i = 1, 2, \cdots, 5$，分别表示关税率、非关税壁垒水平、补贴水平、贸易范围广度、贸易便利化水平；$j = 1, 2, \cdots, 6$，分别表示中国—东盟自贸区、中国—韩国自贸区、中国—巴基斯坦自贸区、中国—瑞士自贸区、中国—澳大利亚自贸区、中国—智利自贸区；Z_{ij} 表示第 i 行、第 j 列的无量纲化数据，Y_{ij} 表示第 i 行、第 j 列的原始数据；Y_{max}、Y_{min} 分别表示第 i 行该指标的最大值和最小值。

通过计算，表 6-2 中的贸易便利化测度指标数据的无量纲化数值如表 6-7 所示。

表 6-7　贸易一体化测度指标无量纲化数值

自贸区	中国—东盟	中国—韩国	中国—巴基斯坦	中国—瑞士	中国—澳大利亚	中国—智利
平均关税率/%	0.68	0.66	1	0.87	1	0.92
非关税壁垒水平（贸易壁垒程度）	0.43	1	0.86	0.86	0	0
补贴水平/%	0.83	1	0.78	0.87	0.44	0
贸易范围广度（服务部门开放门类数）	0	0.73	1.0	0.73	0.73	0.27
贸易便利化水平	0.3	0.85	0	0.52	1	0.7

利用这些数据测度 6 个自贸区的贸易一体化水平，计划采取加权算术平均法，具体的计算公式为

$$X_j = \sum_{i=1}^{5} Z_{ji} \cdot K_i$$

式中，X_j 表示第 j 个自贸区的贸易一体化程度，Z_{ji} 表示第 j 列、第 i 行的贸易一体化测度指标的无量纲值，K_i 表示第 i 个贸易一体化测度指标的权重。运用德尔菲法，经函询数位专家征求对各个贸易一体化测度指标权重设置的意见，确定平均关税率、非关税壁垒水平、补贴水平 3 个指标的权重为 0.25，贸易范围广度、贸易便利化水平 2 个指标的权重为 0.125。由此可以计算出，6 个自贸区的贸易一体化程度如表 6-8 所示。

表 6-8　6 个自贸区的贸易一体化程度

自贸区	中国—东盟	中国—韩国	中国—巴基斯坦	中国—瑞士	中国—澳大利亚	中国—智利
贸易一体化程度	0.52	0.86	0.79	0.81	0.58	0.35
排名	5	1	3	2	4	6

三、评价结果及启示

考察表 6-8 中的 6 个自贸区的贸易一体化程度，相对中国而言，中国—韩国自贸区的贸易一体化程度最高，之后是中国—瑞士自贸区，贸易一体化程度最低的是中国—智利自贸区，而中国—东盟自贸区的贸易一体化程度排名倒数第二，仅高于中国—智利自贸区。由此可见，由于受到相关因素的影响，中国—东盟自贸区的贸易一体化水平总体较低，满足不了未来中国与东盟之间深化开放与合作的需求。这同时表明，南海经济圈各成员之间的贸易一体化程度较低，在受到前述贸易一体化存在的障碍与问题的影响下，将适应不了经济圈建设的要求。这需要在推动中国—东盟自贸区贸易一体化发展的同时，努力推进南海经济圈内的贸易一体化。

第三节　推进贸易一体化建设

贸易一体化建设，是一个历久弥新的课题。重商主义登上经济理论历史的舞台以来，人们对于自由贸易的向往与探索从未中止过。自由贸易的终极形式

就是贸易一体化，人们从建立 GATT、WTO 等多边贸易组织，到建立各级各类双边、多边自贸区，都在朝着贸易一体化的目标前进。从理论到实践，人类对于自贸区的探索均取得了巨大的进展。下面，我们对中国—东盟自贸区建设的近期理论进展做一个回溯，从中得到启示与借鉴，并探讨中国—东盟自贸区框架下的南海经济圈贸易一体化的具体对策与措施。

一、中国—东盟自贸区建设理论研究进展

近年来，中国—东盟自贸区建设的理论研究热点主要聚焦于升级版建设。学者们从整体到某一方面、从贸易领域到经济社会各个领域、从规范分析到实证分析，开展了卓有成效的探讨。

李杨和刘鹏（2015）认为，既有的中国—东盟自贸区贸易规则与最新的国际经贸规则演变存在差距，建设自贸区升级版是对最新形势的适应。为推进升级版建设，相关部门应加强政策的统一协调，扩展和补充现有的贸易规则，深化重点领域的合作，建设先行合作示范区。

魏格坤（2015）实证分析了中国—东盟自贸区非关税壁垒的强度指数，并分析其变化趋势和影响因素。在此基础上提出，中国—东盟自贸区贸易便利化的路径包括：简化海关程序，协调各成员间的标准；加强自贸区内各经济体的紧密合作；尝试打造升级版的中国—东盟经济区；加强产业合作。

杨宏恩和孟庆强（2016）提出，建设自贸区升级版就是让中国—东盟自贸区成为"市场充分对接、产业深度融合、政策有效协调"的自贸区。打造中国—东盟自贸区升级版还应该采取多种措施，包括加强国家间产业政策的互联互通、建立优势互补的产业链和生产网络、构造多元化的分工"共荣"体系等，以达到与东盟不同国家的不同产业双向嵌入并在总体上增加产业依赖性的目的。

肖溢（2016）从壁垒降低、贸易结合度、贸易竞争力、产业内贸易等方面，分析了中国—东盟自贸区的贸易效应，由此提出了中国—东盟自贸区发展的建议：进一步消除非关税壁垒；进一步完善争端解决机制；调整产业结构以增强互补性；等等。

黄耀东和唐卉（2016）阐析了中国—东盟自贸区建设的瓶颈和问题：贸易合作面临域外自贸区的竞争；自贸区内国家间存在市场、投资等方面的竞争，如产业结构趋同、出口竞争激烈；自贸区内各国发展不平衡；政治互信水平有待进一步提高；企业对自贸区政策利用水平低。针对上述问题，自贸区升级版实现的路径包括：以欧盟模式为蓝本，促进自贸区升级；列出互联互通项

目清单，提速自贸区升级；以投资为主线，加快自贸区升级；扩充自贸区内容，完善自贸区升级；提高原产地证书使用效率，推动自贸区升级。

蒋德翠（2017）阐述了中国—东盟自贸区的投资摩擦及争端协调机制，其中争端协调机制可由五个部门构成：常设委员会、风险预警中心、区域性行业协会、协调中心、争端解决中心。

梁颖和卢潇潇（2017）提出，中国和东盟加快在加强互联互通、产能合作、海陆互动、金融合作等重点领域的合作，发掘和建设一批旗舰项目，以之作为支撑和依托，推动自贸区升级版建设。

孙芸芸（2018）运用 ETI 指数，分析了中国—东盟自贸区各个国家的贸易便利化水平，并提出了提升贸易便利化水平的几点思考：推行自贸区道路运输便利化，统一协调国际运输规则；健全自贸区"单一窗口"与 AEO 互认制度；完善海关通关便利改革，建立海关合作制度；推进 CAFTA 升级版电子商务领域谈判工作，建立区域跨境电子商务法律规则与体系。

于倩和武云蕾（2019）测度了中国与东盟自贸区各国的贸易便利化水平，并将贸易便利化指数代入引力模型之中，分析贸易便利化水平和构成贸易便利化的四大领域（进口国的金融与电子商务、海关环境、制度环境和交通基础设施）对中国出口贸易的影响，据此再提出提升中国与东盟各国贸易便利化水平的建议与措施，包括提高金融和电子商务水平、营造高效的海关环境、加大交通基础设施建设力度。

施本植和汤海滨（2019）的研究表明，助推中国—东盟自贸区升级版的建设路径主要包括技术创新路径和制度创新路径。

上述探索对于如何推进南海经济圈的贸易一体化建设，提供了有益的启示与借鉴。

二、推进南海经济圈贸易一体化的对策措施

作为南海经济圈建设的内容之一，贸易一体化是高水平的自由贸易，超越了各级各类自贸区的自由贸易水平，理论上应达到一国内部贸易开放与便利水平相当的程度。基于此，相关成员应以一国国内统一大市场的标准和要求，采用下述五个方面的举措去推动贸易一体化建设：

（一）加强统筹协调，促进有序建设

南管局成立贸易一体化部，承担推动经济圈贸易一体化的责任；制定统一的贸易一体化总体建设规划，确定阶段性任务和目标，并明确具体的政策与措施；在中国—东盟自贸区升级版建设的基础上，提出"南海经济圈贸易一体化区"的建设倡议，对照贸易一体化评价指标设立"一体化负面清单"，列出与"三零"标准的差距，倒逼各成员推进贸易一体化工作；选取中国—新加坡自贸区作为贸易一体化的示范试点，前期南管局一体化部聚焦、聚力于此，全力推动中国—新加坡的贸易一体化建设；沟通、协调各成员相应的贸易管理部门，及时观测负面清单的变化动态并予以通报、示警，及时总结、推广中国—新加坡贸易一体化建设的进展与经验，及时观察和通报总体建设目标的进展并予以相应处置。推动贸易一体化部有序建设的关键是，南管局应建立与各国商务部门强有力的沟通协调机制，并具有对于南海经济圈建设某种程度的强制性执行的行政能力。

对于一体化建设的总体规划，此处可以确定其阶段性目标，如表6-9所示。

表6-9　南海经济圈贸易一体化建设阶段性目标

建设内容	2035 年	2050 年	备注
关税水平	零关税产品达到95%	零关税	—
非关税壁垒水平	全球自贸区一流水平	零壁垒	—
补贴水平	全球自贸区一流水平	零补贴	—
贸易范围广度	全球自贸区一流水平	100%开放	以服务贸易范围为主要衡量标准
贸易便利化水平	达到全球一流水平	贸易便利化无障碍	—
与中国实现贸易一体化的国家	新加坡、马来西亚、文莱	印度尼西亚、菲律宾、越南	—

（二）推进牵涉南海经济圈的国际贸易组织建设

推进既有和计划中牵涉南海经济圈成员的国际性贸易组织建设的出发点，是以之为途径、平台和载体，努力提高南海经济圈的自由贸易水平，为贸易一体化打下坚实的基础和提供强大的推动力。因为，无论哪一个自贸区建立的初衷，都是朝着完全的自由贸易努力的，都志在于实现最终的贸易一体化。从而，无论哪一个牵涉南海经济圈成员的自贸组织的建设，都将有利于提高经济圈的贸易一体化水平，都应该大力去支持、推动。

目前，除已经建成的中国—东盟自贸区外，拟建的包括南海经济圈7国在内的国际自贸组织，即RCEP（《区域全面经济伙伴关系协定》）。这要求相关成员要努力去推动这两个自贸区的建设。首先，全面落实中国—东盟自贸区升级版《议定书》，深入推进升级版建设。《议定书》在2015年已签署，但直到2018年11月才在各国全面生效，进入实质性实施阶段。必须采取各种手段和措施去抓紧落实《议定书》，尽快实现升级版建设的目标，从而促进南海经济圈贸易一体化水平的提升。其次，加快推进 RCEP 建设。RCEP 包括中国、日本、韩国、澳大利亚、新西兰、印度以及东盟十国（10+6），是由东盟首次提出和倡导的，目的是通过削减关税及非关税壁垒，建立 16 国统一市场的自贸协定。这是基于 WTO 规则基础上签订的更高水平自贸协定的区域合作协议。RCEP 自 2011 年开始提出，2013 年开始启动多边谈判，到 2018 年已历经 5 论谈判、在 20 个领域中的 7 个达成了妥协，但由于少数国家特别是印度对于削减关税态度的慎重，最终的全面妥协难以达成。2018 年 11 月 14 日在新加坡举行的 RCEP 首脑会议，放弃了在 2018 年内达成实质上妥协的目标，决定将继续进行谈判，并将"决心在 2019 年达成妥协"写进联合声明中。作为 RCEP成员的中国和南海经济圈其他 6 个成员，应秉持更加积极的态度，主动在RCEP 谈判中释放正面的力量，去促成 RCEP 协议的达成，借机加快南海经济圈贸易一体化区的建设进程。可喜的是，2019 年 11 月 5 日，除印度外的其他15 个国家，在泰国举行的东盟峰会上正式宣布签署 RCEP 协议。这标志着RCEP 的建成，下一步只待加紧落实了。

（三）夯实贸易一体化的内涵

贸易一体化的内涵可以简化为"3 个化"："三零化""范围广化"和"便利化"。为实现贸易一体化，关键、核心之处就是夯实贸易一体化的内涵，做到"三化"。

1. 促进"三零化"

截至 2015 年年底，中国—东盟自贸区的平均关税水平已经下降到 0.1%，表明中国和南海经济圈成员之间的货物自由贸易程度已经相当高。但如前所述，这离贸易一体化的标准还比较远，贸易一体化的范围更广泛、要求更高，既要求实现零关税，还要实现零壁垒、零补贴。未来，在尽快落实零关税的同时，各成员政府还应全力抓好降壁垒、减补贴的工作。

作为现阶段贸易保护的主要手段，非关税壁垒、补贴被各国所广泛使用，消除壁垒和补贴的目标很难实现。归根结底，这是涉及可上升到国家、民族高度的重大利益问题，没有哪一个国家会轻易放弃。即使最发达、经济与贸易自由度较高的美国和欧盟之间，非关税壁垒与补贴同样广泛存在。乃至于 2018 年7 月 25 日欧盟委员会主席容克在访问美国时，双方宣布"朝着取消非汽车类工业品所有关税、非关税壁垒和补贴的目标共同努力"，时任美国总统特朗普将之形容为"今天是一个大日子，非常之大"。在这样的现实条件下，南海经济圈能做的，是进一步扩大成员间的政治互信度，努力消除国家与民族之间的矛盾，制定自己高效率的反非关税壁垒、反补贴机制，尽力将非关税壁垒和补贴水平降低至最低限度。显然，实现零壁垒、零补贴将是一个长期、逐步推进的过程，可以将之作为南海经济圈建设的长期计划实现目标。

2. 促进"范围广化"

南海经济圈贸易的范围广化，具体指服务贸易、技术合作和投资 3 个领域需要进一步拓展。服务贸易的进一步开放，取决于经济圈各成员对于各自相关服务领域开放得失的权衡，在此基础上进行的谈判所能获得的进展。理论上讲，服务贸易完全开放是有可能的，因为毕竟这不涉及国计民生的关键问题、战略性领域的开放问题。同各成员对于货物贸易开放的最初态度一样，阻碍各成员的服务贸易开放的主要问题，是对于本国服务产品竞争力的担忧问题。在此方面，中国的做法可以作为借鉴——"不要怕狼来了，关键是怎么应对狼来了"。2018 年以来，中国逐渐把服务贸易开放作为对外开放的重点领域，采取了一系列措施促进服务贸易的发展：在北京开展服务业扩大开放综合试点，同时在上海、天津、重庆、海南等 17 个地区开展服务贸易创新发展试点；支持探索采取负面清单管理模式促进服务贸易开放，发布外商投资准入负面清单对投资准入方面进行限制，发布服务贸易领域负面清单主要解决跨境交付、境外消费、自然人流动领域的问题；建设服务贸易基地，包括 13 个国家文化出口基地，在数字服务、中医药服务等领域研究建立一批新的特色服务贸易基地；创新服务贸易发展模式，加快服务贸易数字化进程，推动服务外包数字化、智能化、高端化转型。上述举措促进了中国服务贸易的发展，2018 年服务贸易进出口额达到了 5.24 万亿元，连续 5 年位居世界第二，服务贸易占外贸比重从 2012 年的 11.1% 提高到 14.7%。因此，各成员如果能够充分认识到服务贸易与货物贸易一样能够给国民经济的发展带来助力，则应秉持对其开放的正面支持立场，协力推进服务贸易领域的进一步扩大（既可以在自贸区升级版框架内，也可以在南海经济圈框架内）。当然，这需要一个过程，可以随着南海经济圈建设的不断深入、各个建设目标的逐步实现，同步推动服务贸易领域开放范围的扩大。

技术贸易相对服务贸易而言，其开放的难度更大，因为这涉及技术保密问题、知识产权保护问题，具有较高的敏感性，如敏感的制造业核心关键技术、军事工业技术。但显然，中国和东盟（中国与南海经济圈国家）之间目前仅有 10 个技术合作的领域，是远远不够的，理论上的发展空间和潜力都还很大。很明显，对于技术合作，技术水平较弱方的意愿更强烈一些，较强方则更倾向于保守。因此，这需要建立合理的技术合作管理机制、利益分享机制、知识产权保护机制，来保障技术输出方的合法利益，如此，技术合作范围拓展是可以预期的。特别是对于南海经济圈而言，除了新加坡拥有部分优势技术外，技术合作的输出方主要是中国。对于中国而言，参与、推动南海经济圈建设的最终目的，是促进中国与其他成员的利益共同体、命运共同体建设，进而实现区域一体化，立志殊为高远；加之中华文化独有的和谐观、大同观等，决定了其不会将目光仅局限于经济利益，还会从道义、友谊的角度来考虑技术输出和技术合作问题。这就为进行技术合作扫除了最大的障碍——经济利益障碍，从而中国对于技术合作的态度会非常积极、非常主动。这使得技术合作范围的拓展对于南海经济圈而言，困难不会如想象中那么大，或许会随着南海经济圈建设的实质性开展，获得一个非常快的进展。

得益于中国—东盟自贸区的建设，南海经济圈成员之间现有的投资合作开展比较顺利，投资领域比较广阔。截至2018年年底，中国与东盟双向累计投资额达2 057.1亿美元，双向投资存量在近15年里增长了22倍。其中，中国对东盟国家的直接投资领域分布多元化，涵盖电力生产供应、采矿、批发零售、制造、租赁、商务服务、建筑、金融、交通运输、仓储、农林牧渔业等，投资金额呈加快增长势头①。下一步，投资领域广化的主要问题是进一步落实自贸区双边投资协定，在投资准入方面着力，落实国民待遇，为双方投资合作创造更宽松、更自由的投资准入条件，从而提升投资的便利化，促进投资向各个领域拓展。

3. 促进"便利化"

基于前文述及的便利化的评价维度，可以明确下一步促进贸易便利化的主要着力方向，包括促进基础设施建设、探索通关效率提升的途径、构建高效的争端调解机制、推动电子商务发展四个方面。

（1）促进基础设施建设。基础设施对于贸易一体化以及陆海经济联动、产业一体化等南海经济圈各方面建设的重要性，无论如何强调都不过分。前文及后文均对此予以了分析。从贸易便利化的角度来看，除了普遍、平均意义上的基础设施水平提升外，作为最重要的国际贸易货物运输节点的港口，其基础设施的完善更为关键。南管局应根据经济圈的基础设施一体化建设规划，针对核心港口、次核心港口、地区中心港口，分阶段、有步骤地建设完善的现代化

---

① 魏晞. 中国与东盟探索产业合作新商机 双向投资存量15年增22倍［N/OL］. 中国新闻网. (2019-05-31)［2023-04-10］. https://www.chinanews.com/cj/2019/05-31/8852937.shtml.

港口集疏运体系、装卸储运体系，为商品流动提供便捷的通道。

（2）探索通关效率提升的途径。如果说基础设施建设是硬件，则通关效率是国际贸易的软件。通关效率影响到国际贸易活动的正常开展。对于广大发展中国家而言，通关效率常常成为被诟病之处。随着中国—东盟自贸区建设的深入，南海经济圈各成员之间的通关效率获得了长足进展，有力保障了贸易的开展。现存的影响通关效率的主要因素，是原产地证书签发、检验检疫、进出口申报与查验以及重复性监管。为实现贸易一体化，下一步的改进之处包括：第一，进一步落实《贸易便利化协定世贸组织议定书》（TFA）的相关便利化措施，如实行"单一窗口"、确定和公布平均放行时间、出境加工品免税再进口等措施。特别是"单一窗口"制度，一些国家内部各通关口岸监管部门的数据信息共享、数据国际化与标准化程度较低，导致"单一窗口"还未充分发挥作用，影响了通关效率。第二，积极探索海关合作新模式，如中国广西壮族自治区率先探索中国—越南、中国—马来西亚"两国一检"通关合作新模式，能有效提高通关效率，值得推广借鉴。第三，提高通关政务信息化水平，在南海经济圈各成员间构建一体化海关电子数据库和政务系统，以此促进通关程序合法、公开透明，降低贸易环节中的非常规支付和腐败现象。第四，进一步落实 AEO 互认制度（authorized economic operator，即"经认证的经营者"，由世界海关组织所倡导，通过构建海关与商界合作伙伴关系，来实现全球供应链贸易安全与便利的目标），以提升通关效率。目前，南海经济圈各成员之间还有相当一部分未签订 AEO 互认制度，应抓紧时间予以签订。第五，进一步提高贸易政策的公开度。目前，南海经济圈各成员之间的贸易政策开放度有所不足，主要表现为各国贸易政策的内部指导文件公开不够，从而影响相互之间的政策解读，不利于贸易活动的开展。

（3）构建高效的争端调解机制。国际贸易的进行，不可避免会产生贸易争端。贸易争端的顺利、高效解决，也是贸易一体化实现的必备条件。理论上讲，南海经济圈各成员对于贸易争端的解决方式有多种途径，如：中国—东盟自贸区框架下签订的相关协议对争端调解进行了规定；WTO 框架下的争端解决机制（DSB），对于加入了 WTO 的经济圈各成员同样适用；等等。但在现实中，这些机制还存在着一些不足。因此，南海经济圈贸易一体化可以由南管局贸易一体化部负责，吸取现有的解决机制的优点，摒除不足，重新起步，构建全新的一套高效率争端解决机制。

（4）推动电子商务发展。随着网络深度介入人类的生产与生活，基于网络的电子商务对于国际贸易活动产生了很大的推动作用，这在很大程度上提高了国际贸易的便利性。目前 TEA 尚未将电子商务纳入便利化的措施之中，但是各国特别是网络发达国家和地区，已经不遗余力地推动在国际贸易中使用电子商务。南海经济圈可以充分发挥中国在网络发展方面的优势，大力推动电子商务的开展。此事可以由南管局贸易一体化部牵头，制订相应的电子商务发展规划，构建经济圈统一的电子商务平台；努力清除语言沟通障碍，在英语和汉语网络交易平台之外推出越南语等符合各国语言要求的多语种交易平台；制定统一的电子商务法律法规体系、技术标准体系；建设良好的支付、安全加密等物质与技术保障体系。

（四）推进产业合作

国际贸易合作的开展和自贸组织的建立，会受到参与方产业结构相似度（实质上是产业竞争力）的影响。产业结构相似度越高，彼此间的竞争越激烈，阻碍贸易合作的内在张力就越大。因此，南海经济圈各成员应强化产业合作，通过分工协作、错位发展，提高协调度，规避直接的竞争，以此推进贸易一体化。前文阐述的产业一体化，是最高水平的产业合作，应坚决实施南海经济圈的产业一体化工作，矢志不渝地推进，保障其最终能够按时优质完成产业一体化的目标、任务。同时，在近中期内，应坚决落实好《中国—东盟产能合作联合声明》《澜沧江—湄公河国家产能合作联合声明》并达成产业合作共识，积极沟通，共同制订产业合作计划，推进项目落地。

（五）强化政治互信

高水平的自贸组织都是以高度的政治互信为基石的，政治互信程度越高，越易于达成谅解、形成妥协，形成患难与共、荣辱互担的自由贸易共同体。以此为目标的南海经济圈的贸易一体化建设，需要各国高度的政治互信。那么，如何实现高度的政治互信？一是公平解决相互的矛盾，从最直接的利益冲突入手，按照彼此共同利益的最大公约数达成和解，从而奠定最基本也是最坚实的互信基石；二是坚持平等的外交原则，彼此尊重、平等处事，从日常交往中浇灌互信的土壤；三是坚持友好的舆论宣传导向，在各国国内彼此互做正面宣传，营造互信的民心、社会氛围；四是共同摒除域外势力的干扰，从维护本区域稳定的角度，自觉抵制、排斥外来势力；五是具体到经济圈的贸易往来上，应秉持积极、正面的态度排除一切困难，从推动中国—东盟自贸区入手，朝着有利于促进贸易一体化的方向，采取一切手段和措施去推动其进行。

三、借力贸易一体化推进自贸区升级版建设

总括而言，中国—东盟自贸区升级版与南海经济圈的贸易一体化，可以理解为一种前后阶段、互促互动的关系：升级版建设是贸易一体化的前期阶段，自贸区升级版的任何建设举措均具有贸易一体化的建设举措属性，能自然地推动贸易一体化的进行；贸易一体化是自贸区升级版的最终演化和发展目标，任何落实贸易一体化的举措都有着推进自贸区升级版建设的效力。现阶段，在经济圈建设排上正式的工作日程之前，各国主要是做好贸易一体化的前期阶段工作。这意味着，南海经济圈各成员可以把自贸区升级版建设作为当前工作的主要着力点，去全力深化自贸区升级版的建设。

第七章　南海经济圈金融一体化

　　金融是无可争议的现代经济核心。鉴于金融在经济社会发展中的核心作用，南海经济圈建设需要探讨金融合作的问题，使金融合作成为经济圈建设的重要内容、重要动力、重要目标。金融合作的最高形式是金融一体化，本章主要探讨南海经济圈的金融一体化问题，重点探讨金融一体化的内容与举措，并提出相关政策建议。

第一节　研究理论基础

　　对于金融合作的研究可以说是汗牛充栋。由于金融一体化问题的敏感性，涉及一个国家的核心主权问题，金融一体化目前主要作为一个学术性概念而存在，在现实的国际金融合作中还不太可能成为现实。但是，对于作为设想和拟建中的南海经济圈而言，有必要未雨绸缪，对其金融一体化问题进行初步探究。

一、区域金融一体化的前期研究基础

　　金融一体化概念的提出时间较早，由于实际的需要，国内外对于其的研究一直得以持续下来。对于金融一体化的研究，最早开始于 20 世纪 60 年代，主要集中于金融一体化的概念、金融一体化程度的测量（Joaquin Maudos et al.，2010）、金融一体化对于区域经济发展的影响（Moritz Schularlck et al.，2010；Gianni，2013）、提升金融一体化水平的对策建议（孙德拉姆，2010；胡列曲等，2011；王伟 等，2013）四个方面。

（一）国内研究

　　2013 年以来，国内对于区域金融一体化问题的研究主要着重于国内区域

金融一体化的发展、跨国区域金融一体化的发展和区域金融一体化的影响三个方面。

1. 国内区域金融一体化的发展

杨振（2017）分析了京津冀地区金融非一体化的市场表征，包括金融业的地区封锁、金融行业的寡头竞争、金融业的市场分割等，提出了化解金融一体化困境的政策建议，如搭建平台（网络服务平台、统贷融资平台、融资担保平台）、业务创新（银团贷款、银行联合授信和业务分工）、构建机制（金融监管协调机制、金融一体化服务机制）等。周京奎和白极星（2017）利用F-H法测度了京津冀地区的金融一体化水平，并以此为基础开展了如下分析：阐述了其目前的进展，包括制定政策、金融监管、产权交易等方面的协作进展；总结了其存在的问题，包括金融资源分布不均衡、金融要素市场分割、战略规划不足、合作机制设计滞后等；提出了金融一体化的短期和长期目标；构想了一体化的模式选择，即初期以政府推动模式为主，中期从政府主导过渡到以市场主导模式为主，远期以市场主导模式为主；设计了一体化机制，包括合作机制、激励机制、协调机制、利益分配机制和创新机制。此外，邬晓霞和李青（2015）、张婷婷（2017）、杨宗月等（2017）也运用F-H法测度了京津冀金融一体化的进程，提出了相应的政策建议。

高杰英和游蕊（2015）从信贷扩散与极化的视角，采用信贷增长率指标构建SVAR模型，比较分析了长三角和京津冀两个地区的金融一体化程度。结果表明，长三角一体化程度高于京津冀，京津冀中天津的信贷扩散效应显著，北京和河北信贷呈现极化效应。

陈钦（2017）提出了推动台湾海峡两岸金融一体化的战略构想。其总结了两岸金融一体化面临的来自金融机构互设、直接汇通、货币清算、企业融资等方面的主要障碍，提出两岸金融一体化的主要路径，包括完善两岸金融一体化监管、健全两岸金融立法体系、解决两岸企业融资瓶颈、开展一体化改革试点（离岸人民币外汇市场试点、构建两岸汇率协调机制、建设金融信息共享机制、设立金融人才培养和交流机制等）。

总而言之，国内有关区域金融一体化研究的目标对象还不够广泛，研究的领域比较窄，研究的方法比较单一，所取得的成果特别是有关推进区域金融一体化的路径与对策措施还不够具体、深入，缺乏可操作性。

2. 跨国区域金融一体化的发展

王伟、杨娇辉和孙大超（2013）的研究认为，东亚地区金融一体化的最主要驱动力是双边贸易，东亚国家之间的政治冲突、交易币种的选择是阻碍区域金融一体化的重要原因。苏春子（2018）运用2001—2015年世界主要国家的跨境资产投资组合数据分析了东亚金融一体化的程度，结果表明东亚金融一体化程度虽然不及欧盟，但已经有了明显的提高。未来，东亚各国应大力发展经济，制定适合东亚国家的金融合作制度框架，加强政治互信，以进一步提升金融一体化水平。安蕾（2019）深入分析了东亚地区金融一体化的动态及其收益：应用抛补利差和股权溢价的β收敛结果表明，2008年全球金融危机之前，东亚金融市场的全球一体化与区域一体化基本同步，全球金融危机之后区域一体化趋势更加显著；运用金融引力模型的分析结果表明，东亚主要的跨境金融投资者的区域内金融资产持有量比金融引力模型预测的水平更大；金融一体化会显著降低东亚国家（地区）对于发达国家的经常账户失衡。陈小凡等（2019）分析了估值效应渠道对于东亚地区金融风险分担的机理以及促进风险分担需满足的条件，并采用纳入估值效应的方差分解模型，分析东亚金融风险分担的水平及各渠道的贡献，得出的结论是：金融一体化并未促进东亚金融风险分担水平的持续改善；储蓄仍然是风险分担的最有效渠道，但作用正在下降；净要素投资收入并非是东亚风险分担持续有效的渠道；估值效应促进风险分担的积极作用日益显现。

孙钰（2018）分析了欧亚联盟的金融一体化机制构建问题。根据欧亚联盟《金融市场统一发展战略（2016—2025）》构想，其金融市场一体化将分五个阶段完成，完成的路径是：各职能机构相互协作，统筹协调推进；制定共同金融市场构想；实施协调性货币政策，但不让渡货币主权；在成员国法律接近的基础上构建监管机制；运行欧亚发展银行和欧亚稳定与发展基金。

麻昌港（2014）构建了多元线性回归模型，来分析中国—东盟自贸区的金融一体化与区域贸易之间的关系。根据模型分析的结果，他提出应大力推动自贸区金融一体化的发展，放开金融管制，提高金融开放程度，并建立双边有效的金融风险防御体系。刘方和胡小丽（2018）构建面板向量自回归模型，分析了中国—东盟自贸区金融发展（金融机构、股市和债市等）与金融一体化的动态关系，提出了促进其金融一体化发展的建议：推动自贸区银行部门的一体化；缩减区域金融发展差距；提升区域金融合作水平。

魏德曼（2015）从德意志联邦银行行长的角度，全面阐述了次贷危机爆发以来，欧洲金融市场包括货币市场、资本市场、银行系统、政府债券市场、风险分担等，为应对危机所实施的趋向一体化的举措与进展。

总体上讲，上述研究均对于推动跨国金融一体化持肯定和积极的态度，也提出了诸多有建设性的措施建议，对于如何推动南海经济圈的金融一体化能够起到很好的启示与借鉴意义。

3. 区域金融一体化的影响

金融一体化的发展，除了对于金融部门本身外，也会对参与国的方方面面产生影响，包括经济增长、贸易发展、投资等。有关金融一体化发展，前述各项研究均或多或少有涉及，其他一些学者也对此做了一些分析。例如，刘健和宋文文（2014）基于 Hansen 面板门槛模型，运用 1983—2009 年 60 个国家的数据，考察了金融一体化背景下金融发展与海外净资产之间的关系。研究发现，随着金融发展水平的提高，一国海外净资产呈现不断下降的趋势，而且当金融发展超过特定的门槛水平后，金融发展对于海外资产的影响更大。总体上讲，学术界对于金融一体化对于参与国的影响，还需要开展进一步系统而深入的分析。

（二）国外研究

国外金融一体化的倡导者和推动者主要是西方发达国家。这些国家凭借其金融发展先行优势，大力推动全球范围内的金融一体化，而且也获得了颇多进展。诸多发展中国家，如拉丁美洲国家，在一定程度上实施了在现有国际金融治理体系框架下的金融一体化。然而，金融一体化的实施效果到底如何？诸多案例表明，其对经济方方面面的影响是复杂的。为此，近年来，国外学术界对于区域金融一体化的研究，较多集中于此。

Erauskin 和 Turnovsky（2019）研究了规制差异下国际金融一体化对于企业层面的资本融资成本的冲击，结果表明，在良好的规制环境下，国际金融一体化降低了资本的国内成本。他们使用多维混合模型研究了 2002—2014 年 55 个国家的情况，验证了金融开放度和规制质量与资本成本存在显著的负相关性。

Ezzeddine 和 Hammami（2019）的研究实证分析了国际金融一体化环境与促进增长之间的关系。他们运用 ECM 模型，检验了国际金融一体化对于突尼斯经济增长的冲击，结果表明，1970—2012 年国际金融一体化对经济增长没有带来有益的影响。

Khalid 和 Marasco（2019）使用包含 4 个变量［贸易开放度、Chinn－Ito（金融开放指数）、KOF（经济领先指标）、金融一体化］的经济一体化指标，应用 GMM 技术，采用 1989—2017 年的 134 个发展中国家的数据，研究了 FDI 与增长中经济一体化所起的作用。结果表明，FDI 是经济增长的重要决定性因素，但是经济一体化的 4 个变量在吸引 FDI 促进增长方面所起的作用并不一致。例如，金融一体化在吸引 FDI 促进增长方面，主要是在高收入国家中比较明显，而在其他收入国家中并没有特别的意义。

Yadav、Goyari 和 Mishra（2019）使用 4 个变量（消费、产出、收入、消费占收入比重），深入探讨了金融一体化对于亚洲发展中的新兴经济体的宏观经济波动性的影响。他们运用 GMM 方法（广义矩方法）进行实证分析，结果表明，金融开放度、贸易开放度和广义货币对于亚洲新兴经济体的宏观经济波动具有负面和显著的影响。金融一体化程度越高，宏观经济波动越显著。

Chee-Hong Law、Chee-Lip Tee 和 Wei-Theng Lau（2019）采用 GMM 方法，运用 114 个国家在 2000—2011 年的数据，分析了金融一体化对于货币独立性和外汇储备的短期和长期影响，结果表明，外汇储备对于货币独立性的影响被金融一体化水平所强化。这揭示出：金融一体化对于货币政策独立性具有正向溢出效应；当外汇储备处于最高水平时，金融一体化可能具有对于货币独立性的正向影响；平均水平的外汇储备，足以抵消金融一体化的正向影响；稳定的汇率会损坏外汇储备对于货币独立性的正向影响；短期和长期内，金融一体化都对货币独立性与外汇储备发生了相同方向的影响。

综上所述，尽管近年来发达国家之间的金融一体化有所进展（Meeteren，2019），但大多数研究均表明，金融一体化对于发展中国家经济社会发展的影响比较复杂，很多时候呈现为一种负面影响。因此，发展中国家对于金融一体化应谨慎对待，根据各国的实际情况决定是否实施。

二、金融一体化的内涵

有关金融一体化的概念，诸多学者进行了探索。表 7-1 整理、总结了金融一体化的若干代表性定义。例如：易纲（2001）认为，金融一体化是在全球金融市场上，套利机会出现的时间趋近于零；杨涛（2004）认为，金融一体化是在各参与国之间有明确且具体的规则，出于对一定经济战略和目标的考虑，政府和其他外部经济组织共同推进的一种经济行为；朱航（2013）认为，金融一体化是在金融开放的前提下，为实现金融市场的自由化，在一定区域内实现金融制度、金融监管和金融机构区域统一化的过程；等等。由此可见，对于金融一体化的定义目前理论界尚未达成一致共识。

在此，本书提出，金融一体化是指各合作方统一组织与配备金融活动要素，统一开展金融活动行为，统一实施有效的金融活动监管，从而实现合作地理空间范围内金融活动一体化，达到无差别的金融资源配置与使用效果的一种状态。

表 7-1 金融一体化的若干代表性定义

学者	金融一体化定义
Balassa（1977）	既是一种资本管制和制度性壁垒的消除过程，又是一种没有任何阻碍的极端状态
易纲（2001）	在全球金融市场上，套利机会出现的时间趋近于零
元惠萍和陈浪南（2002）	既是过程也是结果。就过程而言，包括旨在消除各个国家和地区经济单位之间的差别待遇的种种举措；就结果而言，指各个国家和地区之间各种形式的差别待遇的消失
杨涛（2004）	在各参与国之间有明确且具体的规则，出于对一定经济战略和目标的考虑，政府和其他外部经济组织共同推进的一种经济行为
中国人民大学证券与金融研究所课题组（2009）	指不同国家和地区之间通过开展国际金融竞争与合作，形成与世界各国越来越紧密的经济金融关系，使得资源在更广泛的范围内得到优化配置和有效使用，从而使经济金融之间的关系更加融合，直至形成统一的有机体
朱航（2013）	为实现金融市场的自由化，在一定区域内实现金融制度、金融监管和金融机构区域统一化的过程

资料来源：根据相关资料整理。

上述定义涵盖以下四个方面：

第一，金融活动要素统一组织与配备。其主要是指金融活动的硬件要素，包括活动主体（人员）、物质基础（各级各类金融机构体系）、产出供给渠道（各级各类金融市场体系）等，由各参与方共同约定，实施统一的组织与配备。

第二，金融活动行为统一开展。其主要是指各类金融活动包括货币的发行流通与回笼、货币的借贷、外汇和金银的买卖、各种有价证券的发行与买卖、票据贴现、信托、保险等活动，由各参与方共同约定，实施统一的组织开展。由于金融活动的开展是依据金融政策实施的，实质上，这意味着金融活动的软件要素——各级各类政策措施，在各参与方中实现了统一供给。

第三，金融活动监管统一实施。其主要是指各类金融监管行为，包括对金融机构实施的全面性、经常性检查和督促，以及对其经营活动实施的领导、组织、协调和控制等一系列行为，由各参与方共同约定，统一组织实施。

第四，资源配置与使用效果无差别化。其主要是指金融活动的最终结果即金融资源配置与使用的效果，在各个参与方中基本达到一致，不存在效率洼地。进一步讲，这可以理解为资金在各参与方内的配置交易成本是等同的，如企业可以以相同的代价获得贷款资金等。

基于上述内容，金融一体化也可以理解为各参与方金融活动与金融活动效果的一致化。

三、金融一体化建设的主要内容与任务

金融一体化的定义与内涵，明确了金融一体化建设的主要内容及任务。

（一）金融活动要素一体化配置

为保障金融活动有组织、系统化地统一开展，各合作方需要对金融活动的硬件、有形要素实施统一配置，在合作方范围内形成一体化的金融活动要素保障基础条件。首先，要保障从事金融活动的劳动要素的充分配备，从劳动数量、质量、结构上满足金融活动的需要。在金融合作区内，有计划地进行金融人才的培养、引进，注意克服人力资本的地区差距，从而保证金融活动能以无差别的效率在各参与方内进行。其次，要实现金融活动的物质基础条件在各参与方内的有层次、系统性和均等化配置，主要指金融机构体系的一体化配置，包括银行、非银行金融机构的一体化配置。应从金融合作区整体的角度，来一体化设计与布局金融机构体系，做到重点突出、次要不缺失、层次分明、系统性齐备、分布公平合理。再次，要实现金融活动的产出（资金与金融服务）供给渠道畅通、系统性与均等化，主要指金融市场体系的一体化配置，即同业拆借市场、回购协议市场、商业票据市场、银行承兑汇票市场、短期政府债券市场、大面额可转让存单市场等货币市场，和中长期银行信贷市场、证券市场、保险市场、融资租赁市场等资本市场体系的一体化配置。最后，要从金融合作区整体的角度来一体化设计与布局金融市场体系，做到体系完备、高效，使资金的流动与配置迅捷，金融服务全面、优质和便利。

（二）金融活动一体化开展

为保障金融一体化合作区内金融活动无差别的开展，各合作方需要制定统一的活动依据与规则，需要构建能开展统一行动的活动实施机构，以推动金融活动能机会均等并同步、协调开展。一方面，要为各参与方提供一体化的金融制度（包括政策），金融政策主要是货币政策、利率政策、汇率政策，辅之以协调的财政政策，框定金融活动的举措、方向、步调，以此保证金融活动的同一性。例如，金融一体化合作区在特定的时间范围内，协调一致采取共同的利率政策，从而对市场流动性产生相同的流动性扩张或紧缩效果。另一方面，要组建具有同步行为能力的金融活动组织或机构。如果欠缺如此的组织或机构，

显然无法做到金融活动的统一开展。最高形式的金融一体化活动机构，是各参与方组建统一的金融管理机构，对各合作方行使统一的金融管理权，如欧洲中央银行；次一级的一体化活动机构，是各参与方可以组建金融一体化执行委员会或金融政策协调委员会及类似的机构，通过有效的沟通，协调各参与方实施统一的金融措施。统一的金融活动，是区域金融一体化的关键内容；而同步的金融政策措施，则是金融一体化得以实现的核心表征。

（三）金融监管一体化实施

为保障金融一体化合作区内统一金融活动的落实、落地，各合作方需要对各级各类金融活动主体实施监督与管理。各个金融活动主体出于自身利益的需要，可能会不执行一体化金融政策措施，从而侵蚀一体化政策措施执行的效力，这需要加强对之的统一监管。一方面，应沟通、协调各金融一体化参与方，制定统一的监管法律法规，以方便监管的执行；另一方面，应构建在合作区内具有普遍管辖力的监管机构，这可以通过赋予金融一体化执行委员会相应职权来解决。

金融一体化建设的主要内容与任务如表7-2所示。总结而言，在金融一体化建设的三个主要内容中，金融活动要素一体化配置是基础、基本条件，金融活动一体化开展是核心、关键，金融监管一体化实施是保障，三者协同、配套，共同推动金融一体化的实现。

表 7-2　金融一体化建设的主要内容与任务

建设内容	主要建设任务
金融活动要素一体化配置	劳动要素充分配备；金融机构体系一体化配置；金融市场体系一体化配置
金融活动一体化开展	金融政策一体化；构建一体化金融活动机构
金融监管一体化实施	监管法律法规一体化；构建一体化监管机构

第二节　推动南海经济圈金融一体化

南海经济圈建设是一个长期任务，由于金融是一国经济主权中最核心的因素，经济圈的金融一体化建设更应具有长远眼光，从制订长期规划开始，由易到难，一步一个脚印朝前推进。初中期，南海经济圈建设主要应着力于推动经济圈各成员的深层次金融合作。

一、建设经济圈金融一体化机构

鉴于金融一体化的重要性，南管局单纯在自身框架下设立相应的机构负责金融一体化，难以承担此重任。如前所述，南管局可以作为牵头方协调各成员成立金融一体化执行委员会（以下简称"金执委"），专职协调推进金融一体化工作。金执委的组织构成，可以根据金融一体化建设的内容设立相应的机构，如图7-1所示。金执委领导机构设主任、副主任，由公开聘请的行业专家担任，实施任期制；设立理事会（监事会），对金执委履行监督、指导职责，理事长、副理事长分别由各参与国政府副总理级以上人士、相关部门部长担任，实施轮换制；下设秘书处、资源部、行动部、监管部等部门，部门首长由金执委主任聘任，具体履行推进金融一体化相关工作内容职责。金执委在规格上与南管局类同，两者是并行的关系，同时也可以接受南管局的业务指导，两者可以在同一地点或者不同地点办公。金执委的工作章程由各成员协商制定，赋予其协调各国统一行动、行使统一监管的职能。其直接管理、服务的对象，是经济圈范围内的各级各类金融机构：经济圈建设的前中期阶段，主要是沟通、协调各国央行，落实对于各金融机构的管理、服务职责；后期阶段，则直接行使对于金融机构的管理、服务职能。

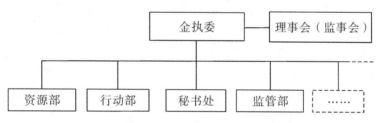

图7-1　南海经济圈金融一体化执行委员会组成

二、协调配置金融活动要素

如同任何其他产业一样，金融产业的任何活动即金融服务提供行为均需要有相应产业要素的配备。南海经济圈金融产业的一体化行为即金融服务提供的一体化行为，就是为经济圈各市场活动主体提供一体化金融服务的行为，也就是让各市场活动主体享受相同金融服务的行为，同样需要拥有相应的产业发展要素的配备。具体而言，这种金融一体化行为可以理解为：由金融产业从业人员开展的，以各类金融机构为行为组织方式（可以理解为制造业的企业），以提供资金融通及其他金融服务为行为内容（可以理解为制造业的产品），以金融市场体系为行为活动场所（可以理解为制造业产品的流通途径），旨在提供无差别的金融服务的行为。这表明，南海经济圈的金融一体化行为的产业发展要素配置，主要是要合理配置劳动要素、金融机构体系要素（基本物质设施与条件）和金融市场体系要素（流通设施与条件），这些均属于活动硬件。

（一）劳动要素

在金执委的统一部署下，各成员应有计划地开展金融从业人员的培育、引进、培训、分配活动，保障经济圈金融行业人力资本的充分配置；科学制订经济圈金融人才发展规划，指导经济圈金融人才队伍的建设工作。参考中国制订的北部湾经济区相关发展规划，经济圈各成员应积极参与中国—东盟财经大学建设工作，或者新建大学，加大对符合经济圈建设需要的金融人才的培养力度；加大对经济圈金融机构人才配备的指导工作力度，制定优惠政策引进高端金融人才；加大既有人才的培训力度，打造一支高质素、高水平的金融专业人才队伍；强化对于金融人才队伍的一体化、本土化意识的培育，使之忠诚服务于南海经济圈金融一体化发展的需要。

（二）金融机构体系要素

南海经济圈金融一体化行为的活动主体是金融机构（企业），金融机构在金执委的指导下具体落实、实施金融一体化工作；金融机构同时也是各种具体的一体化金融服务的承载主体，其基本设施与条件，为金融服务的开展提供基本的物质条件保障。换句话说，银行执行金执委的一体化工作指导，并利用自己的营业场所、设施设备，开展具体的一体化金融服务业务。因此，体系化的金融机构是金融一体化必需的"硬件"要素。一般而言，金融机构（此处主要指商业性金融机构）主要包括银行、非银行金融机构（如保险公司、信托投资公司、证券公司以及其他非银行金融机构）两类。南海经济圈的金融一体化，需要构建完善的银行体系和非银行金融机构体系。

1. 银行体系

从现阶段来看，经济圈成员内部均已经拥有比较完善的银行体系，同时还有一些涵盖相关成员在内的国际性银行如亚洲基础设施投资银行、亚洲开发银行等，并且还有正在拟议中的其他银行。上述银行已可以满足初中期南海经济圈建设的金融服务需要，因此初中期内经济圈成员可以不考虑新建银行，金融一体化工作主要依靠现有的银行去实施。其关键，是金执委要真正具备强有力的协调管理职能，能有效指导各银行开展一体化金融服务工作。在远期，经济圈成员可以考虑合作建立南海银行，并使之具有中央银行属性，承担在经济圈范围内制定并实施金融政策、金融监管的职责。

2. 非银行金融机构体系

非银行金融机构（non-bank financial intermediaries）是以发行股票和债券、接受信用委托、提供保险等形式筹集资金，并将所筹资金运用于长期性投资的金融机构。非银行金融机构主要指基金机构、信托投资机构、证券机构、保险机构、融资租赁机构以及财务公司等。相对于银行，南海经济圈成员现有的非银行金融机构具备较大的空间与潜力，能在金融一体化中发挥更大的作用。

第一，联合各参与国相关银行，组建"南海信托投资公司"，在经济圈范围内开展信托投资业务。其主要目的是促进银行之间的合作，建立互信，为长远组建南海银行打下坚实基础。

第二，完善证券机构建设。南海经济圈范畴内，目前拥有中国（深圳）、越南（胡志明）、马来西亚（吉隆坡）、新加坡（新加坡）、印度尼西亚（雅加达）、菲律宾（马尼拉）六个区域性金融中心（证券交易所），特别是新加坡证券交易所在环南海各成员中具有较强的金融影响力。为进一步完善证券机构体系建设，可以考虑如下举措：首先，优化金融中心布局；其次，鉴于迄今各成员中的绝大多数证券公司均以服务本国企业为主要取向，欠缺一个以全面服务经济圈企业为宗旨的跨国证券公司，因此各成员可以联合组建"环南海证券公司"，开展跨区域证券业务，该证券公司需要在经济圈范围内构建完善的营业网络；最后，择优在各成员现有的证券投资基金公司中选择重点企业（原则上每个国家选择 1~2 家），鼓励其针对经济圈成员拓展国际业务范围，服务于各自的市场需求需要。

需要指出的是，上述新组建的非金融机构注册地的选择，是一个比较敏感的问题，可以按照"效率优先、兼顾公平"原则，在金融相对欠发达的国家里选址，以尽量减小各国金融发展水平的差距。

（三）流通设施与条件要素

金融产业的产品为资金融通、保险服务、信托服务、证券投资服务等，如同实物产品一样，这些服务产品也需要流通（与实物产品流通不同的是，有时服务产品的生产与流通是同时进行的，还是在同一个场所中），因此也需要构建相应的金融产品流通市场体系。金融市场主要包括资本市场、货币市场，此外还包括外汇市场、黄金市场，南海经济圈的金融一体化需要金融市场的一体化，重点是建设一体化的资本市场和货币市场。

1. 资本市场体系

资本市场一般包括债券市场、股票市场、保险市场、融资租赁市场等，南海经济圈金融一体化的重点，是努力构建一体化的债券市场和股票市场体系，以促进债券、股票以及融资租赁的流通。

（1）建立一体化债券市场体系。从实际情况来看，债券市场体系一般由银行间债券市场、交易所债券市场和银行柜台债券市场构成。在初中期，金执委可以推动各国央行制定债券发行合作协议，推动彼此之间根据市场需求发行对方债券（对于市场认可度较低的债券，则不强制要求对方发行），从而形成联盟性质的一体化债券市场。而债券交易的市场体系，则是在利用各国既有的银行体系、交易所体系和银行柜台体系以及其他具备债券发行功能的金融机构体系（如中国的信用合作社体系）的同时，还要依托南海信托投资公司、环南海证券公司等新设的一体化金融机构。在远期，随着南海银行的建立，可以发挥其功能统一组织开展债券发行活动，由此形成实际意义上的一体化债券市场。同时由其负责，努力优化完善债券市场体系，如组建专门的经济圈债券发行机构、在经济圈地域空间内建设债券交易二级市场，以此构建完善的债券市场体系。

（2）建立一体化股票市场体系。至今除文莱外，南海经济圈各成员都已拥有一定水平的股票市场体系，那么按照金融一体化的要求，如何着手构建一体化的股票市场体系以促进股票的流通？关键之处，就是提高各国股市的开放度，推动相互之间实现股票的自由上市交易、自由买卖。如此，经济圈各成员企业均可以在其他国家上市、企业的股票可以利用其他国家的股票市场体系进行交易。这就意味着，各国的股票市场体系融为一体，"我为你用、你为我用，我为他用、他为我用，你为他用、他为你用"，形成事实上的一体化股票市场体系。要实现这一点，在经济圈建设初中期主要是发挥金执委的作用，由其牵头协调各国金融管理部门签订多边开放协定，并制定相同的股票交易管理细则，做到股市的自由开放；而在经济圈建设远期，主要是发挥南海银行的作用，统一组织开展股票市场交易活动，实现股票市场的一体化。

2. 货币市场体系

货币市场一般是指商业票据、银行承兑汇票、可转让定期存单、回购协议等短期信用工具买卖的市场。上述市场中，对于南海经济圈金融一体化意义较大的是商业票据市场和银行承兑汇票市场，可努力推动这两个市场的一体化建设。对此，在南海经济圈建设的初中期，主要是发挥金执委的作用。金执委可以下设票据营业部、银行承兑汇票营业部，连同南海经济圈的各国央行，或者连同相关银行与企业组建商业票据、银行承兑汇票联盟，建立企业信用数据库平台，建设统一的票据交易、银行承兑汇票交易网络平台，在经济圈内组织开展商业票据、汇票交易活动，以沟通金融机构和企业，满足企业的融资需求，为经济圈的建设提供资金助力。

通过在南海经济圈内科学配置劳动、金融机构体系、流通设施与条件等要素，使各国具有同等的从事金融服务活动的硬件配置，是保障各国能够实现金融一体化的基本物质条件保障。

三、合作开展统一的金融活动

在具备同等的硬件保障下，南海经济圈还需要有同等的软件、需要有统一的行动组织，以此保证其能实现统一的金融活动，夯实金融一体化的内容实核，最终实现金融一体化。

（一）完善区域金融市场布局

金融一体化，显然要求金融市场实现一体化。这有利于实施统一的金融活动，保证商品货币的运行无差别、同步在南海经济圈内进行。南海经济圈内已经形成了具有一定水平的区域金融市场（指金融中心）布局体系：新加坡是东盟区域的国际性金融中心市场；深圳、胡志明和河内、吉隆坡、雅加达、马尼拉，分别是中国环南海地区、越南、马来西亚、印度尼西亚和菲律宾的国内金融中心市场。其现存的主要问题在于两个方面：一是金融中心市场的分布存在区域不均衡现象；二是金融中心等级体系不完备，主要是各国内部的地方金融中心数量不够。因此，下一步对于南海经济圈金融市场布局的优化主要就是从这两方面入手，其中初中期主要由金执委牵头，协调各国政府打造层次分明、内容齐全、体系完整的金融市场。

1. 促进金融中心市场布局均等化

南海经济圈应沿袭现有经历史演变形成的金融中心市场分布格局，继续坚持新加坡的区域国际性金融中心市场地位，并采取措施支持其继续繁荣发展。例如，针对中国环南海地区广大空间金融中心市场分布不足的现状，根据现有基础，可以选择广西壮族自治区首府南宁，将其打造成为该区域的金融中心等。如此，形成南海经济圈金融中心市场体系，如表7-3所示。

表7-3　南海经济圈金融中心市场体系

金融中心等级	金融中心
区域国际性金融中心	新加坡的新加坡市
区域地区性金融中心	中国的深圳市、南宁市；越南的胡志明市、河内市；马来西亚的吉隆坡联邦直辖区；印度尼西亚的雅加达市、加里曼丹岛；菲律宾的马尼拉

表7-3(续)

金融中心等级	金融中心
各国地方性金融中心	印度尼西亚的日惹市、巴东市、望加锡市、索龙市；菲律宾的达沃市、宿务市、巴科洛德市；越南的岘港市、芽庄市、海防市、芹苴市

2. 完善金融市场体系布局

由于经济、金融发展水平的差异，南海经济圈一些国家内部地方性金融中心发展不够，未来将会影响到经济圈金融一体化的实施效果，需要予以完善。对此，南海经济圈可以主要考虑在印度尼西亚、菲律宾和越南等国的海陆经济联动地区、产业一体化重点布局地区开展地方性金融中心建设。具体而言，印度尼西亚主要选择产业一体化布局重点地区爪哇岛的日惹市，以及苏门答腊岛的巴东市、苏拉威西岛的望加锡市、巴布亚岛的索龙市等，作为其国内的地方性金融中心；菲律宾主要选择在棉兰老岛的达沃市、宿务岛的宿务市、内格罗斯岛的巴科洛德市，建设其国内的地方性金融中心；越南主要考虑在其海陆产业相关化布局地点，包括中部的岘港市、中南部的芽庄市、北部的海防市，以及金融发展比较薄弱的南部偏西的芹苴市，建设其国内的地方性金融中心。

(二) 促进金融制度一体化

金融制度是一个国家用法律形式所确立的金融体系结构，以及组成这一体系的各类银行和非银行金融机构的职责分工与相互联系。金融制度的组成要素主要包括：最上层的是法律、规章制度和货币政策，即金融活动和金融交易规则；中间层是金融体系的构成，包括金融机构的设置和监管机构的设置；基础层是金融活动和金融交易参与者的行为。一体化的金融制度是保障金融活动一体化的软件要素，能有效促使各国的金融活动趋向一致。

1. 构建统一的活动规则

这主要是指构建统一的金融法律法规和货币政策，使得金融活动的参与主体能够按照共同的行为规则开展活动。

(1) 金融法律法规。

以中国为例，目前中国的金融法律包括《中华人民共和国中国人民银行法》《中华人民共和国商业银行法》《中华人民共和国票据法》《中华人民共和国担保法》《中华人民共和国保险法》《中华人民共和国证券法》《中华人民共和国信托法》《中华人民共和国证券投资基金法》《中华人民共和国银行业监督管理法》等，金融法规主要包括《储蓄管理条例》《企业债券管理条例》《中华人民共和国外汇管理条例》《非法金融机构和非法金融业务活动取缔办法》《金融违法行为处罚办法》《中华人民共和国人民币管理条例》《国有重点金融机构监事会暂行条例》《个人存款账户实名制规定》《金融资产管理公司条例》《金融机构撤销条例》《中华人民共和国外资保险公司管理条例》《中华人民共和国外资银行管理条例》《期货交易管理条例》《中央企业债券发行管理暂行办法》等。上述法律法规详尽地对中国境内金融主体的金融活动进行了统一规范，但显然，现阶段南海经济圈各国的金融法律法规并不一致，存在较大的差别。比如，个人存款账户实名制在中国得到了落实，但在其他国家并没有完全实现，这无疑会阻碍经济圈开展统一的金融活动。如当金执委意图调整存款准备金率时，由于各国法定的存款准备金率不一致，金执委难以确定统一的存款准备金率，给措施执行带来了困难。

全面统一南海经济圈各国的金融法律法规既不现实，也非必要。金执委主要应做的工作，就是全面梳理各国的金融法律法规，对那些与国际金融、国际贸易活动直接相关的法律法规，应尽力做到统一；而对那些相关性不强、影响主要局限于各国内部金融主体的法律法规，则应保持不变，在实施时做好沟通和衔接即可。

（2）货币政策。

货币政策是指中央银行为实现特定的经济目标而采用的各种控制及调节货币供应量和信用量的方针、政策、措施的总称，是一种对于经济活动的即期、相机调控政策措施。一般而言，各国央行会针对前一段时期经济发展的状况和对未来一段时期的预期，确定未来一段时期相应的货币政策。南海经济圈的货币政策一体化，就是在经济圈范围内确定某一时期统一的货币发行规则，由各国央行统一行动实施。

上述两类规则中，金融法律法规属于基本、普遍、固定性质的金融活动规则，针对一般性、普遍意义的金融活动；而货币政策属于特殊、即时性质的金融活动规则，主要针对货币发行这一特殊金融活动。

2. 构建统一的金融体系

金融体系是一个经济体中资金流动的基本框架，它是由资金流动的工具（金融资产）、市场参与者（中介机构）和交易方式（市场）等各金融要素构成的综合体。一般而言，金融体系包括中央银行、金融监管机构、外汇管理部门、政策性金融机构（如中国的国家开发银行、中国进出口银行、中国农业发展银行）、商业性金融机构（如银行业金融机构、证券机构和保险机构等）等。构筑统一的金融体系，在初中期可以主要考虑构建统一的政策性金融机构与商业性金融机构，至于其他方面，可以作为一个长期的奋斗目标。上面已阐述过商业性金融机构一体化的构建问题，下面将对政策性金融机构的一体化建设问题做进一步探讨。

政策性金融机构虽然是由主权国家政府设立的，但由于其服务于经济社会发展特定目标需要且不以利益最大化为目标的属性，其在主权国家之间建立超国家政策性金融机构具有较大的可能性。其一，因为其从事经济社会领域的发展投资业务，对于各主权国家主权安全的损害性、危害度比较小；其二，因为其促进经济社会发展而不追求利益最大化的属性，使之能为各国带来利益而不是损害利益。这两方面的结合，使得各主权国家有可能愿意设立超国家间政策性金融机构，即使各国会遭受一定程度的主权损害。在南海经济圈设立政策性金融机构，可以称之为"环南海开发银行"，其构建需要具备四个方面条件：第一，拥有相当数量的资本金，主要由各国政府共同出资。具体的出资比例可参考国际通行的按 GDP 总量核算国际组织出资比例的规则，GDP 越大，出资越多。这意味着，GDP 体量大的国家如中国，将承担较大的出资份额，履行较大的责任和义务。第二，公平合理的内部治理机制。该机制可以参考 WB 的组织机构、决策机制制定，但应改良 WB 的"加权投票"机制，避免出现一家独大的局面，尽量实现公平。第三，超主权的实施政策与制度供给，由金执委会同各国央行，共同制定环南海开发银行的职权范围、营业领域、投资实施规则，赋予其在南海经济圈内自由从事投资活动的便利，在各国享受普遍性的国民待遇。第四，投资项目的科学抉择规则。鉴于投资项目的选择决定了资金的使用去向，可以采取项目申报评审制，由各个地方政府、企业申报需要资金支持开发的项目。环南海开发银行建立科学、合理的项目评价指标体系对项目进行评价，努力做到按轻重缓急方针确定项目开发的次序，以此做到合理使用资金。

一般而言，环南海开发银行的主要资金使用领域，是反贫困、提升基础设施水平、防治污染、促进教育等领域，在其他的开发性国际金融机构如 WB、亚洲开发银行、亚洲基础设施投资银行的补充下，着力于推进环南海经济圈的经济社会发展。

（三）开展一体化金融活动

金融活动是指与货币、货币流通、信用等直接相关的经济活动。一般而言，一体化金融活动主要包括统一的货币发行活动、统一的政府银行活动、统一的政府、金融机构及社会金融服务活动、统一的金融监管活动、统一的金融调控活动五类。在南海经济圈内，初中期主要是开展统一的金融调控活动，以及部分金融服务活动（如为政府发行债券、为商业银行调剂资金等）；远期则可以通过环南海开发银行逐步扩大至上述全部活动范围。初中期内统一开展南海经济圈金融活动，需要具备以下三个实施要素：

（1）协调一致的活动组织，主要由金执委统一组织，协调各国央行同步实施。

（2）统一的政策工具，主要指运用同样的金融政策工具，如货币政策、利率政策、汇率政策等，辅之以协调的财政政策。

（3）便捷的效力通达渠道，主要指金执委统一的金融活动组织、调控的效力及信息，与能准确、迅速通达至金融活动主体的渠道。

（四）推动实施机构一体化

推动实施机构一体化主要是组建具有同步行为能力的金融活动组织或机构。最高形式的一体化金融活动实施机构，是由各参与方组建超主权的金融管理机构，对各合作方行使统一的金融管理权，如欧洲中央银行一样，对于南海经济圈即指具有中央银行属性的环南海开发银行（长远的未来，在经济圈命运共同体目标实现后，即可将之变身为南海经济圈中央银行）。次一级的一体化金融活动实施机构，即可由各参与方组建如前述金执委或金融政策协调委员会等类似的机构，通过有效的沟通，协调各参与方实施统一的金融措施。

四、合作开展金融监管

推动南海经济圈金融一体化的第三个方面的主要任务，是合作开展金融监管，这是实现金融一体化的保障。合作开展金融监管的首要条件，是拥有合作监管机构。首先，按照前文分析的金融一体化建设逻辑，在初中期主要是发挥金执委的作用，赋予其金融监管的职能，设立监管部来行使对经济圈相关金融活动的监管。其次，是明确金执委监管的领域范围。客观而言，在未实现命运共同体之前，金融主权、金融安全是经济圈各国都非常关注的问题，它们都不会轻易放弃对金融监管这一事关主权、安全工作的控制。因此，在南海经济圈建设的初中期阶段，金执委的监管职权范围可以考虑为跨国的金融活动，如跨国资金往来、跨国投融资等，由金执委监管部会同、协调各国相关的强力执法部门，实施对之的严密监管。最后，需要制定相关的金融监管法律法规，为之扫除实施金融监管的法律障碍。

五、构建合作突破口平台

南海经济圈的金融一体化是一项艰巨、复杂、长期的任务，如果希冀其随着经济圈建设的深入而成为一件自然而然、水到聚成的事情，无疑是不现实的，必须要未雨绸缪、及早规划、徐图推进。如果经济圈建设最终得以落地，为推进金融一体化，需要构建一些作为一体化突破口的平台、机制，以期产生突破效应。

前面提及的南海信托投资公司、环南海证券公司和环南海开发银行等拟建的金融机构，是推动南海经济圈一体化金融体系建设中能起到突破口、带动器作用的平台。除此之外，还可以构思如下合作平台：第一，设立"南海开发基金"。与现有的中国—东盟投资合作基金不同（聚焦于基础设施、能源和自然资源等领域），该基金主要聚焦、投资于南海海洋一体化开发、海陆经济联动领域的项目开发，以期通过支持南海的一体化发展，推进南海经济圈一体化。第二，加快建设区域清算体系。南海经济圈各国目前主要使用的是西方主导的跨境支付系统SWIFT（环球同业银行金融电讯协会），出于减少风险、独立自主角度的考虑，可以考虑同时使用中国组建的全球跨境支付系统（CIPS）。构建区域清算体系，能促进跨国贸易、投资资金往来的快速、准确、可靠，从而有利于推进贸易一体化。第三，设立"南海产业引导基金"。设立此基金的目的很明显，主要是为推进南海经济圈产业一体化发挥引导作用，以期促进一定的产业一体化发展目标的实现，为产业一体化项目建设资金的融资提供便利。第四，建设"环南海供销金融合作社"。建设该机构的目的，除了发挥供销社传统的物质流通、分配功能外，还着重培养其中小企业信用评价、资金融通的功能。

第三节　建设环南海供销金融合作社

供销合作社（以下简称"供销社"）是实施计划经济的国家，用以履行城乡工农业产品交换、分配功能所设立的一种组织机构。在中国，供销社曾对国民经济的有序运行、稳定发展发挥了举足轻重的作用。改革开放以来，供销社的重要功能、重要作用越发得到中国政府的重视，新时代下的新型供销社得以复兴和发展。2011年，中华全国供销合作总社初步建成了覆盖县、乡、村三级的经营服务网络；2013年，中国政府提出支持供销社开展农产品流通，充分发挥供销社在农业社会化服务中的重要作用；2014年，中国政府在河北等四个省份启动供销社综合改革试点；2016年，中国颁布实施《全国供销合作社"十三五"发展规划》，支持供销社创办、领办农民合作社，引领农民参与农村产业融合发展、分享产业链收益。中国在新时代下建立的新型合作社，其功能和作用得到进一步的拓展和提升，主要包括三个方面：一是实施农业社会化服务惠农工程，推动第一、第二、第三产业融合发展，使供销社成为服务农民生产生活的生力军和综合平台；二是推动流通网络布局和体系构建、完善农产品批发市场、加快发展电子商务，提升、拓展系统流通网络服务功能；三是推进发展农村综合服务社、农民合作社等，密切与农民利益联系。上述中国新型供销社的功能拓展，使之凭借其庞大的经营服务网络、现代化的流通网络、连通中小工农业企业的特殊优势，具备了为广大民众、中小工农企业提供金融服务方面的潜在能力和优势。这对促进南海经济圈的金融一体化发展，发挥了独特的作用。

一、南海供销金融合作社的运行机制

提出南海供销金融合作社理念的目的，在于借助供销社这一途径、载体，在履行产品交换功能满足南海经济圈民众、中小工农企业的生产生活需求的同时，为其金融服务需求提供一体化金融服务，以此从经济圈的基层层面推动金融一体化。

供销金融合作社的运行机制是：需求与供给信息收集与处理—组织产品（货物和服务，包括金融、文化服务）的生产、采购—组织产品（货物和服务）的流通、供给—产品（货物和服务）的消费以及消费信息的反馈。上述运行机制包括四个环节：第一个环节，是通过连通经济活动参与主体（消费者、企业）的网络，收集经济主体的需求与供给信息，并运用相应的大数据处理技术，实现对信息数据的加工、处理和管理。第二个环节，是根据消费主体（消费者、企业）的需求信息，组织相应货物的生产或采购、服务的采购活动，根据生产主体的供给信息，组织货物的采购和销售、服务的销售活动。此环节是货物和服务的备齐阶段。第三个环节，是组织货物的物流、服务的供给活动，使货物和服务到达目标客户。此环节是货物和服务的流通阶段。第四个环节，是消费主体消费货物或服务，并及时反馈消费信息。此环节是货物和服务的消费阶段，实现了供销金融合作社运行的最终目标——满足经济主体的生产性与消费性需求。具体举例来说：供销金融合作社为某地消费者提供某实物产品（或为某企业提供生产性中间投入品）的运行机制，首先是通过网络收集到该地消费者的需求信息；其次是迅速组织货源（或组织加盟、附属企业如某农业合作社生产，或直接从其他企业购买）；再次是通过物流渠道（自己的物流渠道或外部企业的物流渠道，为便于供销金融合作社的发展，最好是

供销金融合作社拥有自己的物流渠道）将货物运输到该地；最后由消费者购买进行消费，并就消费体验反馈信息。供销金融合作社开展融资金融服务的运行机制，首先是通过网络收集到企业或消费者的融资需求信息；其次是采购相应金融企业的融资服务产品或直接由自己提供（为便于供销金融合作社的发展，最好是供销金融合作社本身提供这样的融资服务）；最后由企业或自己为企业或消费者现场提供金融贷款服务。供销金融合作社为某消费者提供文化产品（如某部影视剧）的运行机制，首先是通过网络了解到该消费者的需求；其次是联系相应的文化企业供应产品；最后是通过流通渠道（物流渠道或者网络渠道），送达消费者使用以及反馈使用体会。

供销金融合作社的运行，事实上实现了两个"流"——产品（货物或服务）流和信息流的流通。此外，产品流和信息流四个环节的流通构成的是一个闭合回路，信息的收集周而复始、永不停歇，产品和服务的生产和供给也周而复始、永不停歇，由此实现了对特定生产主体与消费主体之间的相应产品的交换与分配。

南海供销金融合作社的运行机制如图7-2所示。

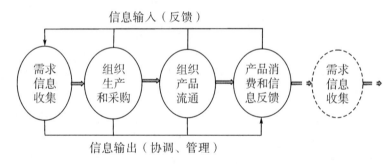

图7-2　南海供销金融合作社的运行机制

二、南海供销金融合作社的建设内容

根据南海供销金融合作社的运行机理可以观察到，其有序的运行需要具备以下六个方面的保障条件，这六个保障条件即供销金融合作社需要建设的内容：

第一，大数据管理系统。南海供销金融合作社的运行依赖于网络和大数据技术，依靠网络收集运行相关信息与数据、进行数据分析处理、运用数据分析处理结果进行合作社的运行管理与协调，因此大数据管理系统是供销金融合作社必要的物质技术条件。

第二，生产体系。供销金融合作社需要备齐产品以满足消费的需要。产品的来源，一是由供销金融合作社自己组建生产体系来提供，二是由其他社会性企业来提供。鉴于供销金融合作社成立的目的之一在于解决农业、工业中小企业的生产与销售问题，因此其应倾向于组建自己的生产体系。具体的生产体系的组织方式，可以采取下设直属企业的形式（如设立农场），或采取加盟合作的形式（如农业合作社加盟），还可以采取建立生产联盟的形式（如与某个社会企业，通过中间产品的投入产出关系建立联盟）。在这三种形式中，加盟合作形式的建设成本最低、效率最高，可以作为首要的生产体系构建方式。同时，生产体系的产品生产范围，不应局限于农副产品、生活必需品、日常生活服务，可以根据供销金融合作社的规模、运行效率不断加以拓展。

第三，物流体系。作为履行交换和分配功能的供销金融合作社，建设完备的现代物流运输体系是题中之义和重要内容。物流体系主要包括运输设施设备体系、专用线路体系、仓储体系、配送体系、信息系统等子体系（系统），其中物流信息系统可以整合进大数据管理系统之中，其余几个子体系主要考虑由供销金融总社自己建设。如此，可以保证将产品流通的主导权把握在供销金融合作社手中，有利于保障民众、企业等的需求得到及时、有效、充分的满足，对于保民生、促稳定具有重要意义。专用线路体系主要是指从运输干道到仓储、配送地点的衔接线路体系，需要结合南海经济圈的相关交通建设规划、物流园区布局规划，来进行配套规划建设。配送体系主要是解决产品流通"最后一公里"即从供销金融合作社到达消费主体的运输问题。总体上讲，物流体系的建设是供销金融合作社最为繁杂、最为艰巨的建设内容，其资金投入量大、工作量大，是供销金融合作社物质保障条件的主要形成来源途径之一。

第四，购销体系（网络）。购销体系意指供销金融合作社目标服务对象进行采购与销售的场所体系，由各级城乡供销中心、门店等构成，是供销金融合作社的核心建设内容。各购销场所应具有双重功能：一方面承担产品销售任务，即将某处生产主体的产品销售到别处消费主体手中；另一方面承担产品采购任务，从某地生产主体处购买产品以供应别处消费主体。通过购销体系实现产品从生产主体到消费主体的转移，从而完成最终的产品交换与分配。层次分明、体系完整、功能全面的购销网络，是供销金融合作社正常运行和发挥作用的基本、核心物质保障条件。例如，中国的中华全国供销合作总社，拥有的购销网络遍布全国城乡，连通千家万户，发挥购销作用的空间与潜力不可估量。

第五，金融服务体系。在市场经济条件下，金融服务对于企业不可或缺，几乎任何企业离开了金融部门的支持都难以生存下去。供销金融合作社所连通的工农企业尤其是中小企业，由于信用信息获取不易，金融机构对之贷款趋于保守，企业很难获得银行的资金支持。供销金融合作社直接对接生产企业，掌握企业购销的第一手资料，对于企业的经营状况最为了解，因此赋予供销金融合作社专门的金融服务功能，使之能利用其所掌握的企业真实信用状况，开展精准、可靠、安全的金融服务，可以从根本上解决中小企业融资难的问题。供销金融合作社的金融服务体系构建，首先应自己筹集资金，成立相应的金融机构或者与外部金融机构合作，解决资金来源问题；其次在购销网络的基础上拓展金融服务功能，设置相应的金融服务设施场所，如在购销中心设置金融服务窗口，金融服务与购销活动同场开展、相伴进行，由此形成金融服务体系。

第六，文化服务体系。依托供销金融合作社的购销网络，除了可以拓展金融服务功能外，还可以拓展文化服务功能，使文化服务与金融服务、购销服务同时、同场开展。同样，针对购销网络商店设置相应的文化服务设施设备，即可以形成相应的文化服务体系。

在上述南海供销金融合作社建设的六大保障条件体系中，购销体系（网络）是核心保障条件，生产体系、物流体系、大数据管理系统是必要保障条件，金融服务体系、文化服务体系是衍生保障条件。六大体系的有效运行和各自功能的有效发挥，相生相伴、互促互动、有机融合，共同推动合作社的有效运行，使之具备大数据、大生产、大交换、大金融、大文化的属性，全面履行其预期的功能。

三、南海供销金融合作社的功能作用

前面设想了南海供销金融合作社的运行机制、主要建设内容，这使得其所具有的功能作用得以彰显。概括而言，南海供销金融合作社主要具有交换与分配产品、融通资金、促进发展、促进文化交流、促进社会稳定五大功能作用。

（一）交换与分配产品

南海供销金融合作社的基本性功能作用之一，就是搭建生产者与生产者、生产者与消费者之间的桥梁，连通社会化大生产与社会化大消费，实现部分产品的交换与分配：其一，能将产品从企业销售至消费者；其二，能将消费者的农副、手工产品销售至企业；其三，能将消费者的农副、手工产品销售至其他的消费者；其四，能将产品（主要是中间投入品）从企业销售至企业。由此，实现企业与消费者之间、消费者与消费者之间、企业与企业之间的产品交换，也就是实现产品的社会化分配。显然，这些企业、消费者都是通过供销金融合作社这个平台、机构建立联系的，而未与供销金融合作社建立起联系的企业和

消费者，主要通过传统的供销渠道实现产品交换。

（二）融通资金

建立南海供销金融合作社的另一个主要出发点，是为南海经济圈的中小企业融资（可以拓展至消费者的消费贷款）提供解决途径，促进经济圈经济的普遍发展，缓解反贫困问题，并以此作为推进金融一体化的突破口之一。这一初衷，主要是基于合作社能够直接评估中小企业、消费者的信用情况，为金融机构提供最真实可信的信用评估依据，从而让信用贷款做到"名副其实"的"信用贷款"。同时，合作社对于大数据技术的运用，可以最大限度地做到即时收集、分析、处理相关财经数据，让资金使用的效率最大化。融通资金是南海供销金融合作社的又一个基本性功能。

（三）促进发展

南海供销金融合作社主要面向农业、面向乡村、面向中小企业，衍生了较强的促进农业、农村、中小企业发展的功能。通过连通农业生产组织（如农业合作社等企业）为其提供生产性产品和生活性产品以及帮助其销售产品，同时通过金融服务可以有力促进农业、农业企业发展；通过连通农村从业者帮助其销售农产品以及提供金融服务，可以有力增加其收入，促进脱贫和致富；通过连通工业中小企业帮助其销售产品以及提供金融服务，可以解决其融资难问题，帮助其发展。需要说明的是，不仅从微观来看，南海供销金融合作社促进了与之建立关联的地区、企业、消费者的发展，而且从宏观来看，还提高了整个社会的资源配置与使用效率，降低了交易成本，有利于宏观经济的发展。

（四）促进文化交流

赋予南海供销金融合作社的另一个直接功能或使命，是促进南海经济圈国家之间的文化交流。国际合作的成功与否，最关键、最深层次的决定因素是文化，是对于文化的认同，由此带来人心的相通。因此，为推动南海经济圈建设这一长期而艰巨的任务的完成，实现经济圈国家之间建立利益共同体、命运共同体的长远目标，需要大力推动文化交流。通过合作社这一渠道与平台，可以承载多种多样的文化交流方式，有效开展各国企业、消费者之间的文化交流，进而达到文化认同的目的。

（五）促进社会稳定

南海供销金融合作社的有序运行，也衍生了促进社会稳定的功能。原则上，合作社进行交换和分配的产品，主要指各种生活必需品，如粮食、菜蔬、日用消费品等。统一、协调、有计划地开展这些产品的交换与分配，具有较强的促进社会稳定的作用：第一，可以减少产品流通的中间环节，从而减少炒作等投机行为，平抑物价，稳定通货膨胀率。第二，可以保障产品交换与分配在一定范围内的有序开展，减少盲目生产，降低经济波动的风险。第三，可以促进农村、农业发展，缩小城乡差别，推动脱贫，减少贫困发生率。这些都有利于保持社会的稳定。

在上述南海供销金融合作社的五大功能中，交换与分配产品、融通资金、促进文化交流是直接赋予的功能与使命，促进发展和促进社会稳定是衍生的功能与作用。这些功能与作用的发挥，有利于实现"一带一路"倡议确定的贸易畅通、资金融通、民心相通等"五通"目标。

四、南海供销金融合作社的建设路径

南海供销金融合作社的建设，由金融一体化执行委员会全权负责，建成后也挂靠在金执委，由其履行日常监管职责。其具体的建设工作，可以从以下3个方面着手进行：

（一）科学设置组成机构

参考中国的中华全国供销合作总社的组成机构设置，其设立了理事会、监事会，理事会内设机构14个、监事会内设机构1个，下辖有5家主管社团、中国供销集团等直属单位，管理有资和控股子公司16家。南海供销金融合作社可以借鉴上述做法，设立相应的理事会、监事会（成员由各国推荐人选、参股方人员构成）等内设机构，根据实际需要设立或者不设立直属生产企业、物流企业、购销企业、金融企业和文化企业。同时，合作社需要下设若干二级职能部门，如发展规划部、产业部、物流部、销售部、金融服务部、文化交流部等。鉴于合作社的投资资金量巨大，其还可以吸收大型商业银行、电信企业、物流企业等出资参股，共同投资建设合作社。

（二）有序推进合作社保障条件体系建设

维持南海供销金融合作社有序运行的六大保障条件体系（系统），需要由金执委统筹协调推进建设。金执委首先需要同各国政府协商，取得投资许可和营业范围许可，同时与南管局沟通协调通报相关情况。其次，确定六大体系（系统）的建设次序。应优先推进购销体系和大数据管理系统建设，以之为基础构建金融服务体系、文化服务体系，再建设物流体系和生产体系。因为购销体系和大数据管理系统是合作社核心和必要的保障条件，这两个条件的建立，可以维持合作社基本的运行，需要优先建设。随着购销体系的建设成形，在此基础上建设金融服务体系和文化服务体系就是顺理成章的事情，不需要额外增加投入。尽管物流体系、生产体系也是合作社必要的保障条件，但因为其建设的复杂性、难度较大，且有替代选择，故放在后期建设。尤其是生产体系，在合作社建设的初中期，适宜于采取加盟合作、建立联盟的建设方式，到后期再逐步增加自建的比例。最后，逐一推进各保障条件体系（系统）的建设。

1. 购销体系（网络）

南海供销金融合作社应构建省（邦、州）、市（县）、乡（镇）、村四级购销体系，在省（邦、州）设立合作分社，在市（县）设立供销中心，在乡（镇）设立供销代办处，在乡村设立供销门店。购销体系的建设进程，应与合作社的财力相适应。合作社建设初中期阶段，可以在各国选择市场较大的地区率先推动，然后购销网络可以延至乡（镇）一级，后期阶段再逐步延伸到乡村。

2. 大数据管理系统

大数据管理系统的建设奉行与购销体系同步建设的原则，购销体系建设到何处，网络系统配备到何处，确保无隙融合，以此为合作社运营提供全天候信息保障。由于事关社会稳定的职责，大数据管理系统需要独立成网，避免与互联网连接，以防范安全风险。管理系统的建设，原则上由经济圈国家的相关公司承接，确保不留安全隐患。

3. 金融和文化服务体系

待购销体系建设完毕，伺机利用其场所增设金融服务设施，主要是各级金融服务设施设备。文化服务体系在合作社建设的初中期，主要考虑的是教育培训服务，利用购销场所增设教育培训设施，开展语言、产业科技、工作技能等方面的教育培训。最终，实现"一个网络、三种服务（购销服务、金融服务、文化服务）"的合作社物质条件与设施运营格局。

4. 物流体系

由于可以选择社会企业提供物流服务这一替代方式，南海供销金融合作社的物流体系建设不是一件迫在眉睫的工作。合作社应基于自己承担与购买社会性服务两种选择的成本核算，来决定在何时、何地开始建设物流体系。物流体系建设遵循分散、分期的建设原则：所谓分散，是合作社不寻求建设南海经济圈范围内的统一物流体系，而主要是由各分社（一般是在各个国家的省、邦、州一级成立分社）承担自己业务范围内的区域性物流体系建设工作，如此可以显著降低建设成本，减少协调工作量，避免跨国建设所带来的难度。所谓分期，即各分社按照自身承担运输的必要性程度，分阶段进行规划建设物流体系，如优先在购销量大的地区建设物流体系。显然，率先建设购销体系的地区，优先建设物流体系的可能性也较大。

5. 生产体系

生产体系是南海供销金融合作社难度最大的建设内容，尤其是在组建自己的直属生产企业体系时。合作社建设的初中期，主要考虑以加盟合作、建立联盟的方式来建设生产体系。这两种方式成本较低、难度较小，但缺点是协调难度大，稳定性也存在问题，不容易满足稳定供应生产、生活必需品的要求。与此同时，可以从最重要的产品开始，逐步建设合作社直属的生产主体如专营农场、加工企业等，乃至最终形成精简而高效的生产体系。需要注意的是自己建设生产体系，应尽量避免出现一些问题，如生产激励问题、资金使用低效问题，以适应现代市场经济运行要求。

(三) 构建现代化运行管理机制

南海供销金融合作社的高效运行，依赖于科学、高效的运行管理；应充分发挥监事会的作用，构建工作机制，强化对合作社运营的监督管理，确保运行合法合规、有序、高效；应充分运用大数据管理系统调控、管理合作社的运行，提升现代化运营水平，做到精准计划、精准生产、精准流通、精准消费的"四精"要求；应充分发挥金执委的监督职能，构建高效监督机制，确保合作社有序运营。

第四篇
大国博弈背景下的南海经济圈建设

第八章 大国博弈背景下的
南海经济圈建设思路

大国作为国际政治舞台上的主要角色和突出存在，其表征主要体现在对全球的控制力与影响力上。南海作为全球最繁忙、最具战略意义（连通全球生产基地—东亚地区与主要消费地区—欧盟）的国际海洋航道之一的所在地，是大国关注的焦点。与中国希望通过建设南海经济圈以建立与环南海主航道国家的经济、利益和命运共同体相反，一些域外大国不乐见这一点，其有关东盟和南海的战略，形成一种张力，对南海经济圈的建设形成了阻碍。

第一节 大国的东盟与南海战略及对南海经济圈建设的影响

本节主要阐述有关大国的东盟与南海战略（主要是政治战略、经济战略）及其对于南海经济圈建设的具体影响。

一、域外大国的东盟与南海战略

（一）政治战略

1. 美国的东盟与南海战略

自二战结束后，美国长期保持对东盟与南海的强烈影响力。随着国际形势的演变尤其是中国的崛起，美国希望继续维持对东盟与南海的强烈影响力，以此作为对冲、抗衡中国影响的手段。

（1）冷战时期。

二战结束后，国际政治以美国与苏联的全球争霸为演化主线，两国不断在全球各地上演争夺影响力与控制力的戏码。当时东盟尚未成立，区域内的国家成为美苏竞相拉拢的对象，并由于各种原因而加入不同的阵营。其中，新加坡、泰国、菲律宾加入美国阵营，越南、柬埔寨、老挝加入苏联阵营。美国对于上述东盟国家的外交战略，以推动军事和政治合作为主要考量。美国对于这些国家采取的措施包括：①驻军。其先后在新加坡、泰国、菲律宾设立多个军事基地。②签订合作条约，如与菲律宾签订《美菲共同防御条约》。③援助。美国对这些国家进行了相当大规模的军事、经济援助。上述措施使得美国与这些国家在冷战时期缔结了稳定的合作关系，甚至至今还延续其影响。

（2）苏联解体至奥巴马执政时期。

冷战后一段时期，由于东盟面对的来自苏联的地缘战略压力消失，美国与新加坡、泰国、马来西亚的军事与政治合作出现减弱的趋势。其典型的标志是美国撤出菲律宾苏比克湾军事基地。此时的美国与新加坡、泰国和菲律宾主要是发展正常的经贸关系，军事与政治合作的色彩淡化。但是，随着中国的崛起，其对于东盟的高度关注给美国在东盟的影响力形成了冲击，特别是以中国—东盟自贸区建设为标志的双方经贸合作，使美国感受到有可能丧失对于东盟的传统、强有力影响。由此，2008 年奥巴马上台后，提出了"亚太再平衡"战略。所谓"亚太再平衡"，就是通过塑造符合美国利益和价值观的亚太秩序，来恢复和扩展美国在这一地区的影响力。"亚太再平衡"战略的实质，是利用中国周边个别国家对中国发展的疑虑，来加固美国的战略地位。在此战略下，美国采取涵盖军事、政治、经济、外交等多方面的综合举措，来恢复和进一步加强同东盟国家的关系，以对冲、排斥中国的影响。从该战略实施的情况来看，虽然东盟国家在努力与美国周旋，但是并没有采取刻意拉大与中国距离的做法，且仍然积极发展与中国的关系。

（3）特朗普执政时期。

尽管美国做出了种种努力，但奥巴马的"重返亚太"战略实施效果并不明显，加之特朗普上台之后秉持美国优先的外交指导方针，美国调整东盟和南海战略成为必然。2017 年 3 月，美国国务院助理国务卿在谈到特朗普政府的亚太政策时，就表示奥巴马时期的"亚太再平衡"战略已经正式结束，特朗普政府的亚太政策将可能有新的方式。这种新的方式，就是特朗普政府提出的"印太战略"。2019 年 6 月 1 日，美国正式推出《美国国防部印度—太平洋战略报告——充实军备、伙伴关系和促进地区互联》（简称《美国印太战略报告》），全面阐述了美国对于太平洋、印度洋区域的战略愿景和意图。该报告表明，美国意欲扩大对太平洋的投入并将安全范围西扩到印度洋，同时动员其盟友与伙伴加强自我防务以确保印太地区的安全、繁荣、自由和开放，维护美国主导的政治、经济和安全秩序，确保美国塑造大国云集、人口密集、战略地位极其重要的"新东方"，最终服务于美国对整个世界的领导权①。

"印太战略"中，由于特殊的地理位置（缝接太平洋和印度洋、东亚地区与南亚地区的地理枢纽），美国视东盟和南海为实施"印太战略"的关键环节。对于东盟，美国确定了"深化、分享、承诺"的外交战略思路：扩大、深化已有的和新的联盟与伙伴关系，加强其对伙伴的海洋自由及和平解决领土和海洋争端的承诺。与之配套，美国综合使用政治（强调共同的民主价值观）、外交（加强双边同盟、多边同盟）、军事（联合军演、加强军售）、经济（排他性的经贸制度安排）等手段，去落实"印太战略"的指导思想。此时，美国摒弃原先的"伙伴挑头、美国支持"的做法，改为"美国带头、伙伴呼应"的做法，由美国直接领头带领相关伙伴国，在南海开展联合巡防、联合军演等活动，以此对南海问题进行干预。

总而言之，美国的东盟战略是将之打造成为美国保持对亚洲的重要影响力、维护其全球领导力的重要支点。与之相关的，因南海问题而引致的美国的南海战略，其目的是抑制中国对于南海的强大影响力与控制力，以维持美国的主导地位。

2. 欧盟的东盟与南海战略

历史上，东盟中很多国家曾是欧盟国家的殖民地，如法国等国家至今仍然维持着对一些东盟国家的特殊影响力。相比美国，欧盟对于东盟和南海的关注度要低得多。随着美国（代表西方）对中国的防范与遏制趋向表面化、公开化，欧盟近年来对于南海的关注度有所上升，其原因有二：一是作为与美国具有深厚民族渊源、秉持共同文化和共同价值观、利益深度捆绑的欧盟，总体上支持美国对中国的做法，从而与美国一道将南海问题作为应对中国的有效平台和抓手；二是全球分工体系演变至今所形成的格局中，东亚是全球的主要生产和产品供应基地，欧盟是主要的消费基地，而南海航道是将东亚产品输送至欧盟的关键、咽喉性通道，其对于欧盟的重要性与日俱增。

近年来，欧盟对于南海问题所采取的战略，是维持其乃至西方对于南海的重要影响力和南海航道的主导权，从而欧盟支持美国在南海追求影响力与控制力的努力与行动。不过与美国不同的是，欧盟并不表现为直接、公开和大规模的介入南海问题，而是采取"美国领头、欧盟跟随"的策略，在背后为美国的行动提供声援、支持。由于实力有限或出于某种策略的考量，欧盟的这种支

---

① 马晓霖. 印太战略新出炉，美国塑造新东方 [N]. 华夏时报，2019-06-05.

持又在表面上留有余地。

3. 日本的东盟与南海战略

由于二战战败国的身份，日本的国家行为被限制、约束，但日本对于东盟和南海，仍然抱有强烈的战略企图。第一，既有的约束并没有完全消除日本的大国之心，站在大国竞争的角度，其一直在各个方面和中国竞争、博弈，争夺对于东盟的影响力以及对于南海的控制力。第二，南海同样是日本对外贸易包括资源进口、产品输出的生命线，攸关国家安全的重要性使得日本必须保持对于南海的高度关注，尽量避免南海航道被他国所控制。第三，作为美国的同盟国，日本负有同盟的义务，从而需要支持美国对于南海问题的主张。但是出于对本国、本民族长远命运的考量，日本又需要在一定程度上拉开与美国的距离，这使得其对美国的南海问题主张的支持有一种微妙的立场。

上述多方面的战略企图，使得日本对于东盟和南海秉持着一种复杂的立场。对于东盟而言，日本实施的战略是长期内保持足够大的影响力，避免东盟的外交完全偏向哪一个方向。因此，日本历年来都积极在东盟国家内开展投资、义务教育、扶贫等活动，努力维持与东盟国家的友好关系，平衡其他国家的影响力。对于南海问题，对日本而言最有利的局面，就是东盟与中国、美国（西方）与中国对于南海的博弈能继续下去，不至于哪一方占有绝对的优势。因此日本的南海战略，是维持南海问题的现状，使之成为东盟与中国、美国（西方）与中国发展友好关系的"楔子"。

（二）经济战略

作为全球经济增长最快、发展潜力最大的区域之一，东盟在全球经济格局和版图中扮演着重要的角色。各个大国充分认识到东盟对于本国经济发展的意义，都将东盟视作自己最重要的经济合作伙伴之一，从而对东盟实施"加强合作、共赢互惠"的经济战略。为达到这一目标，各国积极在东盟开展产业竞争、贸易竞争和金融竞争，力争获得东盟国家的认可，以保持本国在东盟经济发展中的较高参与度和较大影响力。

二、大国博弈对南海经济圈建设的影响

作为历史遗留下来的疑难问题，南海主权争端由于域外大国的介入而愈发复杂。可喜的是，南海经济圈各成员充分认识到争端升级对于和平发展、稳定大局的危害性，认识到域外大国插手、争端国际化所带来的风险，均对之保持清醒的头脑并秉持和平解决的正确态度。由于相关国家特别是中国的自我克制，以及中国为推动南海争端和平解决所做的不遗余力的工作，南海争端总体处于可控范围之内，且正在朝着和平解决的方向前行。值得一提的是，中国在南海问题上的政策是一贯的、明确的，坚持维护南海和平稳定及各国依照国际法所享有的航行和区域自由，其对于南海经济圈建设的影响无疑也是正面的。尽管如此，域外大国对于东盟和南海所实施的战略，包括政治战略和经济战略，对于以化解南海争端为主要目的之一的南海经济圈的建设，不可避免会带来一些冲击。总而言之，大国博弈对南海经济圈建设的影响主要包括海洋一体化开发、产业一体化、贸易一体化、金融一体化四个方面。

（一）海洋一体化开发

海洋一体化开发是将南海整体当作一盘棋来进行开发，这意味着将忽略南海海域归属于各主权国家的事实，采取超国家主权属性的开发行动。如果没有大国因素的介入，各国可以按照商定的南海行为准则行动，能够保证海洋一体化开发活动顺利实施。但是，由于有了美国、日本等域外大国的东盟与南海战略的存在，给未来的南海经济圈建设带来了负面的影响，增加了阻碍海洋一体化开发合作的张力，提升了海洋一体化开发的难度。南海海洋一体化开发的内容包括矿产资源、渔业资源、航运资源、旅游资源等，大国因素对其的影响主要表现在对于矿产（油气）资源一体化开发上。

先前，南海经济圈各成员对于南海油气资源基本上都是各自独立开发，且大多数在无争议海域进行。随着近海资源储量的减少和开发规模的扩大，一些国家的开采活动开始进入有争议的深海，由此引发了激烈的矛盾。秉持着维持地区和平发展大局的考量，中国努力按照"主权在我、搁置争端、共同开发"的原则，推动各国开展油气资源开发合作，以此促进和平利用资源。但由于美国等不断施加压力，将支持甚至参与相关国家如越南、菲律宾等国家的油气资源开采，作为干扰、抗衡中国在东盟和南海影响力的一种手段，中国与各国的油气资源开采合作一直难以有效进行，油气资源一体化开发进展缓慢。

现阶段，大国对南海油气资源开发的博弈已成为影响南海安全稳定最关键的因素所在。克服大国博弈的影响，推进油气资源一体化开发，以此化解南海冲突的关键诱因，成为未来南海经济圈建设需要预先解决的重要问题之一。

（二）产业一体化

作为未来南海经济圈建设的核心内容，产业一体化的顺利与否直接关系到经济圈建设的成功与否。大国在东盟与南海的政治博弈，为南海经济圈的产业一体化带来影响。更为重要的影响，是来自大国在东盟进行的经济博弈。大国在东盟开展经济博弈的重要内容就是产业博弈，即争夺东盟产业发展的参与权，从而为自身拓展在东盟地域空间内的产业发展空间。具体而言，中国和美国、日本以及欧盟在东盟进行的产业博弈，主要包括三方面内容：第一，各国在推动自己主导的产业价值链重组过程中，竞相将东盟产业纳入自己的产业价值链体系之中，以期获取共同发展的利益；第二，开展直接的产品出口竞争，争夺东盟国家的产业市场；第三，争夺产业发展话语权，主要指竞争对基础性产业、战略性产业的投资，扩大本国在东盟产业发展战略考量中的分量。未来，如果南海经济圈建设进入实施阶段，这将更有利于中国开展与东盟的产业合作，其他大国必将会相应调整竞争策略，尽力维持对于东盟国家产业发展的影响。

此外，域外大国在东盟和南海的政治与经济博弈（产业博弈），无疑会给未来南海经济圈的产业一体化建设带来重要的负面影响。一是加剧区域的动荡，破坏产业一体化所需的和平稳定互信外部环境。没有和平与稳定，任何建设都不可能进行；没有互信，任何合作均不可能达成。因此，域外大国博弈带来的动荡环境，将使南海经济圈建设不可能成功。二是产业博弈的存在，降低了企业在经济圈内参与一体化的意愿，增加了一体化实施的难度。这是因为部分域外大国的很多产业，其发展水平较高、经济效益较好，且在发达国家的市场销售中占有优势。如果这些域外大国向经济圈内企业抛出合作的橄榄枝，企业出于获得更多经济利益和技术外溢效应的考量，难免会三心二意、多方权衡，至少是会做出多种选择方案的。这样自然就减弱了企业参加经济圈产业一体化的意愿与决心，使得一体化难以实现。毕竟企业的生存法则是获取利润，依靠政府的一体化推动力量，难以与市场法则相抗衡。三是产业竞争的存在，会使南海经济圈的产业一体化受到打压和遏制。掌握某些产业优势（如占有资源优势、技术优势）的域外大国，会千方百计采取各种手段、制造各种障碍，对经济圈内欲实施一体化的产业进行打压，以瓦解其一体化的努力。例如IT 产业，由于其上游部分核心技术掌握在欧美企业手中，一旦经济圈内的 IT企业开始实施产业一体化，则欧美企业出于竞争的考虑，会对之采取技术封锁的手段，使经济圈内各 IT 企业的生存受到威胁，从而不敢参与产业一体化。四是降低了南海经济圈产业一体化的可持续性。域外大国的产业，时刻对经济圈实施一体化的产业施加强大的竞争压力，同时结合各种干扰手段如拉拢、打压、分化的综合运用，使得维持一体化的成本增加而获益面临不确定性，从而导致一体化的可持续性降低。

（三）贸易一体化

南海经济圈各成员的贸易一体化努力，同样受到大国博弈因素的影响。实现统一大市场目标的贸易一体化，往往是国与国之间的互信、交融达到高水平的结果。一些域外大国对于东盟和南海的政治博弈，在一定程度上会造成南海经济圈各成员之间的隔阂，从而对贸易一体化带来负面影响。同时，域外大国对东盟的贸易博弈，也会对贸易一体化带来不良影响。现阶段，各大国都在竞相推进与东盟的自由贸易，此外还单独与东盟一些国家签订了双边自贸协定。显然，这给南海经济圈的贸易一体化带来了冲击。

政治博弈对于贸易一体化的影响，与对产业一体化的冲击类同。域外大国对东盟的贸易竞争带来的冲击，主要是减弱各成员对于推进贸易一体化的决心和意愿。既然南海经济圈各成员均能与各大贸易体签订自贸协定，实现对这些大贸易体的自由贸易，同时成员彼此之间也都在积极推进双边自由贸易谈判，那么在贸易量相对较小的南海经济圈搞贸易一体化，其意义和必要性就降低了。

（四）金融一体化

金融作为现代经济的核心，各大国都在追求对于全球金融的主导权与影响力。现阶段，全球金融的主导权主要掌握在欧美国家手中，欧美国家通过既有的全球金融治理体系，在全世界（包括东盟）扩大其金融影响力。新兴大国也都在积极地扩大在全球金融中的影响力，且首选拓展影响力的区域就是东盟。然而，域外大国对于东盟和南海所制定和实施的政治战略，会给金融一体化带来负面的影响。同时，这些域外大国采取的相关金融竞争手段，也会对南海经济圈的金融一体化努力带来干扰。例如，通过积极的投资、贸易、借贷活动，维持或提升自身货币在东盟的使用普及程度；发挥国际金融机构如 WB、IMF、ADB 等的作用，推动自身对于东盟的金融介入；实施金融合作，如防范金融风险、打击金融犯罪、维护金融稳定等合作，以提升本国在东盟国家的金融影响力。

具体而言，域外大国在东盟的政治博弈以及金融竞争会对南海经济圈的金融一体化带来负面冲击，主要包括三个方面：第一，造成隔阂、带来芥蒂、影响互信、增加戒备和抵触心理，尤其是事关核心主权的金融一体化，将更难在南海经济圈实现；第二，受制于金融介入造成的路径依赖，以及现有全球金融格局形成的"制度黏性"，使得打破既有的金融格局较为困难，一体化成本高；第三，域外大国推动的金融合作，会诱发各国的一体化离心力，增加一体化的阻力。

当然，物极必反，当域外大国博弈超过一定限度时，有可能还会利于推动各国积极参与南海经济圈建设。例如，当域外大国的博弈带来区域的极度不稳定，从而损害南海经济圈各成员的基本利益时，各成员可能会增强建设经济圈的意愿；当既有的全球金融秩序演化普遍不利于南海经济圈各成员，或者域外大国的金融竞争损害到南海经济圈各成员基本利益时，各成员推进金融一体化的意愿也可能会增强。

第二节　应对域外大国影响推进南海经济圈建设的思路

域外大国在东盟和南海的博弈总体上具有负面效应，给未来的南海经济圈建设带来阻碍。这需要有效应对此类冲击，为南海经济圈建设的构想落地清除障碍，减少阻力。

一、以和为贵，有效降低域外大国政治博弈的强度

和平稳定的环境是南海经济圈建设所需最重要的外部环境条件。总体上讲，南海经济圈各成员应对域外大国政治博弈，以及维护经济圈和平稳定的基本思路是：达成共同维护区域和平的共识，通力合作，在不影响正常关系的前提下力戒域外大国对区域内部事务的介入，规避域外大国对区域争议问题插手的风险，以此降低域外大国博弈的强度，减弱域外大国干预的不良影响。

（一）深化经济圈政治互信建设

由于历史和现实的原因，南海经济圈各成员之间始终存在隔阂。内部的不团结，给外力介入提供了空间和可能。教训是深刻的，各国一定应秉持"兄弟同心，其利断金"的理念，要对域外大国主要出于干扰中国发展目的而介入区域事务有清醒认识，竭力加强政治互信建设，最大限度地缩小域外大国介入区域内部的操作空间。

有关政治互信，一方面是加强南海经济圈各成员在东盟内部的政治互信，这需要推进东盟政治—安全共同体建设。迄今为止，作为东盟三大支柱之一的东盟政治—安全共同体建设仍然面临重重困难，主要问题是其涉及各国的主权，在各国主权存在争议的情况下很难推进。各成员应对主权争议问题持更加长远、开明的态度，借鉴中国解决陆地边境主权争议的经验，以发展为要务，按照公平、平等的原则，尽量、尽快处理好相关问题。另一方面，是加强经济圈各成员与中国的政治互信。作为一个拥有五千年文明史的大国，中国一直遵

循"以和为贵"的国家交往理念，真心实意推动区域的和平与共同发展，并为此做出了很好的表率。中国按照公平、平等的原则，已经很好地解决了和大多数陆地邻国的边境争端问题，中国在南海也坚持"主权在我、搁置争议、共同开发"的方针，努力平息争端，营造和平开发南海的良好氛围。各成员也应以宽广的胸怀，以人民福祉为第一考量，理解、尊重中国的意见，认可中国维护和平的决心和努力，努力加强对于中国的政治认同，共同结成维护区域和平的政治统一阵线。

（二）遵循共同的南海行为规则

南海主权问题为域外大国介入南海提供了直接可操作的平台，也是现阶段最主要的平台。为此，现阶段最需要的是制定并实施共同的南海行为规则（中国正在努力推进此项工作），使各国的南海行为有章可循、有据可依、强度可控，从而有效降低矛盾加剧和引发冲突的风险。事实上，在和平与发展成为当今世界主流价值观的情势下，只要坚持公平公正的原则，只要各国抱着真诚的心态，一定可以在共同的行为准则下实现南海和平。在这方面，2018年中国与菲律宾达成协定，开展南海油气田的共同开发，开了先河。这为以和平发展的方式，解决南海的双边和多边领土争端问题，提供了很好的范例。南海经济圈各成员如果都能遵照共同的南海行为规则，借鉴中国与菲律宾的做法，合作开展有争议的南海油气资源的开采，则在很大程度上能够消除引发矛盾和冲突的诱因，使南海争端维持在可控的范围之内。如此下去，随着共同合作开发的深入，南海一定可以成为和平之海、友谊之海、合作之海。

（三）加强安全合作

安全合作是政治互信的高级表现形式，意味着国与国之间关系的深度和谐。开展安全合作，共同维护南海经济圈的安全，能够消除域外大国从安全角度介入东盟和南海、高强度破坏稳定的借力空间，使得经济圈不至于发生高强度的对抗事件，基本实现稳定与和平。安全合作的内容包括传统安全合作与非传统安全合作。经济圈各成员可以先从非传统安全合作开始，不断增进互信、提升合作水平，最后递升到传统安全领域。

二、以本为本，有效应对域外大国的经济博弈

经济博弈是市场经济主体的正常之举，域外大国为争夺对东盟经济的影响力、拓展东盟市场，会持续展开产业竞争、贸易竞争和金融竞争，从而形成解构经济圈建设的持久离心力。南海经济圈成员作为一个整体，一个有志于建设经济共同体的区域国家体，需要努力克服这种离心力，形成维系、加固经济圈建设的强大向心力。

（一）筑牢经济圈本位意识

经济圈各成员应树立本位意识，自觉把本国当作南海经济圈的一分子，站在维护南海经济圈整体利益的立场，来处理与域外大国的经济关系。切忌为一己之私，违背经济圈制定的规则、制度，与他国发生不利于南海经济圈团结、稳定的经济关系。

（二）把控合作的领域

在不违背南海经济圈共同规则的前提下，经济圈各成员可以自主地开展与域外大国的经济合作。此时，需要把握合作的方向与领域。原则上，在经济圈内已经开展合作的领域，如油气资源开采、IT产业和纺织服装产业、金融监管领域，各成员不应再与域外大国开展相关合作，以避免产生解构经济圈合作的风险。

（三）坚持"天花板"原则

南海经济圈各成员在因域外大国的经济博弈而与之开展经济合作的过程中，无论是海洋开发、产业合作、贸易合作还是金融合作，都应优先把圈内的合作作为第一考量。更重要的是，各成员应把经济圈内的合作水平作为合作的"天花板"（与域外大国开展这些合作的广度、深度，不应超过或至少相当于南海经济圈内的合作水平）。比如，中国在南海经济圈内的合作水平，不应低于在"一带一路"框架内的合作水平，不应低于正在着力推进的中日韩合作水平。也就是说，南海经济圈各成员应把对外经济合作的重点与优先对象定为南海经济圈，由此集中资源重点用于经济圈内的合作，以推动经济圈合作上水平、提档次，成为推动本国经济增长的首要合作动力。事实上，从成本角度衡量，经济圈各成员优先开展与本区域内其他成员的合作，相较域外合作成本要低得多。此外，各国包括各发达国家的对外经济合作，都是先从本区域开始的，在耕耘好本区域的基础上，再慢慢拓展到其他区域。

总体上讲，有效应对域外大国经济博弈推进南海经济圈建设的思路是：以优先开展本区域合作、推动经济圈建设为基本出发点，有选择、有底线，不排斥、力争取，合理发展与域外大国的经济关系，以此化解域外大国经济博弈对于南海经济圈建设的冲击，保障南海经济圈建设顺利开展。

第五篇
南海经济圈建设的对策与保障

第九章　南海经济圈建设的对策与保障研究

第二章明确了南海经济圈建设的内容，本章将对南海经济圈的核心支点条件保障与其他条件保障的内容建设进行分析。本章首先探讨南海经济圈建设的对策，其次单独针对核心支点条件保障建设进行分析，最后分析其他的条件保障建设。

第一节　南海经济圈建设的对策

本节主要针对南海经济圈的主要建设内容（除核心支点建设外），对前面所做的分析进行归纳、提炼，或者重新思考提出推进其建设的对策，并尝试就统筹推进南海经济圈建设提出相应的对策与思路。

一、南海经济圈主要建设内容的建设对策

南海经济圈的每一项主要内容要素的建设，都是一个复杂的系统工程，都需要因时应景，采取特殊的对策措施。

（一）合作机制建设

南海经济圈的合作机制主要包括价值链利益分配机制、错位竞争机制、自贸机制、海上安全合作机制等，是经济圈有效运行的"软件"条件，意在克服跨国经济圈的黏合力不强、协调困难问题。为推动合作机制建设，南海经济圈建设可以从四个方面着力：第一，深耕现有合作机制如中国—东盟自贸机制，将其做深、做细、做全，释放全部潜力，用以构建完备的自贸机制。第二，坚持中国塑造和平、稳定发展的外交战略取向，以及建设人类命运共同体的远大抱负，发挥中国的大国作用，积极主动开展经济圈国家的外交工作，逐

步推动南海行为准则建设，构建海上安全合作机制。第三，为构建错位竞争机制，需要发挥南海经济圈公共管理机构（主要指南管局）的功能作用，积极制订有关领域如产业、海洋开发、海陆经济联动的发展规划，合理进行发展布局，实现错位发展，并即时协调一体化发展过程中出现的问题，维持错位竞争格局。第四，涉及具体产业的价值链利益分配机制，由南管局产业一体化部具体负责，协调各价值链的领导企业，合理实施价值链各环节的地理空间布局，并合理制定价值链各环节的产量与价格，以期实现价值链协作利益的合理分配。

(二) 海洋一体化开发

南海经济圈的海洋一体化开发主要涉及海底矿产资源、海洋生物资源（以渔业为主）、航运资源、旅游资源的一体化开发，是南海经济圈的核心建设内容之一。为推动海洋一体化开发，首先需要完善南海海洋一体化开发的相关管理机构，即设立南管局并在南管局下设相应机构，赋予其一定的超国家管理权限，以承担各项海洋一体化开发的管理服务职责。其次要选准海洋一体化开发的地理或领域范围，明确相应的开发模式、开发流程和收益分配机制。特别需强调的是，应根据目前的南海主权问题，按照"搁置争议、共同开发、利益共享、促进互信"的原则，在海洋一体化开发的初中期阶段，优先选择有主权争议的海域作为一体化开发的范围。如此一来，有助于实现克服困难、推动经济与命运共同体建设的南海经济圈建设的初衷。再次是切实解决一体化开发的资金问题。例如，针对油气资源一体化开发，可以设立油气资源一体化开发有限公司，由各国平均出资入股解决资金来源问题；针对航运资源一体化开发，可以采取设立南海航运开发基金、利用国际开发性金融机构资金、吸收社会资金的措施，化解开发资金不足的难题；针对旅游资源一体化开发，可以建立旅游合作发展基金和采取 BOT、TOT、BT、TBT 等模式吸收社会资金等，解决建设资金问题。最后是加强试点示范，按照先易后难、有序推进的方式，选择合适的领域优先建设，获得突破，发挥示范标杆作用，辐射带动其他领域的一体化开发。

(三) 海陆经济联动

海陆经济的联动发展具体包括海陆产业相关化、海陆产业布局集聚化、海陆运输畅通化三方面内容，也即三个途径。为促进海陆经济的联动发展，一是需要选准海陆产业相关化的产业领域，即确定海陆经济联动的产业内容，海陆产业布局集聚化、海陆运输畅通化均是围绕这些产业展开的。二是有针对性地采取相应的推进措施。首先，海陆产业相关化是指将某产业的海洋部分价值链与陆地部分价值链连接起来，为实现这一点，主要的措施包括制定产业相关化实施方案，统筹、引导企业的相关化行动；找准海洋部分与陆地部分价值链的连接环节，合理布局该价值链环节，并建设该环节的产业要素载体或存在形式，包括生产要素载体——企业以及物流设施、服务设施等辅助要素载体；制定相关激励政策或措施，激励陆地企业和海洋企业积极对接。其次，促进海陆产业布局集聚化，主要措施包括针对各海陆相关化产业的具体情况制定标准，选择相关化集聚布局地点；科学规划集聚地的空间布局；鼓励企业集聚；做好配套、辅助产业的建设。最后，促进海陆运输畅通化，应由南管局统筹推进海陆运输一体化干线体系（含陆地运输系统、海上运输系统、海陆运输衔接系统）建设，主要包括合理选取海陆一体化运输体系的主要节点，涵盖七个国家与南海相关的海陆产业相关化主要集聚地点；优先建设骨干运输路线，如环南海高速、环南海高铁以及印度尼西亚加里曼丹岛的"西部沿海高速"、菲律宾吕宋岛的"环岛高速"和"环岛铁路干线"等，以之构成一体化运输体系的核心骨架；围绕骨干运输路线，完善与之衔接的路线体系建设，以全面满足实现海陆相关化产业的物流需要。三是鉴于海陆经济联动是一个新兴的发展领域，全社会对此的意识和内在动力还较薄弱，应特别强调发挥南管局的作用，由其制订海陆经济联动的整体规划，统筹组织、全面引导市场主体的海陆经济联动行动。

（四）产业一体化

产业一体化是南海经济圈的另一个核心建设内容。一体化产业（包括陆地产业、海洋产业和实现相关化的海陆产业）是南海经济圈的经济内容、实核所在，在南海经济圈运行中发挥着联系纽带作用，维系着整个经济圈的统一，形成具有完整经济功能、特征的经济体。推进产业一体化的对策包括：①南管局产业部统筹推进产业一体化工作，做好产业一体化发展规划，明确产业一体化的目标、产业种类、次序、布局等内容；②根据产业的实际情况，选准一体化的途径，包括统筹配置、价值链重构、企业带动、产业转移、产业升级等；③构建动态产业一体化协调推进机制，加强对一体化状况的监测与问题处置；④做好一体化运行的保障，如制定一体化引导政策、做好管理服务等。

（五）贸易一体化

贸易一体化是南海经济圈有效运行的重要内容要素之一，为产业一体化、海洋一体化开发以及海陆经济联动构建自由贸易条件。推进贸易一体化的主要对策措施是：①加强统筹协调，促进有序建设，即成立南管局贸易一体化部，制订总体建设规划，提出"南海经济圈贸易一体化区"设想，选取示范试点，强化进程监测；②推进涉及南海经济圈的国际贸易组织建设，主要指中国—东盟自贸区和 RCEP；③夯实贸易一体化的内涵，即做到"三化"；④推进产业合作，通过分工协作、错位发展，降低产业结构相似度；⑤强化政治互信，如公平处理问题、坚持平等的外交原则、坚持友好的舆论宣传导向、共同摒除区域外势力的干扰以及推进经济圈贸易往来等。

（六）金融一体化

金融一体化是南海经济圈有效运行的另一个重要内容要素。南海经济圈金融一体化的推进，主要采取五个方面的对策措施：①设立南海经济圈金融一体化执行委员会，统筹推进金融一体化工作。②协调配置金融活动要素，包括劳动要素、金融机构体系要素和金融市场体系要素。其中，金融机构体系配置可以考虑新设南海银行、南海信托投资公司、环南海证券公司、环南海开发银行；金融市场体系要素配置可以考虑建立一体化债券市场体系和一体化股票市场体系。③合作开展统一的金融活动，包括完善区域金融市场布局、促进金融制度一体化、开展一体化金融活动、推动实施机构一体化。④合作开展金融监管。⑤构建合作突破口平台，如设立南海开发基金、构建区域清算体系、设立南海产业引导基金、建设环南海供销金融合作社等。

二、南海经济圈应对大国博弈冲击的建设对策

现阶段以及未来一段时期，各大国在东盟和南海争夺影响力的博弈，是影响、阻碍南海经济圈建设的一个重要因素。有效应对大国政治博弈带来的冲击，主要的对策措施是深化经济圈政治互信建设、遵循共同的南海行为规则以及加强安全合作；有效应对大国经济博弈带来的冲击，主要的对策措施是筑牢经济圈本位意识、把控合作的领域和坚持"天花板"原则。

三、统筹推进南海经济圈建设的综合对策

站在各国政府以及南管局的角度，需要从更宏观、全局性的角度去思考南海经济圈建设问题，以找到可靠的方法和对策，当作发力、入手的途径去切实和高效推进经济圈建设。

（一）加强顶层设计

作为如此偌大、复杂的一个跨国性大工程，南海经济圈建设需要做好顶层设计，用之以指引实践的进行。南管局应会同各参与国，科学、前瞻、务实、详尽地做好顶层设计。顶层设计应明确建设目标、主要内容、主要任务、实施措施、重点项目、保障条件等，并附带专项子设计体系，如各重点项目、保障条件建设的专项子设计，以尽可能地为经济圈建设实践提供完备的方向、方针、政策与措施指引。其中，建设目标应按阶段、分任务进行确定，既有总体目标，又有分项目标；主要任务、重点项目应针对每项主要内容提出，做到事事有落实、有依托；实施举措应针对每项主要建设任务提出，具备很强的现实性和可操作性，用之即见效；保障条件应做到应保尽保，不能缺位，保障有力。

（二）以合作为熔化剂，淡化主权问题

横亘在南海经济圈建设前面最显著、最关键的障碍因素，是南海经济圈各成员之间的领土（海）主权问题。主权纠纷是最难解决的国际政治问题，在短期内无法得到解决的情况下，主权纠纷会转化为或者体现为对争议领土（领海）所蕴藏资源的争夺。化解或淡化相关矛盾，最直接和有效的做法是对症下药、直捣病根，合理处置争议资源的使用权，实现釜底抽薪，消除纠纷产生的根源。显然，要想合理处置争议资源的使用权，其最好的办法是合作开采和公平分配资源，使争议国均能公平享受资源的使用权，从而自觉控制纠纷的恶化，为南海经济圈建设化解最大的障碍因素。

（三）加强政治互信，化解外部冲击

东盟和南海所处的地缘位置，使之成为全球经济循环的咽喉之地、全球经济版图的一个重心。面对域外大国的介入，克服其对南海经济圈建设带来的解构张力，最重要的是经济圈各成员彼此树立高度的信任感，树立经济圈建设是本区域经济共同发展的优先大事的意识，树立本地事务主要依靠本地解决的信念，自觉抵制、排除域外大国对经济圈建设的干扰，集中力量推动经济圈建设。高度的信任感，既来源于各成员对彼此文化的认可、民族的包容、历史与现实的了解，也来源于彼此在长期交往、合作中的相识相知，还来源于共同约定的互信机制的构建。各成员应构建稳固的全方位交流与合作机制（如中国—东盟自贸机制），进一步加强经济、政治、军事、文化等全方位的交流与合作，从中树立信任、强化信任至而固化信任，将经济圈建设视之为己任并内化为自觉的行动，做到不管外界如何风吹雨打、浪起潮涌，仍举全力、矢志不渝地参与和推动南海经济圈建设。

（四）夯实产业内容内核，强化利益联结

南海经济圈的存在与运行，最根本的内容基础是产业的连通与协作。通过产业协作可以将经济圈各成员的经济紧密联系在一起，一荣俱荣、一损俱损，最终随着产业协作的全面与深入，形成南海经济圈经济共同体。推进南海经济圈建设最重要、最根本的任务就是促进产业合作与协作。只要产业合作蓬勃开展并形成了紧密不可分割的协作格局，经济圈就有了存续的基石与依靠。各成员应采取一切手段和措施推动产业合作与协作，夯实经济圈的产业内容实核。海洋一体化开发、产业一体化均为行之有效的，能分别实现经济圈海洋产业、陆地产业紧密协作的途径，应不断落实海洋一体化开发，不断拓展产业一体化的产业种类。此外，有目的地引导产业转移、跨国投资与并购等，也能有效促进经济圈的产业合作。

（五）陆海统筹，铸就双重动力

顾名思义，南海经济圈建设离不开对海洋的开发，缺少不了海洋经济的参与。统筹陆地经济与海洋经济的发展，双管齐下、两条腿走路，同时实现陆地经济与海洋经济的协调配套、互促互动，能为南海经济圈发展构筑双重驱动力。认真实施海洋一体化开发、产业一体化发展，同时落实好海陆经济联动，能有效做到陆海统筹发展。由于陆海统筹的复杂程度特别高、统筹难度特别大，加之各国现阶段普遍将发展重心置于陆地产业而轻视对于海洋的发展，这对陆海统筹机构提出了特别高的能力要求。因此，如前文所述，在南海经济圈建设的初中期阶段，陆海统筹的重点宜放于各国内部，由南管局引导各国政府去优先实施本国的陆海统筹。待各国陆海统筹发展到一定水平后，再由南管局挑头，统筹实施南海经济圈的陆海统筹工作。此时陆海统筹的重点，是推动各国实现统筹发展的海陆一体化产业，开展相关合作乃至实现跨国一体化发展。

（六）抓准突破口，以点带面

南海经济圈建设工作内容繁杂、头绪万千、涉面广泛，不可能做到面面俱到、齐头并进，只能做好基本工作以搭建基本框架、塑造核心骨架，抓好突破口以实现点上突破、以点及面、面面开花。其中，做好基本工作主要指对南海经济圈的主要内容要素的建设不能缺失，基本要素一旦缺位，经济圈就难以成形与存续；抓好突破口主要指抓准具有显著突破效应、带动作用的项目或领域，率先启动建设、加快建设，以求做到牵一发而动全身之效。南海经济圈的突破口建设包括两个层面：一是面上的突破口——核心支点建设，即选择数个经济圈的核心支点，围绕支点布局各主要内容要素，优先推动其建设，以此搭建经济圈的基本框架；二是点上的突破口——针对各项重点建设内容分别选择各自的突破口，如金融一体化的南海供销金融合作社项目，优先开展建设，以此带动该项目主要内容建设的前行。如此一来，点面结合形成两个层次的突破口体系，发挥两个层次的突破口作用，为南海经济圈建设插上腾飞的翅膀。

（七）示范带动，凝智聚力

未来的南海经济圈建设会涉及七个国家的各级政府，涉及众多市场主体

（消费者、企事业单位等），涉及无数社会组织（中介组织、行业协会等），需要达成广泛共识，需要各方积极参与，形成全社会合力。显然，对于拟建的南海经济圈，在取得看得见的成效之前，各成员间一定都会存在了解不够、信心不足、疑虑尚存的情况，此时榜样、标杆的力量会是无穷的。南海经济圈建设的初期应重视示范项目的建设，尽量在各领域均设立示范项目，并尽量在各国都有示范项目的分布，使示范效应能辐射尽可能多的涉及对象。原则上，经济圈的每个主要建设内容均应设有示范项目，如贸易一体化建设，可以设立中国—新加坡自贸区为示范项目；海洋一体化开发，可以设立中国—菲律宾合作开采石油为示范项目；应对大国博弈的冲击，可以设立中国—马来西亚双边关系为政治互信示范项目；产业一体化建设，可以设立纺织服装工业一体化为示范项目；等等。除了这些带有全局性意义的示范项目外，还可以在各成员内部设立局域性的示范项目，如海陆经济联动的海陆产业布局集聚化工作，可以选择在各成员内部设立集聚布局示范区。

（八）构建充分的保障机制，突出合作机制构建

建设南海经济圈，面临的困难、障碍众多，需要各国政府共同努力、通力协作为之提供完备的保障。归根结底，这些保障是指经济发展的要素保障及发展的外部条件保障，包括人力、资本、资源、制度、技术等内部要素保障，以及基础设施、政策、组织等外部条件保障。由于存在内部的主权问题且具备跨国跨海的特性，对于南海经济圈而言，其最重要的保障就是合作机制保障。只有构建强有力、高效的合作机制，才足以保障经济圈建设的顺利进行。

第二节　南海经济圈的核心支点保障

建设核心支点，既可以作为南海经济圈运行的一项基本与核心保障，也可以作为一项推进南海经济圈建设的对策措施。所谓核心支点，就是支撑南海经济圈物质内容实核的骨干承载点，支撑南海经济圈有效运行的关键节点。连接这些核心支点所构成的支点系统，就是南海经济圈的基本运行框架。核心支点建设对于南海经济圈建设具有非常重要的意义，核心支点体系一旦建成，标志着经济圈具有了基本的雏形，具备基本的运营功能，能够开始基本的运行活动。这也意味着，南海经济圈建设有了初步的落实，具备了存续的基本保障。作为南海经济圈的优先建设内容，第二章确定了核心支点建设的目标，是到2030年建成核心支点体系，为南海经济圈奠定基本框架。

一、核心支点的保障功能

核心支点作为南海经济圈的基本、核心和首要保障，主要具备以下功能：

第一，提供建设内容的依附支点。经济圈建设初期，核心支点可以为各项建设内容如产业一体化、保障条件提供依附支点或者附着处，由此形成整个建设系统工程的初始点与起点，使经济圈成为有源之水、有本之木。

第二，形成经济圈主体框架的核心节点。核心支点一旦建成，将成为经济圈各项建设内容的主要依附点，各国相应区域融入经济圈的经济活动将主要围绕核心支点展开。因此，核心支点必然是未来经济圈形成之后的核心节点，同时也是组成经济圈各区域的中心支点。

第三，成为各国相应区域融入经济圈的引力场。核心支点体系建成、南海经济圈开始运行后，各个核心支点作为核心节点、中心支点，将产生辐射效应，成为引力场，吸引周边区域的经济要素、活动集聚。由此使得核心支点所在的各国相应地区，围绕着核心支点，不断参与经济圈的分工协作，不断融入经济圈，乃至实现一体化。

第四，发挥示范点、突破处作用。各个核心支点也可以作为经济圈建设的示范点与突破处，发挥带动各国各地参与经济圈的显著示范效应，产生经济圈建设的突破性效应，推动形成势如破竹的建设之势。

二、核心支点选择

核心支点地址的选择，应优先满足经济圈各项建设以及运行的保障需要。也就是说，要为经济圈各项主要建设以及正常运行提供地理空间依托、发展基础依托、内容附着依托、活动中心依托、要素集聚依托、示范突破依托，以此承载、支撑、推动经济圈建设的进行和运营的正常开展。由此，可以确定以下五点核心支点选址原则：

第一，均衡布局原则。南海经济圈涵盖七个国家的陆域（中国是环南海地区）和南海海域，为使经济圈不断发展壮大乃至最终形成区域经济共同体，需要尽可能多地动员、容纳上述地域空间内的经济活动的参与。为此，需要在经济圈内均衡布局核心支点，以将尽可能多的地域纳入经济圈的活动与辐射范围。一方面，是在国与国之间实现均衡分布，即各个国家均应设立核心支点，不能缺位；另一方面，在各国内部也要实现均衡分布，以尽可能多地将各个地区纳入经济圈范畴之中，尽量避免出现遗漏。

第二，良好基础原则。核心支点要充分发挥各种保障功能，要求其本身具有良好的经济发展基础与条件，如较好的产业基础、便捷的交通、属于经济与地理中心，最好还要濒海。

第三，功能多样原则。每一个核心支点的建立都需要巨大的投入，而且承担着多重保障功能，这使得每个核心支点最好都是多功能型的，能够发挥多面手作用，如此可以一举多得，以尽可能少的建设投入获得最大的利用价值。这意味着，在选择核心支点的地址时，可以和海陆经济联动集聚点、产业一体化布局地点、金融中心等共享同一地点。

第四，经济活动中心原则。一地的经济活动中心已经具备了良好的发展基础，也形成了覆盖周边的辐射能力。选择这样的地点作为核心支点，能快速获得建设成果，快速形成保障能力，最大限度地发挥保障功能。

第五，集聚原则。核心支点保障功能的发挥，有赖于其经济实力和组织开展经济活动的能力。这要求坚持集聚原则，尽量选择产业集聚地作为核心支点驻地。依托集群产业，核心支点建设能获得事半功倍的效果，其保障能力也因具有坚实的集聚经济依托而得到强化和提升。

基于上述原则，可以初步明确核心支点的选址。第四章提出了越南的海陆产业相关化布局地点，第五章分析了产业一体化（主要是IT产业和纺织产业）布局地点，第七章提出了金融中心布局地点。在确定南海经济圈的核心支点时，特别是在国与国之间进行均衡分布时，可以考虑从这些各类布局地点中选择。

（一）中国环南海地区核心支点

对于中国环南海地区，可以考虑的选择地点为海南省的海口市、广东省的湛江市、广西壮族自治区的南宁市。具体的理由有四个：其一，三地均为濒海的区域性中心城市；其二，三地均具有较好的发展基础；其三，三地分处于环南海的海南省、广东省和广西壮族自治区，符合均衡布局原则；其四，目前湛江、海口均为环南海地区的航运枢纽、海洋经济枢纽，海陆产业相关化具有一定的基础。至于珠三角地区城市，由于经济高度发达，没必要选择作为核心支点来加以建设，主要是发挥其扩散效应来带动南海经济圈发展。

（二）越南核心支点

越南可以考虑选择的地址为南部的胡志明市、中部的岘港市、北部的海防市。胡志明市是越南南部的经济中心和地理中心，发展基础好，是南海经济圈海陆相关化、一体化IT工业和一体化纺织服装工业的主要布局点，也是区域性金融中心，作为核心支点的理由充分。岘港市是越南中部地区的地理中心、中心港口和金融中心，海陆产业相关化和一体化IT工业、旅游一体化开发的布局地点，适合作为核心支点。海防市是越南北部的工业中心，重要的海陆产业（医药工业、电力工业、旅游业）相关化、一体化 IT 工业的布局地点，可以作为核心支点。

（三）马来西亚核心支点

马来西亚可以选择槟城市、吉隆坡市和古晋市作为核心支点。其中，槟城市是一体化 IT 工业、旅游一体化开发的主要布局地点，吉隆坡是区域经济中心、政治中心和金融中心，古晋市主要是从均衡布局的考虑选择的，因为马来西亚整个加里曼丹岛面积大而发展水平较低，需要建立一个核心支点来引领区域的发展。

（四）印度尼西亚核心支点

印度尼西亚疆域广阔，不过国民经济活动的主要地域是爪哇岛、苏门答腊岛、加里曼丹岛、苏拉威西岛和新几内亚岛。这几个地区中，爪哇岛可以选择万隆市为核心支点，虽然雅加达是经济政治和文化中心，但城市承载能力已经达到极限，且万隆市是一体化产业（IT 工业和纺织工业）的重要布局点、集聚点，产业发展基础也较好，故选择万隆市。巴东市作为西苏门答腊省首府，是文教、商业中心和苏门答腊岛的最大港口，海洋产业基础比较好，同时也是印度尼西亚区域性金融中心的布局地点，因此可以选择作为苏门答腊的核心支点。望加锡市是南苏拉威西省的首府，亦是苏拉威西岛上最大的城市、经济中心、航运中心和渔业中心，适宜作为南海经济圈在苏拉威西岛的核心支点。索龙市位于新几内亚岛，是进出拉贾安帕特群岛的重要航运枢纽，也是西巴布亚省最大的城市以及西新几内亚的第二大城市，适宜当作新几内亚岛的核心支点。除了加里曼丹岛未做选择之外（与马来西亚共享核心支点古晋市，以及与文莱共享一个核心支点），上述所选择的印度尼西亚四个核心支点吻合了均衡布局原则，分别处于印度尼西亚的五个最大岛屿的其中四个上。

（五）文莱核心支点

文莱地域较小，但出于均衡布局的原则，可以选择其首府斯里巴加湾市作为核心支点。其一方面可以辐射带动文莱经济发展；另一方面与马来西亚的古晋市一起，共同辐射带动加里曼丹岛上的印度尼西亚地区发展。

（六）菲律宾核心支点

菲律宾是群岛国家，主要的大岛屿是吕宋岛和棉兰老岛，其核心支点可以在这两个岛上选择：一是选择马尼拉作为吕宋岛上的核心支点；二是选择达沃市作为棉兰老岛上的核心支点。这两个城市分别是这两个岛的经济、政治和文化中心。

南海经济圈七个参与国中，只有新加坡未安排核心支点。其原因在于：一是新加坡已经高度发达，在经济圈中主要是发挥带动辐射作用，且以扩散效应为主；二是新加坡地域小，建立核心支点的必要性不足；三是毗邻马来西亚和印度尼西亚，必要时如新兴产业或领域的拓展，可以共享这两个国家的核心支点的辐射功能。

南海经济圈16个核心支点分布如表9-1所示。

表9-1　南海经济圈16个核心支点分布

国家	核心支点
中国环南海地区	海口市、湛江市、南宁市
越南	胡志明市、岘港市、海防市
马来西亚	槟城市、吉隆坡市、古晋市
印度尼西亚	万隆市、巴东市、望加锡市、索龙市
文莱	斯里巴加湾市
菲律宾	马尼拉市、达沃市

三、核心支点的建设内容与举措

显然，南海经济圈建设最先应该着力于核心支点建设，从这些点出发，以点构面、以点托面、以点带面，推动经济圈从基本的框架或骨架出发，不断填充内容、要素，拓展空间、地域，最终建成系统、全面、功能完备的成熟经济圈。

（一）建设内容

从完善核心支柱的功能角度考察，核心支点主要建设四个方面的内容：第一，各项经济圈的主要建设内容，主要包括海陆一体化开发、海陆经济联动、产业一体化、金融一体化等，应优先在核心支点处开展建设，率先在核心支点取得突破。第二，基本条件建设，即各种经济、产业发展所需要的基本要素与条件，如交通、电力、供水、网络等，一方面是将核心支点本身的基本条件建设完备，另一方面是将南海经济圈运行所需的网络化、体系化基本条件系统（如公路系统、电力系统、网络系统等）建设完备，也就是将核心支点打造成为这些系统的核心节点。第三，集聚发展要素建设，如市场体系、科研培训机构、各类中介服务组织等。核心支点只有先发展成为相关产业的集聚区，才能具备足够的集聚效应发挥引力场作用，吸引周边地区融入经济圈。第四，示范能力建设，主要是在核心支点开展的南海经济圈各项建设中，选择若干项目作为示范项目，重点支持其建设。

（二）建设主要举措

核心支点对于南海经济圈具有重要的作用，按照预期目标计划从经济圈建设启动之日起，大约花 10 年时间建设完成核心支点体系。具体的建设推进，可以考虑从三个方面入手：第一，在南管局、各国政府的相关发展规划与政策文件中，纳入开展核心支点建设内容，以此为核心支点提供政策背书。第二，做到与南海经济圈的各项建设内容同步开展，做到同时规划、同时建设。当然，这对于与各建设内容布局点重合的核心支点而言，是顺理成章的事。第三，统筹核心支点各项内容建设，按照轻重缓急，分阶段、有步骤推进，做到建设的"系统性、集成化"。即一方面必须是系统性地开展建设，不容有缺失，不至于影响核心支点整体功能的发挥；另一方面是朝着集成某项具体功能的方向开展建设，如发挥引力场功能所具备的集聚能力，需要打包进行建设。

第三节　南海经济圈建设的保障

南海经济圈各项建设的开展和各项建设对策的实施，都离不开完善的保障。概括而言，南海经济圈需要构建合作机制保障、基础设施保障、人力资源保障、资金保障、政策保障、安全合作保障、科技创新保障、组织保障，等等。鉴于第二章已经深入阐述过合作机制的原理，本章第一节也已经分析过推进合作机制建设的措施，此处不再赘述。下面将对剩余的建设保障予以阐述。

一、基础设施保障

前文已经探讨过南海经济圈的海陆运输一体化干线体系（涵盖陆地运输系统、海上运输系统和海陆运输衔接系统）建设，这个属于海上和陆地交通基础设施建设，此外，还应构建高密度、高效率的空中运输航线体系，以此构筑经济圈互联互通的现代化立体交通体系（海陆空交通体系）条件保障。对此，本书提出"畅通南海"计划，将南海经济圈的海陆空交通基础设施建设项目如环南海高速、环南海高铁等打包纳入其中，作为构建交通基础设施保障的抓手。为推动"畅通南海"计划的顺利实施，需要注意三点：首先应由南管局和各国政府共同努力，加强各国的协调，按照统一的规划同步推进建设；其次，应努力运用和探索多种建设模式，如 BOT 模式（"建设—经营—转让"

模式)、PPP 模式（公私合伙或合营模式），有效解决建设的效率、质量和资金等问题；最后，应努力探索各种资金筹措方式，广泛吸收社会资本参与建设。

交通基础设施是最重要的基础设施保障，除此之外，南海经济圈运行所需要的基础设施还包括通信、供电、供排水、信息等。其中，在信息化时代，信息基础设施建设越来越凸显其重要性，成为经济社会发展不可或缺之物。为推进信息基础设施建设，此处提出"智慧南海"计划——广泛应用各种先进信息技术，加强南海经济圈国家的信息化建设，全面提升信息化水平，以此打造智慧南海、智慧经济圈，以信息化推动经济圈国家经济社会产业的全面发展。这方面的举措，除了可以借鉴南海经济圈"畅通南海"计划建设的相关措施外，还可以考虑另外一条重要举措，即鉴于中国在信息与网络方面的全球技术领先地位以及丰富的建设经验，南海经济圈的信息基础设施建设可以由中国提供一揽子的建设解决方案，包括资金问题的解决，并由中国的企业予以全面承包实施。

二、人力资源保障

庞大的南海经济圈的有效运行，需要具有充足的人力资源保障，包括技术创新人才、技术应用人才和高技能人才资源的保障。目前，南海经济圈成员普遍存在人力资源短缺的情况，如中国的创新型人才和高技能人才有所不足，越南、马来西亚、印度尼西亚、菲律宾的技术应用型人才和高技能人才短缺最为突出。没有人力资源的保障，各国参与南海经济圈的能力将会受到约束，经济圈发展出口加工业和产业升级的潜力也将受到很大制约。为保障充分的人力资源供给，各国首先要更加重视教育，根据经济圈的产业发展相关规划，有的放矢发展相关的高等教育、职业教育。尤其是注重对于高技能人才的培养，因为南海经济圈大多数国家的产业发展水平较低，主要以发展中低端产业或承担产业价值链中低端环节生产活动为主，高技能人才最为缺乏。因此，应不遗余力地兴办职业教育，建立完整的职业教育体系，提供优越的教育条件，培养大量生产第一线急需的高技能人才。其次，要加强人才培养合作，取长补短、优势互补，重点开展联合办学工作，如推进拟建的中国—东盟联合大学建设以及各国共同举办南海国际理工大学等。最后，由南管局负责，做好经济圈的重点发展行业、领域（如一体化产业、海洋一体化开发）的人才引进与培养工作，制订总体人才引培发展规划，有序实施技术创新人才的引进以及技术应用型人才和高技能人才的培养工作。

三、资金保障

资金保障无疑是南海经济圈建设最关键的保障，也是难度最大的保障。无论哪一项建设，都离不开巨量资金的投入。鉴于有限的政府财力，解决资金保障问题的主要出路是撬动和利用民间资金。前面对南海经济圈的各项建设都述及资金保障问题，此处从整体角度阐述为南海经济圈建设提供资金保障的举措。第一，充分运用财政资金，发挥其引导效应、杠杆效应，引导社会资金投入经济圈各项建设。其主要的途径，是针对各项建设，制定相应的应用社会资金的财政激励政策，如补贴、奖励、贴息、优惠利率等，提高社会资金投入的积极性，降低社会资金的进入成本，最大限度地激发社会资金的投入。第二，充分利用银行等金融机构的资金。一方面要选择好项目，做好项目的成本收益核算，科学组织项目的建设，以提高项目对银行资金的吸引力。另一方面应有赖于政府对一些经济圈具有特殊意义的建设项目，如基础设施项目、产业一体化示范项目等，制定优惠的贷款政策如优惠利率政策。第三，充分利用企业资金。其主要的途径是采取合宜的建设模式，以合理的利益让渡为手段，吸引社会企业资金的投入。比如，目前国际流行的 PPP 模式，就较好地起到了利用企业建设资金的效果。第四，推进项目投资主体多元化，吸引社会资金进入。这主要是指对经济圈建设项目（如一些营利性基础设施项目）适当让渡利益，采取投资主体多元化（不再由单一出资者投资而成，而是由多个出资者投资组合而成）方式，吸引社会投资者的资金进入。第五，利用经济开发政策性金融机构的资金，包括国际政策性金融机构如世界银行、亚洲开发银行，以及各国设立的政策性金融机构如中国的国家开发银行、中国农业发展银行和中国进出口银行等。值得一提的是，南海经济圈内，中国和新加坡的资本相对充裕，除了履行按照平等原则确定的各有关出资义务外，两国还可以适当做出一些额外贡献：其一，对于一些集体的或公共性项目，适当多承担一些出资份额；其二，在征得其他成员同意的基础上，独自投资承担一些项目的建设，并拥有相应的所有权。

四、政策保障

为确保南海经济圈的高效运行，需要确保在经济圈范围之内的经济（产业、贸易、投资、金融等）政策一体化供给；否则，政策分割必然会给经济圈的运行带来障碍，如贸易政策的分割会有损自由贸易的进行。政策一体化包括两个层次：第一个层次，是在已经实现高效合作与运行的领域内，实现各国无差别化的政策供给，如金融一体化发展需要的金融政策一体化、经济圈建设初中期内一体化、IT 工业和纺织工业需要的产业政策一体化；第二个层次，是实现经济圈各国政策的全面无差别化，实现各国政策的一体化。显然，第一个层次的政策一体化供给提供经济圈建设初中期的政策保障，第二个层次的政策一体化供给提供经济圈建成之后的政策保障。随着经济圈建设的深入，第一个层次的政策保障范围会越来越健全、完善，逐步向第二层次的政策保障过渡与迈进。表 9-2 列明了南海经济圈建设所需的主要政策保障及保障责任机构。

表 9-2　南海经济圈建设所需的主要政策保障及保障责任机构

建设内容	政策保障		主要保障责任机构
	经济圈建设初中期	经济圈建设后期	
海陆一体化开发	矿产资源、海洋生物资源、航运资源、旅游资源一体化开发政策	矿产资源、海洋生物资源、航运资源、旅游资源一体化开发政策	南管局
海陆经济联动	海陆相关化产业的产业政策	海陆相关化产业的产业政策	南管局
产业一体化	IT 工业、纺织工业	其他一体化产业	南管局
贸易一体化	一体化贸易政策	一体化贸易政策	中国—东盟自贸组织、南管局
金融一体化	一体化金融政策	一体化金融政策	金执委

　　从宏观角度考察，为实现经济政策的一体化，首先各国需要赋权于南管局、金执委，让其拥有其职能范围内各项建设工作的政策制定权（贸易政策除外，其主要由中国—东盟自贸区组织协议确定）。各国同时应在国内政策体系中，给予南管局、金执委所制定的政策以例外权限。如各国的产业政策，不适用于一体化 IT 工业、纺织工业，这两个产业的产业政策由南管局统一制定。从一定意义上讲，南管局、金执委所推动的各项经济圈建设的相关政策，相当于是各国国内政策的"法外之地"。其次，南管局、金执委应成立相应的政策研究与制定机构，积极开展政策的研究与制定工作，积极与各国相关职能部门沟通，保证政策的衔接。再次，各国应努力保证政策执行的效力。作为一个超国家组织，各国政府应尊重南管局与金执委的管理权限，凡归属其职权范围内的建设工作，各国相关职能部门不能插手与干预，而应给予无条件的服从与配合。各市场主体从事各类南海经济圈的建设活动，须向南管局、金执委报备，

接受其管理服务。最后，南管局、金执委应正确处理南海经济圈与其他区域合作组织的关系，如与中国—东盟自贸区的关系，做好政策制定与实施的衔接。

五、安全合作保障

安全合作保障可以消除威胁南海经济圈国家的安全隐患，创造一心一意、心无旁骛搞发展的外部安全环境。除去前面阐述过的海上安全合作外，南海经济圈成员安全合作的范围广泛，应包括经济安全、金融安全、生态环境安全、信息安全、资源安全等，这些都可以构建相关的安全合作机制。对此，可以由南海经济圈各国协商拓展南管局的职责，由其统一牵头协调经济圈各国的安全合作，推动构建上述各个领域的多边安全合作机制。从这个意义上讲，南管局被赋予了国际多边组织的职责，而不是只局限于具有经济圈经济社会发展方面的职能。

目前，越南、马来西亚、新加坡、印度尼西亚、文莱和菲律宾已经在东盟框架下开展了一些安全合作的尝试，如东盟区域论坛（ARF）、东亚峰会（EAS）、东盟防长会（ADMM）等，但还停留在讨论、沟通与协调层面上，缺乏完善的实施机制。迄今东盟内部仍未形成东盟全体成员参与的集体安全合作机制，主要的安全合作机制是双边安全合作机制，唯一超过三方的安全合作机制是马来西亚、新加坡和印度尼西亚三国成立的联合打击海盗机制。同时，中国与东盟以及与南海经济圈其他国家之间也缺乏整体安全合作机制和双边或多边安全合作机制。为推动南海经济圈统一的安全合作机制的形成，南管局可以着重从以下两个方面入手：其一，增进政治互信，加强在安全领域的顶层设计[①]。这一方面可以通过南海经济圈成员之间的互利合作，提升双边政治互信；在地缘政治问题上合理协调各方观点，通过对话解决相关问题；促进各国的文化交流，增进国民的相互了解，提升共同体意识，为推进安全合作培育良好的民意基础。另一方面要提升各成员在安全合作领域的危机感与认同感，进一步加强在安全合作领域的顶层设计，共同推动安全合作的进一步深化。其二，加强南海经济圈安全合作的机制化建设，即推动各成员签订"环南海安全合作协议"，在协议中明确拟定涵盖前述各个安全合作领域的多边实施机制。

六、技术创新保障

南海经济圈各项建设的技术保障，一方面应由各建设主体自己解决，另一

---

① 梁怀新. "一带一路"背景下中国—东盟非传统安全合作研究［J］. 学术探索，2018（6）：47-52.

方面也离不开政府与社会的支持。概括而言，南海经济圈建设的技术保障分两种情况：一种情况是经济圈现有技术可以满足建设要求，但是需要宏观统筹以满足一体化发展的需要，如中国已拥有 IT 工业、深海油气资源开发所需的技术，则需考虑如何满足整个经济圈成员的 IT 工业一体化、油气资源开发一体化的需要；另一种情况是经济圈既有技术不能满足建设需求，则需要考虑如何推动相应技术的研发创新。

对于第一种情况，主要措施在于建立合理的技术转移或技术转让机制。南管局可以建立内部技术交易市场，以优惠价格促成交易，南管局和技术输出方所属国政府再给予技术输出方适当的补贴。对于第二种情况，则可以采取三方面措施：第一，引导各国政府组合技术创新力量，投入资源，开展相应领域的研发创新活动，解决本国参与经济圈建设、运营所需的技术需求；第二，由南管局协调各国、各科研主体、各企业，合作组建技术研发创新联盟，开展协调一致的研发创新活动；第三，制定相关的激励政策，支持企业、社会科研机构开展相关技术的研发创新，解决企业自身所需技术需求问题。

七、组织保障

跨国涵海、内容繁杂、张力巨大的南海经济圈的建设与运行，必须要有强有力的组织保障，以为之构建强大的执行力。组建南管局、金执委是行之有效的措施。经济圈建设一旦得以进入议事日程和筹建阶段，即须着手组建精简、得力、高效的南管局与金执委，努力充实其内部组成，完善其内部架构，赋予其一定范围内的超国家主权权限，乃至条件成熟时为之配备相应的独立执法机构。如此，可以最大限度地强化两个机构的执行能力，为南海经济圈建设打造强有力的组织保障。

参考文献

安蕾, 2019. 东亚金融一体化的动态及其收益 [J]. 南方经济 (8): 21-38.

包群, 陈媛媛, 2012. 外商投资、污染产业转移与东道国环境质量 [J]. 产业经济评论 (6): 1-9.

曾德明, 骆建栋, 覃荔荔, 2009a. 基于耗散结构理论的高新技术产业集群开放性研究 [J]. 科技进步与对策, 26 (1): 48-51.

曾德明, 彭盾, 2009b. 基于耗散结构理论的国家创新体系国际化研究 [J]. 科学管理研究, 27 (3): 12-15, 20.

陈建军, 2002. 中国现阶段的产业区域转移及其动力机制 [J]. 中国工业经济 (8): 37-44.

陈攀, 陈浩, 2009. 武汉城市圈的区域经济一体化路径选择: 基于"点轴理论"的研究 [J]. 武汉工程大学学报, 31 (4): 21-25.

陈钦, 2017. 推进两岸金融一体化的战略构想 [J]. 内蒙古财经大学学报, 15 (4): 21-25.

陈武, 2014. 发展好海洋合作伙伴关系: 深入学习贯彻习近平同志关于共建21世纪"海上丝绸之路"的战略构想 [J]. 东南亚纵横 (1): 3-5.

陈湘满, 刘海燕, 2013. 基于因子分析的湖南承接产业转移能力评价 [J]. 湘潭大学学报, 37 (5): 48-51.

陈小凡, 邹宏元, 陈丽, 2019. 金融一体化进程中的东亚风险分担研究: 纳入估值效应渠道的实证 [J]. 亚太经济 (2): 33-42, 150.

陈秀莲, 李紫艳, 2018. 基于 DEA 的中国与东盟国家海洋资源开发合作的利益分配机制研究 [J]. 生态经济, 34 (7): 119-124.

程书雅, 2013. 基于耗散结构理论的区域技术创新能力评价研究 [D]. 青岛: 青岛海洋大学.

崔乘喆, 2002. 关于东北亚地区经济圈形成的试论: 对外直接投资与跨国生产

网络的形成 [J]. 环渤海经济瞭望 (2)：25-29.

邓妮雅，2018. "一带一路" 倡议下南海资源共同开发的模式选择 [J]. 中国
海洋大学学报 (哲学社会科学版) (2)：41-48.

杜传忠，韩元军，张宪国，2012. 我国区际产业转移的动力及粘性分析 [J]. 江西
社会科学，32 (5)：5-11.

杜能，1986. 孤立国同农业和国民经济的关系 [M]. 北京：商务印书馆.

杜鑫，许东，付晓，等，2015. 辽河流域辽宁段水环境演变与流域经济发展的
关系 [J]. 生态学报，35 (6)：1955-1960.

段小薇，李璐璐，苗长虹，等，2016. 中部六大城市群产业转移综合承接能力
评价研究 [J]. 地理科学，36 (5)：681-690.

范雅静，陈宝珍，2016. 北部湾地区海陆经济关联研究 [J]. 海洋开发与管
理，33 (12)：28-31.

冯超，2013. 产业转移与区域分工合作新模式的建立：以河南洛阳承接转移产
业为例 [J]. 城市发展研究，20 (6)：152-154.

冯南平，杨善林，2012. 产业转移对区域自主创新能力的影响分析：来自中国
的经验证据 [J]. 经济学动态 (8)：70-74.

冯颂斌，2007. 南海争端对我国南海资源开发的影响 [D]. 广州：暨南大学.

盖美，展亚荣，2017. 辽宁沿海经济带海陆经济效率与协调性研究：基于DEA-
Malmquist 模型 [J]. 资源开发与市场，33 (6)：688-694.

高杰英，游蕊，2015. 长三角与京津冀区域金融一体化分析：信贷的扩散与极
化 [J]. 经济与管理研究，36 (7)：60-67.

关爱萍，李娜，2013a. 金融发展、区际产业转移与承接地技术进步：基于西
部地区省际面板数据的经验证据 [J]. 经济学家 (9)：88-96.

关爱萍，魏立强，2013b. 区际产业转移技术创新外溢效应的空间计量分析：
基于西部地区的实证研究 [J]. 经济问题探索 (9)：77-83.

郭付友，佟连军，李平，2016. 松花江生态经济走廊流域经济时空分异与驱动
机制 [J]. 经济地理，36 (9)：35-41, 102.

郭京京，穆荣平，张婧婧，等，2018. 中国产业国际竞争力演变态势与挑战
[J]. 中国科学院院刊，33 (1)：56-67.

郭晓合，2016. 中国—东盟自由贸易区建设：现状与前瞻 [J]. 人民论坛·学术
前沿 (19)：36-43.

韩凝，2011. 试论南海问题的当前发展趋势及其应对策略 [J]. 和平与发展
(5)：55-59, 72-73.

胡晨光，2013. 集聚经济圈产业集聚的点轴增长与收敛：长三角为例的理论与实证分析 [J]. 经济学家 (6)：69-77.

胡晨光，程惠芳，杜群阳，2010. 集聚经济圈集群产业的扩散与转型：基于多元化集群产业结构演化视角的分析 [J]. 经济学家 (7)：51-59.

胡晨光，程惠芳，俞斌，2011. "有为政府"与集聚经济圈的演进：一个基于长三角集聚经济圈的分析框架 [J]. 管理世界 (2)：61-69，80.

黄佳寅，陈云，许俊杰，2019. 基于海陆一体化的综合交通应急管理平台研究 [J]. 交通世界 (11)：9-11，15.

黄少婉，2015. 南海油气资源开发现状与开发对策研究 [J]. 理论观察 (11)：91-93.

黄耀东，唐卉，2016. 中国—东盟自由贸易区建设瓶颈及升级版建设路径研究 [J]. 学术论坛，39 (10)：82-86.

姜彦宁，2017. 基于滚装的海陆一体化运输优化问题研究 [D]. 大连：大连海事大学.

蒋斌，2006. 加快广西参与环北部湾经济圈建设的新思路 [J]. 学术论坛 (7)：125-129.

蒋德翠，2017. 中国—东盟自由贸易区投资摩擦和争端协调机制研究 [J]. 广西社会科学 (8)：47-51.

金碚，李鹏飞，廖建辉，2013. 中国产业国际竞争力现状及演变趋势：基于出口商品的分析 [J]. 中国工业经济 (5)：5-17.

卡普林斯基，2008. 夹缝中的全球化：贫困和不平等中的生存与发展 [M]. 顾秀林，译. 北京：知识产权出版社.

克鲁格曼，2000. 地理和贸易 [M]. 北京：北京大学出版社，中国人民大学出版社.

蓝箭头，2019-2-22. 越南电力装机量严重不足 电力市场需求巨大 [EB/OL]. [2022-12-22]. https://www.xianjichina.com/special/detail_385650.html.

雷欣，2013. 武汉城市圈产业一体化的绩效评估与对策研究 [J]. 武汉大学学报（哲学社会科学版），66 (1)：92-97.

李浩任，2017. 川南经济区产业一体化发展的财税政策研究 [J]. 财政科学 (10)：141-148.

李劼，2018. 越南水产业2017年发展回顾及2018年形势分析 [J]. 中国水产 (8)：48-50.

李金蓉，方银霞，朱瑛，2013. 南海南部U形线内油气资源分布特征及开发现

状 [J]. 中国海洋法学评论（1）：29-59.

李庆功，周忠菲，苏浩，等，2014. 中国南海安全的战略思考 [J]. 科学决策
（11）：1-51.

李石斌，陈扬乐，2014. 南海无居民海岛旅游开发利用现状与对策研究 [J].
佳木斯教育学院学报（5）：429-430.

李杨，刘鹏，2015. 深化中国—东盟合作打造自贸区升级版 [J]. 国际贸易
（6）：62-66.

李颖，杨慧敏，刘乃全，2012. 新经济地理视角下产业转移的动力机制：以纺
织业为例的实证分析 [J]. 经济管理，34（3）：30-40.

李真，2013. 国际产业转移下的碳泄漏模型与碳收益—成本估算框架：基于马
克思国际价值理论的演化分析 [J]. 财经研究，39（6）：39-50.

梁怀新，2018. "一带一路"背景下中国—东盟非传统安全合作研究 [J]. 学术
探索（6）：47-52.

梁明，李光辉，2010. 推动环黄海经济圈次区域经济合作的战略研究 [J]. 国际
经济技术与合作（2）：38-42.

梁颖，2014. 打造中国—东盟自由贸易区升级版的路径与策略 [J]. 亚太经济
（1）：104-107.

梁颖，卢潇潇，2017. 打造中国—东盟自由贸易区升级版旗舰项目 加快中国—
中南半岛经济走廊建设 [J]. 广西民族研究（5）：165-171.

刘赐贵，2014. 发展海洋合作伙伴关系 推进 21 世纪海上丝绸之路建设的若干
思考 [J]. 国际问题研究（4）：1-8，131.

刘方，胡小丽，2016. 中国—东盟自由贸易区金融发展与金融一体化的动态关
系：基于面板 VAR 模型的分析 [J]. 区域金融研究（16）：10-17.

刘广斌，张义忠，2012. 促进中国海陆一体化建设的对策研究 [J]. 海洋经济，
2（2）：11-17.

刘健，宋文文，2014. 金融一体化、金融发展与海外净资产：基于面板门槛模
型的分析 [J]. 国际贸易问题（2）：147-155.

刘丽萍，刘玲玲，2009. 基于耗散结构理论的企业合作创新系统研究 [J]. 中国
软科学（S1）：316-320.

刘明广，2012. 基于耗散结构理论的区域创新系统演化分析 [J]. 商业时代
（8）：127-128.

刘伟光，盖美，2013. 耗散结构视角下我国海陆经济一体化发展研究 [J]. 资源
开发与市场，29（4）：385-389.

刘友金，2012. 我国东中西部地区产业转移的特征与趋势：基于2000—2010年统计数据的实证分析 [J]. 经济地理，32 (12)：85-90.

刘友金，胡黎明，2011. 产品内分工、价值链重组与产业转移：兼论产业转移中的大国战略 [J]. 中国软科学 (3)：149-159.

罗兵，2012. 资本结构地域特征对产业转移的影响研究 [J]. 求索 (9)：1-4.

罗哲，邓生菊，关兵，2012. 西部地区承接产业转移的能力分析与规模测度 [J]. 甘肃社会科学 (6)：90-94.

吕拉昌，1992. 区域开发导论 [M]. 昆明：云南大学出版社.

吕拉昌，1997a. 关于环南海经济圈的区域整合研究 [J]. 地域研究与开发 (1)：62-66.

吕拉昌，1997b. 环南海经济圈与我国的亚太经济战略思考 [J]. 地理学与国土研究 (1)：5-10.

马贝，高强，李华，2019. "一带一路"视域下山东省海陆经济关联性分析 [J]. 海洋环境科学，38 (1)：22-29.

马晓霖，2017-01-24. 印太战略新出炉，美国塑造新东方 [EB/OL]. [2023-01-05]. https://baijiahao.baidu.com/s? id = 1635462821420487063&wfr = spider&for = pc.

彭于彪，2017. 中部城市群产业一体化发展研究 [J]. 武汉金融 (6)：66-69.

乔旭宁，王林峰，牛海鹏，等，2016. 基于NPP数据的河南省淮河流域生态经济协调性分析 [J]. 经济地理，36 (7)：173-181，189.

全毅，汪洁，刘婉婷，2014. 21世纪海上丝绸之路的战略构想与建设方略 [J]. 国际贸易 (8)：4-15.

沈超，宋农村，张艳华，1997. 环南海经济圈初探 [J]. 世界经济文汇 (3)：71-74.

施本植，汤海滨，2019. 中国—东盟自由贸易区升级版建设路径及云南应发挥的作用 [J]. 学术探索 (2)：106-111.

石宝明，张镍，徐庆，2013. 越南石油工业发展近况及对周边国家的影响 [J]. 国际石油经济，21 (3)：72-76，110.

宋智勇，门大勇，2012. 郑汴产业一体化发展研究 [J]. 宏观经济管理 (11)：63-64.

苏春子，2018. 东亚金融一体化现状分析：基于金融资产视角 [J]. 技术经济与管理研究 (7)：87-91.

苏红键，赵坚，2011. 经济圈制造业增长的空间结构效应：基于长三角经济圈

的数据 [J]. 中国工业经济 (8)：36-46.

苏屹，2013. 耗散结构理论视角下大中型企业技术创新研究 [J]. 管理工程学报，27 (2)：107-114.

孙久文，彭薇，2012. 劳动报酬上涨背景下的地区间产业转移研究 [J]. 中国人民大学学报，26 (4)：63-71.

孙永胜，佟连军，2018. 松花江（吉林省段）流域经济系统稳定性演变态势 [J]. 中国科学院大学学报，35 (3)：362-369.

孙钰，2018. 欧亚经济联盟框架下金融一体化机制构建路径即制约因素 [J]. 俄罗斯学刊，8 (6)：53-64.

孙芸芸，2018. 中国—东盟自由贸易区贸易便利化发展研究：以"一带一路"倡议为背景 [J]. 中国石油大学学报（哲学社会科学版），34 (3)：15-23.

汤保君，2017. 中国—东盟自由贸易区升级研究 [D]. 哈尔滨：哈尔滨商业大学.

滕欣，董月娥，2015. 海陆经济竞合协同演化模型及策略分析 [J]. 海洋开发与管理，32 (9)：90-95.

王安平，2014. 产业一体化的内涵与途径：以南昌九江地区工业一体化为实证 [J]. 经济地理，34 (9)：93-98.

王冲，谢友才，2018. 基于 DEA 窗口模型的沿海地区海陆经济协调发展研究 [J]. 科技与经济，31 (3)：96-100.

王崇锋，徐强，陈楠，2012. 全球价值链组织与治理中的经济租研究 [J]. 中国海洋大学学报（社会科学版）(5)：55-60.

王合生，李昌峰，2000. 长江沿江区域空间结构系统调控研究 [J]. 长江流域资源与环境 (3)：269-276.

王建峰，2012. 区域产业转移的综合协同效应研究：基于京津冀产业转移的实证分析 [D]. 北京：北京交通大学.

王节祥，王雅敏，李春友，等，2019. 中国数控机床产业国际竞争力比较研究：兼谈产业竞争力提升的价值链路径与平台路径 [J]. 经济地理，39 (7)：106-118.

王凯君，2015. 我国高技术产业内资企业和外资企业技术创新能力区域差异化研究 [J]. 中外企业家 (8)：3-4.

王力，黄育华，2017. 自贸区蓝皮书：中国自贸区发展报告：2016 [M]. 北京：社会科学文献出版社.

王涛，赵昕，郑慧，等，2014. 比较优势识别下的海陆经济合作强度测度

[J]. 中国软科学 (4): 92-102.

王铁, 2008. 关于打造中国沿边经济圈的战略设想 [J]. 管理世界 (6): 7-10, 20.

王小梅, 周威, 2015. 泰国和马来西亚共同开发案研究 [J]. 法制与社会 (9): 146-147.

王亚歌, 张玉强, 2018. 论南海渔业资源开发的协同创新 [J]. 海南热带海洋学院学报, 25 (4): 18-24.

魏德曼, 谢瑞芬, 门超, 2015. 欧洲金融市场的一体化: 基于中央银行的视角 [J]. 中国金融 (21): 20-22.

魏格坤, 2015. 中国—东盟非关税壁垒强度变动趋势及影响因素分析: 兼论中国—东盟自由贸易区贸易自由化路径选择 [J]. 东南亚纵横 (10): 71-75.

魏乾梅, 2015. 基于经济与生态协同发展的珠江—西江经济带府际合作研究报告 [J]. 梧州学院学报 (4): 14-21.

魏晞, 2019-05-31. 中国与东盟探索产业合作新商机 双向投资存量15年增22倍 [EB/OL]. [2023-1-15]. https://www.chinanews.com/cj/2019/05-31/8852937.shtml.

邬晓霞, 李青, 2016. 京津冀区域金融一体化进程的测度与评价 [J]. 广东社会科学 (5): 34-40.

吴小波, 曾铮, 2007. "圈层" 经济结构和我国区域经济协调发展: 基于经济地理学产业集聚理论的分析框架 [J]. 产业经济评论 (2): 47-56.

肖雁飞, 万子捷, 廖双红, 2014. 中部地区承接沿海产业转移现状及综合能力测度 [J]. 经济问题探索 (1): 46-51.

肖溢, 2016. 中国—东盟自由贸易区的贸易效应探讨 [J]. 商业经济研究 (7): 129-131.

谢京辞, 李慧颖, 2015. 轴辐式海陆物流一体化网络构建研究: 以山东省为例 [J]. 经济问题探索 (3): 1-8.

徐建中, 荆立新, 2014. 区域产业一体化发展的支撑保障体系构建 [J]. 理论探讨 (4): 103-105.

杨先花, 张杰, 2017. 创新链视角下区域产业一体化对策研究: 以京津冀地区为例 [J]. 商业经济研究 (15): 134-136.

杨振, 2017. 区域金融一体化的微观困境与政策出路 [J]. 统计与决策 (7): 167-169.

杨宗月, 张雪亚, 刘阳, 等, 2017. 京津冀金融一体化进程研究 [J]. 中国市

场 （6）：41，46.

于丽丽，孟德友，2017. 中国海陆经济一体化的时空分异研究 ［J］. 经济经纬，34 （2）：7-12.

于倩，武云蕾，2019. 中国—东盟自由贸易区各国贸易便利化的测度及对中国出口贸易的影响 ［J］. 全球化 （6）：58-72，135.

于文金，邹欣庆，朱大奎，2008. 南海经济圈的提出与探讨 ［J］. 地域研究与开发 （1）：6-10.

于营，2012. 南海安全问题与中国海洋战略研究 ［J］. 天津师范大学学报 （社会科学版） （6）：18-23.

余定邦，1996. 东南亚近代史 ［M］. 2 版. 贵州：贵州人民出版社.

元惠萍，陈浪南，2002. 海峡两岸金融一体化模式 ［J］. 东南学术 （5）：80-88.

袁飚，陈雪梅，2010. 基于耗散结构理论的生态产业链形成机理研究 ［J］. 内蒙古社会科学 （哲社版），31 （6）：101-105.

张尔升，吴晓东，岳方明，2015. 南海资源开发组织模式探讨 ［J］. 河北经贸大学学报 （综合版），15 （3）：84-86.

张荷霞，刘永学，李满春，等，2013. 南海中南部海域油气资源开发战略价值评价 ［J］. 资源科学，35 （11）：2142-2150.

张少军，刘志彪，2009. 全球价值链模式的产业转移：动力、影响与对中国产业升级和区域协调发展的启示 ［J］. 中国工业经济 （11）：5-15.

张婷婷，2017. 京津冀一体化程度的实证研究 ［J］. 术经济与管理研究 （10）：77-81.

张文龙，余锦龙，2009. 熵及耗散结构理论在产业生态研究中的应用初探 ［J］. 社会科学家 （2）：118-121，126.

张协奎，赵娜，罗乐，2013. 环境规制强度与国际产业转移实证研究：以广西北部湾经济区为例 ［J］. 生态经济 （1）：177-179，189.

张学良，李丽霞，2018. 长三角区域产业一体化发展的困境摆脱 ［J］. 改革 （12）：72-82.

张亚斌，黄吉林，曾铮，2006. 城市群、“圈层”经济与产业结构升级：基于经济地理学理论视角的分析 ［J］. 中国工业经济 （12）：45-52.

张子珍，2016. 中国城乡产业一体化发展水平测度及其影响 ［J］. 广东财经大学学报，31 （5）：92-103.

中国期货业协会，2016-06-08. 石油化工产业链 ［EB/OL］. ［2022-12-28］.

https：//www.7hcn.com/arti cle/247432-1.html.

中新社，2018-11-16. 外交部：中国—东盟自贸协定"升级版"正式全面生
效 ［EB/OL］．［2022-12-16］．https：//baijiahao.baidu.com/s？id=16172857
95819989867&wfr=spider&for=pc.

周京奎，白极星，2017. 京津冀金融一体化"破局"：模式选择与实现机制
［J］．长白学刊（1）：89-95.

周业付，罗晰，2015. 长江黄金水道建设与流域经济发展协调关系研究：基于
主成分分析 ［J］．华东经济管理，29（8）：67-70.

朱广东，2017. 国际贸易救济中的上游补贴认定标准及启示 ［J］．对外经贸
实务（1）：41-44.

驻巴基斯坦经商参处，2016-03-27. 巴基斯坦2015—2018年战略贸易政策
框架 ［EB/OL］．［2022-12-12］．pk.mofcom.gov.cn/article/Nocategory/201604/
20160401294373.shtml.

邹立刚，2013. 南海非传统安全问题与安全合作机制 ［J］．新东方（4）：23-27.

邹立刚，叶鑫欣，2011. 南海资源共同开发的法律机制构建略论 ［J］．河南省
政法管理干部学院学报，26（1）：59-63.

BALASSA，1977. The theory of economic integration ［M］．London：George Allen
& Unwin Ltd.

BURGESS，1925. The growth of the city：an introduction to a research project ［M］．
Chicago：The University of Chicago Press.

CHEE-HONG LAW，CHEE-LIP TEE，WEI-THENG LAU，2019. The impacts of
financial integr- ation on the linkages between monetary independence and foreign
exchange reser-ves ［J］．International economic journal（10）：212-235.

CHINN，2019. International financial integration in a changing policy context the end
of an era？［J］．Journal of international money and finance（3）：275-276.

EZZEDDINE，HAMMAMI，2019. The effects of international financial integr- ation
on economic growth case of tunisia ［J］．Journal of the knowledge economy，10
（2）：868-877.

HOYT，1939. The structure and growth of residential neighbourhoods in American
cities washington ［M］．Washington：Federal Housing Administration.

IKENBERYY，2004. American hegemony and east asia order ［J］．Australian
journal of international affairs，58（3）：353.

IÑAKI ERAUSKIN，STEPHEN，2019. Regulatory quality，financial integration and equity cost of capital [J]. Journal of international economics, 7 (7): 916-935.

KARAALP, YILMAZ, 2012. Assessment of trends in the comparative advantage and competitiveness of the turkish textile and clothing industry in the enlarged EU market [J]. Fibres & textiles in eastern Europe, 2 (3): 8-11.

MARASCO, 2019. Do channels of financial integration matter for FDI's impact on growth? Empirical evidence using a panel [J]. Applied economics (2): 4025-4045.

TIMMER, MARCEL, BART, et al., 2013. Fragmentation, incomes and jobs: an analysis of european competitiveness [D]. Groningen: University of Groningen.

WILSON, MANN, OTSUKI, 2003. Trade facilitation and economic development: a new approach to quantifying the impact [J]. World bank economic review, 17 (3): 367-389.

YADAV, GOYARI, MISHRA, 2019. Financial integration and macroeconomic volatility: evidence from Asia [J]. Journal of economic and administrative sciences, 10 (6): 94-112.

ZHOU, 1995. Rent seeking and market competition [J]. Public choice (6): 225-241.